北大版普通高等教育"十三五"规划教材

21世纪学前教育专业规划教材

学前教育政策与法规

魏真 华灵燕 主编

图书在版编目(CIP)数据

学前教育政策与法规／魏真，华灵燕主编．—北京：北京大学出版社，2015.11
（21世纪学前教育专业规划教材）
ISBN 978-7-301-26384-6

Ⅰ．①学… Ⅱ．①魏…②华… Ⅲ．①学前教育—教育政策—中国—高等职业教育—教材②学前教育—教育法—中国—高等职业教育—教材 Ⅳ．①G619.20②D922.16

中国版本图书馆CIP数据核字（2015）第244087号

书　　名	学前教育政策与法规 XUEQIAN JIAOYU ZHENGCE YU FAGUI
著作责任者	魏　真　华灵燕　主编
责任编辑	李淑方
标准书号	ISBN 978-7-301-26384-6
出版发行	北京大学出版社
地　　址	北京市海淀区成府路205号　100871
网　　址	http://www.pup.cn　新浪微博：@北京大学出版社
电子信箱	zyl@pup.pku.edu.cn
电　　话	邮购部 010-62752015　发行部 010-62750672　编辑部 010-62767857
印刷者	三河市博文印刷有限公司
经销者	新华书店
	787毫米×1092毫米　16开本　14.25印张　320千字 2015年11月第1版　2022年6月第8次印刷
定　　价	39.00元

未经许可，不得以任何方式复制或抄袭本书之部分或全部内容。
版权所有，侵权必究
举报电话：010-62752024　电子信箱：fd@pup.pku.edu.cn
图书如有印装质量问题，请与出版部联系，电话：010-62756370

前　言

当今世界竞争激烈，各国之间的竞争归根结底是人才的竞争，而人才培养靠教育。"科教兴国"伟大战略的实施和教育事业的蓬勃发展要求必须要依法治教。学前教育作为学校教育体系的开端，必须要贯彻依法治教的理念，坚持依法治校的原则，这就要求幼儿园教师必须掌握相应的法律法规和政策，在提高保教素养的同时，提高自身的法律意识和素养，这是现代教育对教育工作者的基本要求。

为了提高学前教育专业在校学生的幼教法律、法规意识和依法治教的水平，我们在继承前人研究成果的基础上编写了这本教材。本教材力图突破现有教材的结构体系，突出以法律关系为中心、以学前教育法律关系主体的权利义务为主线，建构全书的逻辑结构和内容体系。在教学内容的编排上，注重知识的系统性和逻辑的严密性。一方面从纵向考察了学前教育政策法规的历史沿革，并对改革开放以后重要的学前教育政策法规的内涵和实质进行了深入浅出的解读，利于学生对我国学前教育政策法规的全面了解和重点掌握；另一方面，从横向对我国学前教育政策法规所涉及的主要问题分章进行阐述，帮助学生对学前教育各法律关系主体的权利、义务、职责形成清晰的认知。

本教材遵循科学性、通俗性、实践性的编写原则。全书共由八章构成，内容包括教育法的基础知识、我国学前教育政策与法规概览、学前教育的管理体制、学前教育机构的法律地位、学前教育机构中幼儿的权利与保护、学前教育机构的保育与教育、学前教育机构的工作人员、学前教育中的法律责任。在保持教材体系完整性的基础上，每章都插入了丰富的案例分析和相关知识链接。通过对具体案例的分析，突出内容重点，以加强读者对相关法律知识的理解和运用，注重培养读者运用法律知识分析问题和解决问题的能力，增强教材的实用性和针对性；围绕教材内容补充相关知识链接，力求帮助读者形成立体式、互联式的知识结构，加强知识的融会贯通。

本教材由北京城市学院魏真、华灵燕任主编，万慧颖、于岩任副主编。具体编写分工如下：第一、二、三、四章由华灵燕编写，第五、六、七章由万慧颖编写，第八章由于岩编写，全书框架拟定和最后统稿由魏真负责。

本书在编写过程中，得到了不少老师、朋友的支持和帮助，也参阅、引用了很多学术同仁的研究成果，大部分在书中做了标注，有的可能由于疏漏未及注明，在此向给予支持帮助的同仁一并表示衷心的感谢。由于时间仓促、水平有限，书中难免存在不足与疏漏，恳请广大专家、读者批评指正。

目　　录

第一章　教育法的基础知识 …………………………………… 1
　第一节　教育法的概念及特征 ………………………………… 2
　第二节　教育法的渊源和体系 ………………………………… 6
　第三节　教育法律关系 ………………………………………… 15
　第四节　教育法律责任 ………………………………………… 22
　第五节　教育法规与教育政策 ………………………………… 31

第二章　我国学前教育政策与法规概览 ……………………… 35
　第一节　我国学前教育政策法规的历史沿革 ………………… 36
　第二节　改革开放后我国的学前教育方针和重要的政策法规解读 … 42

第三章　学前教育的管理体制 ………………………………… 55
　第一节　学前教育的行政管理体制 …………………………… 56
　第二节　学前教育机构的内部管理体制 ……………………… 63

第四章　学前教育机构的法律地位 …………………………… 68
　第一节　学前教育机构法律地位概述 ………………………… 69
　第二节　学前教育机构的设置 ………………………………… 74
　第三节　学前教育机构的权利和义务 ………………………… 79

第五章　学前教育机构中幼儿的权利与保护 ………………… 88
　第一节　幼儿的法定权利与义务 ……………………………… 89
　第二节　幼儿权利的保护 ……………………………………… 95
　第三节　幼儿与幼儿园的法律关系 …………………………… 105

第六章　学前教育机构的保育与教育 ………………………… 111
　第一节　幼儿教育的地位和作用 ……………………………… 112
　第二节　幼儿园的教育工作 …………………………………… 118
　第三节　幼儿园的保育工作 …………………………………… 125

第七章　学前教育机构的工作人员 ·· 135
第一节　学前教育机构的园长 ··· 136
第二节　学前教育机构中的教师 ·· 143
第三节　学前教育机构其他工作人员 ·· 154

第八章　学前教育中的法律责任 ·· 162
第一节　违反《中华人民共和国教育法》的相关法律责任 ·············· 163
第二节　违反《中华人民共和国教师法》的相关法律责任 ·············· 165
第三节　违反《幼儿园管理条例》的相关法律责任 ······················· 168
第四节　幼儿园伤害事故的法律责任 ·· 170

附录 ·· 174
幼儿园管理条例 ··· 174
幼儿园工作规程 ··· 177
托儿所幼儿园卫生保健管理办法 ··· 185
幼儿园教育指导纲要（试行） ··· 188
3～6岁儿童学习与发展指南 ·· 195

第一章　教育法的基础知识

学习目标

1. 掌握教育法的含义和特征。
2. 掌握教育法的法律渊源。
3. 理解教育法律关系的含义及构成要素。
4. 了解教育法律责任的类型及归责原则。
5. 理解教育政策与教育法规的区别和联系。

情境案例

幼儿的受教育权受法律保护[①]

阿刚从小就十分调皮,2岁时因不慎打翻一瓶开水而导致左脸严重烫伤,伤愈后留下一大块疤痕。小区里的其他小朋友见到他都会害怕地躲在父母身后。今年阿刚满3岁了,父母打算把他送入小区幼儿园就读。不料,幼儿园认为阿刚脸上的疤痕会吓到其他小朋友,以此为理由拒绝阿刚入学。阿刚的父母非常气愤,认为幼儿园侵犯了阿刚的权利,要求幼儿园必须接纳孩子,并保证不得歧视孩子。

请问,阿刚父母的要求是否正当?

【评析】

本案涉及对幼儿受教育权的法律保护问题。

儿童是社会成员中最脆弱的群体,对儿童权利的保护,必须通过全社会在法律上承担义务,履行相关职责来实现。

《中华人民共和国宪法》(简称《宪法》)规定,公民的基本权利包括平等权、政治权利、宗教信仰自由、人身自由、社会经济权利、受教育权、监督权,以及特殊阶层、群体的权利。平等权是指在法律面前人人平等,所有公民平等地享有权利和平等地履行义务;法律面前禁止任何差别对待,即民族、种族、性别、职业、出身、身体状况等因素不能成为任何受到不平等待遇的理由。《宪法》第46条明确规定"中华人民共和国公民有受教育的权利和义务",《中华人民共和国教育法》第37条也规定:"受教育者在入学、升学、就业等方面依法享有平等权利。"

[①] 周天枢,严凤英.幼儿园100个法律问题[M].广州:新世纪出版社,2010:8.有删改.

> 上述案例中,幼儿园以阿刚的伤痕会吓到其他小朋友为理由拒绝阿刚入学,实际上是侵犯了阿刚的平等权和受教育权,是对阿刚相貌的歧视。
>
> 同时,幼儿园的做法也违背了对儿童权利保障的原则。根据公平、平等的原则和社会责任原则,幼儿园要承担对未成年人的保护义务,不得歧视阿刚,不能拒绝阿刚入学,因此,阿刚父母的要求是正当的。

要依法治教必须要了解教育法的基础知识,如什么是教育法、教育法有些什么样的特征、教育法的渊源和体系是什么、教育法规与教育政策存在什么样的关系等,这些基础知识的掌握对于深刻理解学前教育政策与法规的精神实质有着重要意义。

第一节 教育法的概念及特征

一、教育法的概念

要理解教育法的概念,首先需要明确法的概念是什么。一般意义上的法,是指由国家制定或认可,以国家强制力保证实施的反映统治阶级意志的行为规则的总称。它通过对人们权利和义务的规定,去规范人们的行为,从而确认、保护和发展有利于统治阶级的社会关系和社会秩序。

教育法是整个法律体系的一个重要组成部分,它理应包含法的一般定义中的要素,与此同时,教育法又有其独特的调整对象,因此,教育法的定义可以表述为:教育法是由国家制定或认可,并由国家强制力保证实施的,调整教育活动中各种社会关系的法律规范的总和,它是统治阶级的意志在教育活动方面的体现。对于这一概念,我们可以从以下几个方面去理解。

(一)教育法是以教育方面的权利义务为重要内容的行为规则

从本质意义上来说,教育法是一种行为规则或行为规范。它通过对各相关主体的权利和义务的规定,进而引导人们的行为。如《中华人民共和国教育法》(简称《教育法》)就是通过对国家及其行政机关、教育机构、教育者、受教育者、家庭及社会等各个主体权利和义务的规定而建立起来的规范教育活动的行为规则。

所谓权利,就是法律规定你可以做什么;所谓义务,就是法律规定你必须做什么或者不得做什么。教育法通过对各相关主体权利和义务的规定,明确肯定地告诉人们,在教育活动中什么行为是国家允许的、什么行为是国家要求必须履行的、什么行为是国家明令禁止的,从而为教育活动中各主体确定了作为和不作为的行为规范,同时指明了行为的条件和行为的后果。这种行为规则的确立为人们参与教育活动指明了行动的方向,并建立了权威的行为标准,便于人们遵守和依法调整自身的行为,从而为教育活动的开展建立了稳定的秩序。

(二)教育法是调整教育活动中各种法律性社会关系的行为规则

教育法作为一种行为规则,它规范的是什么?也即它调整什么样的社会关系。概括来说,教育法是调整教育活动中的各种法律性社会关系的行为规则。这里的"教育活动",包括投资、举办、管理、组织、实施、接受和参与教育等各种活动。在这些纷繁的教育活动中会产生各种各样的社会关系,如教育行政机关与教育机构之间的关系、教育机构与教育者之间的关系、教育机构与受教育者之间的关系、教育者与受教育者之间的关系;还包括教育行政机关、教育机构、教育者和受教育者等与其他的国家机关、社会组织、公民等之间的关系,以及教育机构之间、受教育者之间、教育者之间的关系等。但这些社会关系,并不是在所有情况下都是教育法的调整对象,只有当教育活动中的某些社会关系以法规范的时候,这些社会关系才成为教育法所调整的范畴。如《中华人民共和国教师法》(简称《教师法》)规范了教育机构与教师之间的权利和义务关系,那么教师与教育机构之间围绕聘任和教育教学所产生的社会关系就是教育法的调整对象;如果教育活动中的相关主体是以民事主体身份发生的财产关系,如教师与校长之间的金钱借贷关系,则不属于教育法的调整范畴,而是民法的调整范畴。

(三) 教育法是统治阶级意志在教育方面的体现

从法的本质上说,教育法所确定的行为规则首先和主要体现统治阶级意志,是统治阶级通过国家制定、认可并以国家强制力保证实施的。统治阶级在夺取政权以后,总是会使本阶级的某些意志通过国家政权上升为法,并根据本阶级的利益标准和价值观念来调整相应的社会关系,从而建立、维护和发展有利于自己的社会秩序及经济政治等各项制度。在阶级社会里,统治阶级以法的形式来规定人们在教育活动中的权利和义务,使一些重要的教育关系具有法律关系的性质,用以贯彻自己的路线、方针、政策,巩固和发展有利于统治阶级的教育关系和教育秩序。中华人民共和国是工人阶级领导的、以工农联盟为基础的人民民主专政的社会主义国家,与之相应,我国教育法也必然是以工人阶级为领导的、以工农联盟为基础的广大人民在教育方面共同意志的体现。阶级性、国家性和人民性的高度统一是我国教育法的重要特征之一。

(四) 教育法是国家制定或认可并以国家强制力保证实施的

从法的产生方面看,教育法是由有立法权或立法性职权的国家政权机关通过法定程序采取制定和认可的方式确定其行为规则,任何其他的个人和组织都无权制定或认可教育法,它揭示了教育法与国家的必然联系。所谓制定教育法,是国家机关依据法定的权限和程序,创制、修改、补充和废止具有不同法律效力的规范性文件。所谓认可教育法,是国家机关通过一定的形式赋予某些已经存在的教育方面的习惯、判例等以法的效力,使之成为教育法的一部分。我国的教育法主要是成文法,因此,制定是我国教育法产生的主要形式。

从法的实施方面来看,教育法所确立的行为规则是如何转变为人们的自觉行动的呢?教育法以国家的名义规定了人们在教育活动中应享有的权利和应履行的义务,为了使人们能够全面履行法定的义务和享有法定权利并保护人们的法定权利不受非法侵犯和剥夺,使教育法所规定的行为规则从应然转变为实然、从理想转变成现实,就需要以国家的强制力作为后盾,通过相应的强制措施予以保障。违反了教育法,损害了教育法所确定的学校、教师、学生等方面的权利,或是不履行自己的法定义务,就要受到国家政权的强制。例如:按照我国《教育法》的规定,结伙斗殴、寻衅滋事,扰乱学校及其他教育机构教育教学秩序或者破坏校舍、场地及其他财产,由公安机关给予治安管理处罚;构成犯罪的,依法追究刑事责任。侵占学校及其他教育机构的校舍、场地及其他财产的,依法承担民事责任。也就是说,通过以法院、监狱、警察以至军队为代表的国家强制力对违法者实施制裁是保证教育法得以实现的必要强制手段。

需要指出的是,以国家强制力保证实施,是从教育法实施的终极形式上来说的,并不是指教育法的所有规定都需要运用国家强制力才能得以实现。尤其是社会主义的教育法,其反映的是人民群众的公共利益,与人民群众的普遍要求相一致,因此,在多数情况下,都是依靠人民群众自觉遵守和执行。只有教育法在实施过程中遭到阻碍和破坏的情况下,才需要通过国家强制力来保障法的实现。

教师之间的借贷关系是教育法调整的对象吗?

二、教育法的特征

教育法的特征,是指其作为一种专门的法律与其他法律相比,所具有的特殊性。

(一) 主体的多样性

教育活动本身是纷繁复杂的,包括举办教育、管理教育、组织实施教育、接受教育、参与和支持教育等诸多方面。这些活动中会涉及方方面面的参与者,如国家教育行政机关、各级各类教育机构、形形色色的教育者和受教育者、社会团体和公民个人以及其他国家机关和社会组织。这些公民、法人和组织在教育活动中承担着相应的义务和享受着广泛的权利,从而使教育法律关系的主体呈现多样性。

(二) 调整范围的广泛性

1. 从教育对象上看,我国宪法赋予每个中国公民有受教育的权利

教育已经变成同广大人民群众的切身利益息息相关。在我国的教育体系中,自《中华人民共和国义务教育法》(简称《义务教育法》)颁行以来,每个适龄儿童、少年都必须接受九年制义务教育;随着教育事业的发展,大多数初中毕业生要接受普通高中和各种形式的职业学校教育和职业培训,不同类型教育相互沟通相互衔接,教育部决定从2001年起,取消报考普通高等学校的年龄和婚否限制,这意味着终身教育体系正在形成。在这些教育活动中,接受各种形式、不同层次的教育和培训的教育对象,都享有着教育的权利和承担着相应教育的义务。

2. 从调整的教育法律关系上看,教育法的调整范围涉及现代社会的每个方面

在建立社会主义市场经济的条件下,伴随着办学体制、管理体制、投入体制、招生就业制度、学校内部管理体制等方面的全面改革,教育领域中的社会关系发生了重大变化。如:在优化教育资源配置的办学体制改革中,教育机构之间的协作、各种社会组织之间的联合办学,需要界定产权关系;民办教育机构的举办者、管理者、教师、学生之间的关系;学校与用人单位之间的委托培养关系;学校内部人事制度改革中学校与教师之间的聘任关系;学校事故中的责任归属和赔偿主体认定;等等。这些社会关系的调整已远非计划经济条件下仅凭采取行政措施和政策所能解决的,这些社会关系有着深刻的利益背景和复杂的利益体系,充满着利益矛盾与冲突,在市场经济条件下,对各种利益关系只能以体现国家意志的法律加以调整,从而使得教育法的调整范围涉及现代社会的每个方面。

(三) 特殊主体的保护性

1. 注重保护受教育者,尤其是未成年学生

教育法的核心是保护公民的受教育权,尤其是保护权利能力与行为能力不一致的未成年学生的受教育权。所以对于受教育者尤其是未成年学生的一些违反教育法的行为,主要是采取批评教育的方式。比如对不按时入学或流失的适龄儿童,更主要是进行耐心的说服教育,只要他们入学或返校就读即可,对他们本人并不进行处罚,而是要处罚其家长或其他监护人。

2. 注重保护教师的特殊职业权利

在教育活动中,教师与学生、教师与教育机构的关系是由教师的职业活动引起的,为此教师享有《教师法》所规定的特殊权利包括教育权、教学权、科学研究权、指导学生发展权、带薪休假权、进修培训权等。因而当教师对学生进行正当教育,而由学生自身原因造成财产损失或人身伤害的,教师不承担法律责任。当然,教师有过错的除外,如体罚或变相体罚学生。

3. 注重维护学校、幼儿园的正当权益

教育活动是一项公共事业,学校、幼儿园等教育机构是教育活动的实施机构,也即培养人的主要场所,因此,理应给予特殊的保护。教育法规定任何组织或者个人不得侵占、克扣、挪用义务教育经费,不得扰乱教学秩序,不得侵占、破坏学校的场地、房屋和设备。对违反者,要根据不同情况,分别给予行政处分或行政处罚;造成损失的,责令赔偿损失;情节严重构成犯罪的,依法追究刑事责任。在具体处理过程中,一般应该从快、从严,体现对学校、幼儿园正当权益的特殊重视。

 知识链接 1-1　法的概念和特征[①]

法是指由国家制定或认可,并由国家强制力保证其实施的反映统治阶级的利益和意志的行为规范的总和。法通常具备如下特征。① 法是调整人们的行为或者社会关系的规范,具有规范性。法的规范性是指法所具有的规定人们的行为模式、指导人们行为的性质。法所规定的行为模式包括三种:人们可以怎样行为(可为模式);人们不得怎样行为(勿为模式);人们应当或者必须怎样行为(应为模式)。② 法是由国家制定或者认可的,体现了国家对人们行为的评价,具有国家意志性。国家的存在是法存在的前提条件。一切法的产生,大体上都是通过制定和认可这两种途径。③ 法是由国家强制力为最后保证手段的规范体系,具有国家强制性。法是以国家强制力为后盾,由国家强制力保证实施的。国家的强制力是法实施的最后保障手段。④ 法在国家权力管辖范围内普遍有效,因而具有普遍性。法的普遍性,也称"法的普遍适用性""法的概况性",是指法作为一般的行为规范在国家权力管辖范围内具有普遍适用的效力和特性。⑤ 法是有严格的程序规定的规范,具有程序性。法是强调程序、规定程序和实行程序的规范。也可以说,法是一个程序制度化的体系或者制度化解决问题的程序。程序是社会制度化的最重要的基石。

[①] 汤毅平,刘新国.法学概论[M].长沙:湖南人民出版社,2009:3.

案例 1-1

幼儿园园长挪用教育经费,造成校舍倒塌师生死亡[①]

某地一所农村幼儿园,房舍由于年久失修,损坏严重,上级主管部门为其专门拨出经费2万元以完善整修校舍,而园长张某却将此款用来为其情妇小翠仙修建了房屋。在一个阴雨天,校舍倒塌,致使三名幼儿和当堂教师死亡,10人受伤。案发后,引起了上级有关部门的高度重视,对其立案审判。地方高级人民法院从重判处该幼儿园园长有期徒刑20年,没收其一切非法所得。

【评析】

案例中幼儿园园长的行为兼有侵占教育经费与玩忽职守的性质,且情节严重,已经构成贪污罪与玩忽职守罪两项罪名。

第二节 教育法的渊源和体系

教育法在形成的过程中由于其制定机关不同和调整的内容不同,从而表现为不同的法律地位和效力,并形成一定的体系。

一、教育法的渊源

"渊源"本义指水的源头,比喻事物的本源。教育法的渊源即指教育法的来源,也即从其创立方式来看,教育法是由何种国家机关通过何种方式创立的。由于法的创立机关和创立方式的不同,其地位和效力范围也不同,从而形成了不同形式的教育法。因而,也将教育法的渊源看做是教育法的表现形式。

我国的教育法以成文法为主要表现形式,具体来看,其主要渊源有:宪法、教育法律、教育行政法规、地方性教育法规、教育规章等。

(一)我国《宪法》中有关教育的条款

宪法是一个国家的根本大法,是法的最高表现形式,其制定有着最严格的程序。宪法是一切法律、法规的渊源,是法律体系中的"母法",具有最高的法律效力。任何其他形式的法律、法规的制定都必须以宪法为准绳,不得同宪法条款和精神相违背,否则都将宣告无效。世界上大多数国家的宪法中都有关于教育的条款,甚至有专门关于教育的章节。我国《宪法》规定了教育法的基本指导思想和立法依据以及教育活动应当遵循的基本规范。

1. 《宪法》规定了教育法的基本指导思想和立法依据

《宪法》在"序言"里规定"我国将长期处于社会主义初级阶段。国家的根本任务是,沿着中国特色社会主义道路,集中力量进行社会主义现代化建设。中国各族人民将继续在中国

[①] 教育法律法规案例分析[EB/OL]. http://wenku.baidu.com/link? url=_Xmb1XwH1FoAgeOniGn-yWYu2g-Gnsg7ZePuJfIfdxa_W13aLhzsQrlX1LV0y5kG2qnmSypbwbH1oI7tOcG8NpnElzn2P6ZrRpJDWEjDq8u. 有修改.

共产党领导下,在马克思列宁主义、毛泽东思想、邓小平理论和'三个代表'重要思想科学发展观、习近平新时代中国特色社会主义思想指引下,坚持人民民主专政,坚持社会主义道路,坚持改革开放,不断完善社会主义的各项制度,发展社会主义市场经济,发展社会主义民主,健全社会主义法制,贯彻新发展理念,自力更生,艰苦奋斗,逐步实现工业、农业、国防和科学技术的现代化,推动物质文明、政治文明、精神文明、社会文明、生态文明协调发展,把我国建设成为富强民主文明和谐美丽的社会主义现代化强国,实现中华民族伟大复兴。"另宪法"总纲"中第1、2、3、4、5、23、24条都对教育法的基本指导思想和立法依据做了规定。

2.《宪法》规定了教育教学活动应当遵循的基本规范

(1) 对教育性质的规定。教育的性质问题是教育的根本问题。《宪法》第1条第2款明确规定了"社会主义制度是中华人民共和国的根本制度",第19条规定"国家发展社会主义的教育事业"。这就以法律的形式明确了我国的教育是社会主义性质的教育。

(2) 对教育目的和任务的规定。培养什么样的人,是教育的核心问题,它规定了人才培养的质量和发展方向。《宪法》第46条第2款拟定:"国家培养青年、少年、儿童在品德、智力、体质等方面全面发展"。《宪法》关于教育任务的规定主要有以下方面。第19条规定:"国家发展社会主义的教育事业,提高全国人民的科学文化水平。"第24条规定:"国家通过普及理想教育、道德教育、文化教育、纪律和法制教育,通过在城乡不同范围的群众中制定和执行各种守则、公约,加强社会主义精神文明的建设。"第23条规定:"国家培养为社会主义服务的各种专业人才,扩大知识分子的队伍,创造条件,充分发挥他们在社会主义现代化建设中的作用。"

(3) 对公民受教育的权利和义务的规定及对特殊群体的教育保护原则。《宪法》规定了公民受教育的权利和义务。公民受教育的机会均等,帮助少数民族发展教育事业,保护妇女受教育的权力,保障残疾人受教育的权力,保障未成年人受教育权力(见《宪法》第36、42、45、46、47、48、49条)。

(4) 对教育行政管理的规定。人民参与国家管理教育,人民行使管理教育的权利的基本方式是通过全国人民代表大会和地方各级人民代表大会这种国家权力机关来实现,国家管理教育是通过国家行政机关来完成的(见《宪法》第70、89、107、119、122条)。

(5) 规定了从事教育工作的公民有进行创造性工作的自由(见《宪法》第47条)以及父母或监护人的教育义务(见《宪法》第49条)。

《宪法》中的教育条款,也是我国制定教育法律和法规的最高法律依据。一切与《宪法》相抵触的教育法律和法规都是无效的。《宪法》中的有关教育条款无疑为教育工作指明了方向,并为其发展提供了最根本的法律保证。

(二) 教育法律

法律有广义和狭义之分,广义的法律与法同义,泛指一切国家机关制定的不同形式的各种法律规范的总和;狭义的法律是指由最高国家权力机关及其常设机关按照立法程序制定的规范性文件。《宪法》规定,全国人民代表大会及其常务委员会行使国家立法权,即有权制定法律。这里所说的教育法律,是指狭义的法律,其地位和效力仅次于《宪法》。

根据制定机关和调整对象的不同,法律又称基本法律和基本法律以外的单行法律。我国基本法律是由全国人民代表大会制定和发布,它规定和调整某一方面社会关系的根本性、普遍性的问题;基本法律以外的单行法律由全国人民代表大会常务委员会制定和发布,它规定和调整某一方面社会关系的比较具体的问题。

据此,1995年3月18日召开的第八届全国人民代表大会第三次会议通过的《中华人民共和国教育法》是我国的教育基本法律。这是中华人民共和国成立以来我国制定的一部教育根本大法,是制定其他教育法律法规的依据。它的法律地位在教育系统中是仅次于国家宪法的基本法,也被称为教育母法、教育宪法等。该法历经2009年、2015年、2021年三次修正,共10章86条,规定了我国教育的地位、性质、方针、教育活动的基本原则、教育基本制度等。《教育法》的颁布,标志着我国教育工作进入全面依法治教的新阶段,对我国教育事业的改革与发展,以及社会主义物质文明和精神文明建设将产生重大而深远的影响。

教育单行法律是根据宪法和教育基本法制定的调整某类教育或教育的某个部分关系的教育法律。通常由全国人民代表大会常务委员会制定和发布。目前我国已经制定并公布实施的教育单行法律有8部:

《中华人民共和国学位条例》(1980年2月12日第五届全国人民代表大会常务委员会第十三次会议通过,根据2004年8月28日第十届全国人民代表大会常务委员会第十一次会议《关于修改〈中华人民共和国学位条例〉的决定》修正)。

《中华人民共和国义务教育法(1986年4月12日第六届全国人民代表大会第四次会议通过,2006年6月29日第十届全国人民代表大会常务委员会第二十二次会议修订,根据2015年4月24日第十二届全国人民代表大会常务委员会第十四次会议《关于修改〈中华人民共和国义务教育法〉等五部法律的决定》第一次修正,根据2018年12月29日第十三届全国人民代表大会常务委员会第七次会议《关于修改〈中华人民共和国产品质量法〉等五部法律的决定》第二次修正)。

《中华人民共和国教师法》(1993年10月31日第八届全国人民代表大会常务委员会第四次会议通过,根据2009年8月27日第十一届全国人民代表大会常务委员会第十次会议《关于修改部分法律的决定》修正)。

《中华人民共和国职业教育法》(1996年5月15日第八届全国人民代表大会常务委员会第十九次会议通过,2022年4月20日第十三届全国人民代表大会常务委员会第三十四次会议修订)。

《中华人民共和国高等教育法》(1998年8月29日第九届全国人民代表大会常务委员会第四次会议通过,根据2015年12月27日第十二届全国人民代表大会常务委员会第十八次会议《关于修改〈中华人民共和国高等教育法〉的决定》第一次修正,根据2018年12月29日第十三届全国人民代表大会常务委员会第七次会议《关于修改〈中华人民共和国电力法〉等四部法律的决定》第二次修正)。

《中华人民共和国国家通用语言文字法》(2000年10月31日第九届全国人民代表大会常务委员会第十八次会议通过,2000年10月31日中华人民共和国主席令第37号公布,自2001年1月1日起施行)。

《中华人民共和国民办教育促进法》(2002年12月28日第九届全国人民代表大会常务委员会第三十一次会议通过,根据2013年6月29日第十二届全国人民代表大会常务委员会第三次会议《关于修改〈中华人民共和国文物保护法〉等十二部法律的决定》第一次修正,根据2016年11月7日第十二届全国人民代表大会常务委员会第二十四次会议《关于修改〈中华人民共和国民办教育促进法〉的决定》第二次修正,根据2018年12月29日第十三届全国人民代表大会常务委员会第七次会议《关于修改〈中华人民共和国劳动法〉等七部法律的决定》第三次修正)。

《中华人民共和国家庭教育促进法》(2021年10月23日第十三届全国人民代表大会常务委员会第三十一次会议通过)。

此外,全国人民大会或其常务委员会发布的教育方面的决定、决议等法律文件,如1985年第六届全国人民代表大会常务委员会第九次会议通过的《全国人民代表大会常务委员会关于教师节的决定》,也属于教育法律范畴。

(三) 教育行政法规

教育行政法规是国家最高行政机关(国务院)为实施、管理教育事业,根据《宪法》和教育法律制定的规范性文件。教育行政法规在内容上是针对某一类教育管理事务发布的行为规则,而不是针对某个具体的事件和具体问题作出决定,在形式和结构上必须比较规范,在时效上必须有相对的稳定性;其制定、审定、发布须经过法定的程序。

教育行政法规这种形式在各国普遍存在。如日本,在学校教育方面,有国会通过的《学校教育法》,又有由内阁通过的《学校教育法施行令》。在我国,根据现行《宪法》第89条规定,行政法规专指由国务院根据《宪法》和法律制定的规范性文件。在名称上一般有三种:① 对某一方面的行政工作作比较全面、系统的规定,称"条例";② 对某一方面的行政工作作部分规定的,称"规定";③ 对某一项行政工作作比较具体规定的,称"办法"。行政法规一般有两种批准方式:① 由国务院常务会议审批;② 由国务院总理审批。经审议通过或审定的行政法规,可有两种发布方式:① 由国务院发布;② 由国务院批准、国务院主管部门发布。行政法规不论采取哪种批准方式或发布形式,都具有相等的效力。如《教师资格条例》《幼儿园管理条例》《扫除文盲工作条例》《社会力量办学条例》《中华人民共和国学位条例暂行实施办法》《征收教育费附加的暂行规定》等都属于教育行政法规。

(四) 地方性教育法规

地方性教育法规是省、自治区、直辖市以及较大的市的人民代表大会及其常务委员会依据法定权限,制定的教育规范性文件。在我国,根据《宪法》《中华人民共和国立法法》(简称《立法法》)和《中华人民共和国地方各级人民代表大会和地方各级人民政府组织法》的规定,省、自治区、直辖市以及较大的市的人民代表大会及其常务委员会根据本行政区域的具体情况和实际需要,在不同宪法、法律、行政法规相抵触的前提下,可以制定和颁布地方性法规,报全国人民代表大会常务委员会备案。这里较大的市是指省、自治区的人民政府所在地的市,经济特区所在地的市和经国务院批准的较大的市。地方性法规在名称上,一般采取"条例""规定""实施办法""补充规定"等,其效力范围限于本行政区域内。

地方性教育法规是我国教育法的一个重要渊源。从其立法目的和立法依据上又可以把地方性法规分为:执行性、补充性的地方性教育法规,自主性的地方性教育法规。执行性、补充性的地方性教育法规是为了直接执行宪法、教育法律、教育行政法规或补充教育法律、教育行政法规而制定。如为了贯彻执行《中华人民共和国义务教育法》,全国绝大多数省、自治区、直辖市都制定了本地区的实施《义务教育法》的办法,就是执行性、补充性的地方性教育法规。自主性的地方性教育法规是为了履行宪法或教育法律所赋予的职权而制定。如为规范、发展职业教育,在国家还没有制定出职业教育法的情况下,1996年前江苏、北京等地制定了《职业教育条例》。

与教育法律、教育行政法规相比,地方性教育法规具有以下三个特点:一是从属性,即地方性教育法规不得与宪法、教育法律、教育行政法规相抵触;二是区域性,即地方性教育法规只在本行政区域里有效;三是更强的操作性,即地方性教育法规是根据本地区具体情况和实际需要制定的,它在调整对象、权利、义务等方面规定得更为具体、明确。

(五)教育规章

我国《宪法》和《中华人民共和国地方各级人民代表大会和地方各级人民政府组织法》规定,国务院各部、委员会和省、自治区、直辖市,以及省、自治区的人民政府所在地的市和经国务院批准的较大的市的人民政府可以根据法律、行政法规,在自身权限内发布规章。其中属于调整教育活动的,称为教育规章。

根据制定发布机关的不同,教育规章又可分为两个层面。一是部门教育规章,即国务院所属各部、委员会及具有行政管理职能的直属机构,依据法定权限制定的教育规范性文件。常用的名称有"规定""办法""规程""大纲""标准"等。部门教育规章采取教育部令或者教育部与国务院其他部委联合令的形式发布,在全国有效。二是政府教育规章,即省、自治区、直辖市和较大的市的人民政府,依据法定权限制定的教育规范性文件。这类规章常用的名称有"规定""办法""实施意见"等,政府教育规章由其制定的政府采取政府令的形式发布,只在本行政区域内有效。

除了上述五种渊源外,教育法还有自治条例、单行条例等表现形式,其效力等同于地方性教育法规。另外,在我国,一般认为国际教育条约和协定具有同教育法律同等的地位。如我国1990年8月29日签署的《儿童权利公约》也是教育法的一种表现形式。

 知识链接 1-2 有关学前教育的教育法律、法规、规章名录[①]

一、教育法律

《中华人民共和国民办教育促进法》(2002年12月28日公布)

《中华人民共和国教育法》(1995年3月18日公布)

《中华人民共和国教师法》(1993年10月31日公布)

二、教育行政法规

《国务院关于贯彻实施〈中华人民共和国教师法〉若干问题的通知》(1993年11月21日发布)

《中华人民共和国民办教育促进法实施条例》(2004年3月5日公布)

《教师资格条例》(1995年12月12日发布)

《幼儿园管理条例》(1989年9月11日发布)

三、教育部门规章

《托儿所幼儿园卫生保健管理办法》(卫生部 教育部令第76号)(2010年9月6日发布)

《中小学幼儿园安全管理办法》(2006年6月30日发布)

《学生伤害事故处理办法》(2002年6月25日发布)

《〈教师资格条例〉实施办法》(2000年9月23日发布)

《教育行政处罚暂行实施办法》(1998年3月6日发布)

---

① 注:这里列举的不包括地方性法规和地方政府规章。

《教师和教育工作者奖励规定》(1998年1月8日发布)
《幼儿园工作规程》(1996年3月9日发布)

二、教育法的体系

教育法的体系,是指教育法作为一个独立的法律部门,根据法学原理,按照一定的原则组成一个相互协调、完整统一的整体,即教育法的法律体系①。根据教育法的效力层级和调整内容可以从纵向和横向两个维度来审视教育法的体系。

(一)教育法的纵向体系

教育法的纵向体系,是指调整内容相同的教育法根据效力等级进行划分所形成的纵向结构,它表现为教育法的形式结构。

在前述五种主要形式的教育法中,由于其制定机关的性质和法律地位不同,因此,不同制定机关所制定出的教育法的效力等级也有所区别。一般来说,制定机关地位越高,法律规范的效力等级也越高。如全国人民代表大会通过的《教育法》的效力要高于全国人民代表大会常务委员会通过的《教师法》的效力,教育法律的效力要高于教育行政法规的效力。根据效力等级的大小,可以将不同形式的教育法的效力层级表述如下,见图1-1。

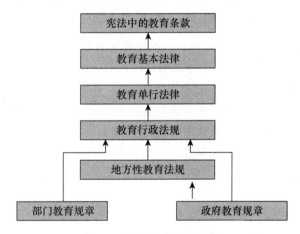

图1-1 教育法的效力层级

图中的箭头表示从属关系,不同形式的教育法其效力等级从高到低依次为宪法中的教育条款、教育基本法律、教育单行法律、教育行政法规、地方性教育法规,下一级的教育法不能与本级以上的教育法相抵触。对于地方性教育法规、部门教育规章和政府教育规章之间的效力关系,一般来说地方性教育法规的效力高于政府教育规章的效力,地方性教育法规与部门教育规章具有同等的效力。根据《中华人民共和国立法法》第95条第2项之规定"地方性法规与部门规章之间对同一事项的规定不一致,不能确定如何适用时,由国务院提出意见,国务院认为应当适用地方性法规的,应当决定在该地方适用地方性法规的规定;认为应当适用部门规章的,应当提请全国人民代表大会常务委员会裁决"。政府教育规章与部门教

---

① 孙葆森,刘惠容,王悦群.幼儿教育法规与政策概论[M].北京:北京师范大学出版社,2004:26.

育规章之间具有同等的效力,在各自的权限范围内实行,政府规章与部门规章之间对同一事项的规定不一致时,遵循《中华人民共和国立法法》第95条第3项的规定,部门规章之间、部门规章与地方政府规章之间对同一事项的规定不一致时,由国务院裁决。

我国教育法的纵向体系就是指调整内容相同的教育法按照上述讲到的五个层级形成的系统的规则结构。以调整义务教育活动的教育法来说,其纵向体系如图1-2所示。

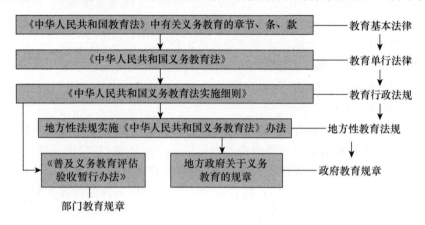

图1-2 教育法的纵向体系示例

上述教育基本法、教育单行法律、教育行政法规等各级教育法规共同为义务教育活动提供了系统的行为规则,图1-2反映了这些规则之间的纵向体系。

(二)教育法的横向体系

教育法的横向体系,是指按教育法调整对象的不同,由若干处于同一层级的部门法组成的有机联系的统一整体,它表现为教育法的内容结构。

由于各国的国情不同,教育事业发展的特色各异,使得各国教育法的横向体系也呈现一定的差异性。如美国根据教育法所调整的教育关系主体要素的不同,形成了《成人教育法》《残疾人教育法》《职业教育法》《国防教育法》《教育机会平等法》和《教育财政资助法》等具有交叉性的教育法横向体系。日本则在基本教育法之下,以学校教育和社会教育为两大立法范围,制定了《学校教育法》和《社会教育法》,同时,还根据教育关系主体要素的不同,制定了《私立教育法》和关于教育行政组织、教职员、教育财政等一系列主要教育法,俗称的"六小法"共同形成了日本教育法的横向体系。

我国教育法的横向体系正在形成当中,借鉴发达国家的立法经验并结合我国教育活动的具体情况,已初步拟定了教育法规体系的总体框架。从当前的立法状况和立法趋势上看,我国教育法的横向体系主要由如下教育法规构成。

1. **教育基本法**

我国的教育法即《中华人民共和国教育法》,该法于1995年3月18日第八届全国人民代表大会第三次会议通过,并于2009年8月27日,根据第十一届全国人民代表大会常务委员会第十次会议《关于修改部分法律的决定》第一次修正,根据2015年12月27日第十二届全国人民代表大会常务委员会第十八次会议《关于修改〈中华人民共和国教育法〉的决定》第二次修正,根据2021年4月29日第十三届全国人民代表大会常务委员会第二十八次会议

《关于修改〈中华人民共和国教育法〉的决定》第三次修正。

2. 基础教育法

基础教育法是调整基础教育中法律关系的教育法,应包括学前教育、初等教育、中等教育、未成年人教育等方面的教育法。1986年4月12日第六届全国人民代表大会第四次会议通过,并经2006年6月29日第十届全国人民代表大会常务委员会第二十二次会议修订,2015年4月24日第十二届全国人民代表大会常务委员会第十四次会议第一次修正,2018年12月29日第十三届全国人民代表大会常务委员会第七次会议第二次修正的《中华人民共和国义务教育法》是当前已颁布实施的一部重要的基础教育法律。

3. 高等教育法

高等教育法是调整高级中等以上的教育活动的教育法,包括专科、本科和研究生教育方面的教育法。1998年8月29日,第九届全国人民代表大会常务委员会通过,并经2015年12月27日第十二届全国人民代表大会常务委员会第十八次会议一次修正,2018年12月29日第十三届全国人民代表大会常务委员会第七次会议第二次修正的《中华人民共和国高等教育法》是我国高等教育法的主体。另外,1980年通过并于2004年修订的《中华人民共和国学位条例》、1981年国务院批准实施的《中华人民共和国学位条例暂行实施办法》、《普通高等学校设置暂行条例》(国发[1986]108号)、《普通高等学校学生管理规定》(中华人民共和国教育部令第41号)等法律法规都是高等教育法的重要组成部分。

4. 职业教育法

职业教育法是规范职业教育活动,调整各级各类职业学校教育和各种职业培训方面的法律关系的教育法。1996年5月15日,第八届全国人民代表大会第十九次会议通过,并于2022年4月20日第十三届全国人民代表大会常务委员会第三十四次会议修订的《中华人民共和国职业教育法》是我国职业教育法的主体。

5. 民办教育法

民办教育法是以国家机构以外的社会组织或者个人,利用非国家财政性经费,面向社会办教育的活动中的法律关系为调整对象的教育法。2002年12月28日,第九届全国人民代表大会常务委员会第三十一次会议通过,并经2013年6月29日第十二届全国人民代表大会常务委员会第三次会议第一次修正,2016年11月7日第十二届全国人民代表大会常务委员会第二十四次会议第二次修正,2018年12月29日第十三届全国人民代表大会常务委员会第七次会议第三次修正的《中华人民共和国民办教育促进法》是我国民办教育法的重要组成部分。

6. 家庭教育法

家庭教育法是为了发扬中华民族重视家庭教育的优良传统,引导全社会注重家庭、家教和家风,增进家庭幸福与社会和谐,培养德智体美劳全面发展的社会主义建设者和接班人而制定的法律。2021年10月23日第十三届全国人民代表大会常务委员会第三十一次会议通过的《中华人民共和国家庭教育促进法》是我国家庭教育法的重要组成部分。

7. 成人教育法

成人教育法是为扩大成年人受教育机会,调整成人教育活动中的法律关系的教育法。从内容上来说,它应是教育法律体系中的重要组成部分,但目前我国还没有专门的成人教育法。

8. 教育人员法

教育人员法是指调整各级各类教育中的教职员工的权利、义务关系的教育法。1993年10月31日第八届全国人民代表大会常务委员会第四次会议通过并于2009年第十一届全国人民代表大会常务委员会第十次会议修正的《中华人民共和国教师法》，以及《教师资格条例》和《教师资格条例实施办法》都是教育人员法的组成部分。

9. 教育经费法

教育经费法是指为教育发展提供物质保证而进行的立法，它应对教育经费的投入、分配和使用等作出规定。这也是教育法体系中不可缺少的一个方面，目前我国还没有专门的教育经费法，对教育经费的规范主要散见于各类教育法律法规之中。

案例1-2

幼儿园校车事故[①]

案例一

2011年11月16日9时15分许，甘肃省庆阳市正宁县榆林子小博士幼儿园一辆运送幼儿的校车(核载9人、实载64人)，由西向东行驶至正宁县正(宁)周(家)公路榆林子镇下沟村一组砖厂门前路段时，与由东向西行驶的一辆重型自卸货车发生正面相撞，造成21人死亡(其中幼儿19人)、43人受伤。据调查分析，事故原因是幼儿园校车严重超员，在大雾天气下逆向超速行驶，导致事故发生。

案例二

2011年7月20日7时10分，大连市开金州新区金石滩凉水湾路段，一辆载着17个孩子的轻型封闭货车与迎面而来的奔驰车相撞，车上的17个孩子均不同程度受伤。此车是幼儿园园长为了接送孩子而雇来的"黑校车"。

案例三

2014年7月10日，湖南湘潭市雨湖区响塘乡金桥村乐乐旺幼儿园所属园车，在送幼儿回家途中翻入水库，7月11日，起重机将落水校车打捞出水。此事故造成包括8名幼儿、2名教师和1名司机共计11人遇难。事故发生之后，湖南省相关领导赶赴现场并组织救援。7月11日下午，湖南省政府召开湘潭校车"7·10"事故新闻发布会，通报指出，事故发生至少存在两个方面的问题：一是该校车存在超载行为；二是事故车未按审定的通行线路行驶，事发路段不在该校车经审定的通行线路内。7月12日，当地公安部门以涉嫌重大责任事故罪，对幼儿园负责人予以刑事拘留。据媒体报道，遇难幼儿与成人均获得赔偿，并全部签署协议。校车事故发生后，湘潭有关部门启动问责程序，有4名干部被免职。[②]

【评析】

这些事故教训极其惨痛，暴露出一些地方和学校在校车安全管理工作中存在严重漏洞，以及有关部门在校车安全管理方面责任不落实、措施不到位、监管不力等突出问题。

[①] 2011年校车事故案例[EB/OL]. http://wenku.baidu.com/link?url=DgYymGN1z1itz6s82XPj-1n6P49hVoUuVz65VvRRtapCmeTcxp-DQyhZV_b_rqBFZKze4P0_MOFasnLGX_7xRJTmBm8yV0nsRQc-nkiZELTq

[②] 7·10湖南湘潭幼儿园校车事故案例分析[EB/OL]. http://www.benxiren.com/s/hot/108315.html 有删改.

> 当前针对幼儿园校车安全管理方面的法律、法规不健全,尽管《中小学幼儿园安全管理办法》第 26 条规定:"学校购买或者租用机动车专门用于接送学生的,应当建立车辆管理制度,并及时到公安机关交通管理部门备案。接送学生的车辆必须检验,校车应当粘贴统一标识。标识样式由省级公安机关交通管理部门和教育行政部门制定。学校不得租用拼装车、报废车和个人机动车接送学生。接送学生的机动车驾驶员应当身体健康,具备相应准驾车型 3 年以上安全驾驶经历,最近 3 年内任一记分周期没有记满 12 分记录,无致人伤亡的交通责任事故。"但这一部门规章层次的规定在现实中贯彻实施的力度不强。2012 年 3 月 28 日国务院通过的《校车安全管理条例》又将规范的范围限定为"接送接受义务教育的学生上下学的 7 座以上的载客汽车",不适用于幼儿园校车管理。因此,幼儿园校车的安全管理亟待进一步加强和规范,从而形成较为完善的教育法规体系。

第三节 教育法律关系

人们在教育活动中会形成各种各样的教育关系,当这种教育关系适用法律规范来进行调整的时候,就会成为特定的教育法律关系。

一、教育法律关系的含义

人类在生产、生活和其他活动中,相互之间会形成各种各样的关系,包括人与自然的关系、人与物的关系和人与人的关系。法律关系是一种社会关系,它强调的是人与人之间的关系。但并非人与人之间所有关系都是法律关系。法律关系形成的前提之一便是法律规范的存在,在没有法律的原始社会里,人与人之间固然不会形成法律关系,但即使在存在法律的社会里,人与人之间的关系也并不都是法律关系,如朋友之间的友谊关系就不是一种法律关系,只有那些运用法律规范加以调整并通过国家强制力予以干预的社会关系,才会由一般的社会关系上升为法律关系,如婚姻法的出台使得夫妻关系成为一种法律关系。

在理解法律关系的基础上,我们认为教育法律关系是教育法律规范在调整教育社会关系中所形成的人们之间的权利与义务关系。在教育活动中,不同主体之间会形成各种各样的关系,如教育行政部门和学校的关系、学校和教师的关系、教师和学生的关系、学校与其他社会组织之间的关系等,这些关系只有通过国家的教育立法,运用教育法律规范加以调整,在各主体之间形成一定的权利义务关系,才能上升为教育法律关系。

二、教育法律关系的要素

教育法律关系的构成要素包括主体、客体和内容。

(一)教育法律关系的主体

教育法律关系的主体是指在教育活动中依法享有权利和依法承担义务的教育法律关系的参加者,也称作权利主体和义务主体。这里的参加者既包括有生命的自然人,也包括法人。二者在取得民事主体资格方面有着不同的限制条件。

自然人要想取得民事主体资格,依法享有民事权利和承担民事义务,成为法律关系的主体,就需要同时兼具相应的权利能力和行为能力。

权利能力是指由法律所确认的,能够参加一定的法律关系,依法享有一定的权利或承担一定义务的资格①。自然人的权利能力又分为一般权利能力和特殊权利能力两种。公民的一般权利能力生而有之,始于出生,终于死亡。如我国《宪法》第46条规定:"中华人民共和国公民有受教育的权利和义务。"即我国所有公民自出生之日起便拥有受教育的权利能力。而公民的特殊权利能力则必须以一定的法律事实出现为条件才能享有,如《义务教育法》第一章第四条规定:"凡具有中华人民共和国国籍的适龄儿童、少年,不分性别、民族、种族、家庭财产状况、宗教信仰等,依法享有平等接受义务教育的权利,并履行接受义务教育的义务。"这一条款表明,在我国,只有满足具有中国国籍且是处于适龄阶段的儿童(即年满六周岁)这些条件,才能享有接受义务教育的权利和资格。

行为能力是指由法律所确认的,人们通过自己的行为享受权利承担义务,并承担法律责任的能力。具有行为能力的人必须首先具有权利能力,但具有权利能力的人不一定都有行为能力。权利能力,是自然人获得参与民事活动的资格,但能不能运用这一资格,还受自然人的理智、认知能力等主观因素制约。简言之,理智不健全的权利能力者,往往意识不到自己的行为会产生什么样的后果,若任其独立参与民事活动,可能会损害自己,也可能会损害别人。所以有权利能力者不一定有行为能力,两者确认的标准不同。在法律上,确定自然人的行为能力是根据主体的意志自由,即主体能够理解自己行为的社会意义并能够控制自己的行为②。各国在立法中通常是根据年龄的大小和精神是否健康两个方面来判定自然人的意志自由状态。根据《中华人民共和国民法典》(简称《民法典》,2020年5月28日,十三届全国人大三次会议表决通过,自2021年1月1日起施行。)的规定,自然人的行为能力可以分为三类。

第一,完全民事行为能力人。《民法典》第17、18条规定,18周岁以上的自然人为成年人。不满18周岁的自然人为未成年人。成年人是完全民事行为能力人,可以独立实施民事法律行为。16周岁以上的未成年人,以自己的劳动收入为主要生活来源的,视为完全民事行为能力人。

第二,限制行为能力人。《民法典》第19条规定,8周岁以上的未成年人是限制民事行为能力人,实施民事法律行为由其法定代理人代理或者经其法定代理人同意、追认;但是,可以独立实施纯获利益的民事法律行为或者与其年龄、智力相适应的民事法律行为。《民法典》第19条规定,不能完全辨认自己行为的成年人为限制民事行为能力人,实施民事法律行为由其法定代理人代理或者经其法定代理人同意、追认;但是,可以独立实施纯获利益的民事法律行为或者与其智力、精神健康状况相适应的民事法律行为。

第三,无行为能力人。《民法典》第20条规定,不满8周岁的未成年人为无民事行为能力人,由其法定代理人代理实施民事法律行为。《民法典》第21条规定,不能辨认自己行为的成年人为无民事行为能力人,由其法定代理人代理实施民事法律行为。

《民法典》第23条规定,无民事行为能力人、限制民事行为能力人的监护人是其法定代理人。由此可知,未成年学生尤其是幼儿在学校学习生活期间发生的法律纠纷通常是由其父母或其他法定监护人代为处理或承担法律责任。由此可知,未成年学生尤其是幼儿在学校学习

---

① 杨颖秀.教育法学[M].北京:中国人民大学出版社,2012:44.
② 同上。

生活期间发生的法律纠纷通常是由其父母或其他法定监护人代为处理或承担法律责任。

法人组织的权利能力和行为能力的取得与自然人有所不同。法人的权利能力与行为能力是相伴随的,即法人的权利能力和行为能力自法人成立之日起同时产生,随法人的终止而消灭。另外,法人的行为能力通过法人的代表人来实现的,这与自然人的行为能力是通过自己来实现也是不同的。

与行为能力直接相关的是责任能力。责任能力是指法律关系主体通过自己的行为承担法律责任的能力。一般来说,责任能力是通过行为能力表现出来的,完全行为能力人即完全责任能力人,限制行为能力人即限制责任能力人,而无行为能力人则是无责任能力人。但值得注意的是,无行为能力人也无责任能力并不是说无行为能力人发生侵权行为就不需要承担法律责任。我国《民法典》第1188条规定:"无民事行为能力人、限制民事行为能力人造成他人损害的,由监护人承担民事责任。监护人尽了监护责任的,可以减轻其民事责任。有财产的无民事行为能力人、限制民事行为能力人造成他人损害的,从本人财产中支付赔偿费用。不足部分,由监护人适当赔偿。"由此可以看出,限制行为能力人和无民事行为能力人产生了侵权行为时,也需要承担相应的法律责任,只不过这时承担法律责任的主体可能不是侵权人本人,而是他的监护人,也即违法主体和责任主体是不一致的。但监护人所承担的仅限于民事责任,如果限制行为能力人或无行为能力人犯罪,是不能要求监护人代为承担相应的刑事责任的。

以上所讲的是要成为教育法律关系的主体应具备的资格,在现实中我国教育法律关系主体具有多样性,如教育行政机关、学校、校长、教师、学生、社会组织、学生家长等,在一定条件下都可以成为教育法律关系的主体。概括来讲,在我国,教育法律关系的主体可以分为三类。一是公民,即自然人。公民包含两类:一类是我国公民,另一类是居住在我国境内或在我国境内活动的外国公民或者无国籍人。二是机构和组织,也即法人。机构和组织也主要包括两类:一类是各种国家机关,包括权力机关、行政机关和司法机关等,其特点具有权力特征;另一类是社会组织,包括政党、企事业单位和社会团体等。三是国家。国家主体在国际上主要以国际法主体的名义参与国际教育活动、签署国家教育协议等;在国内,国家主要通过各级权力机关、各级行政机关和各级司法机关等分别行使国家的教育立法权、教育行政权和教育司法权。

案例1-3

不能随意将"未成年"作为退货理由[①]

一名不满18岁的孩子未经家长同意,购买数千元的产品,他能够为自己的消费行为负责吗?西城工商人员提示,8岁以上的未成年人不能随意将"未成年"作为退货的理由。

消费者小周偶然听说"不满18岁的人没有行为能力",就想钻个空子。他在西单某店购买了一款价格2580元的手机,在使用4个多月后想以自己"未成年"为由退货。据记者了解,还有一些不满18岁的中小学生,在未经家长同意情况下,花费数千元购买电子游戏机等产品,家长得知后也以"不满18岁的孩子没有行为能力为由",要求退货。

西长安街工商所人员接到投诉后,专程咨询了西城法院的法官。据介绍,根据《民

---

① 工商提示:不能随意将"未成年"作为退货理由[EB/OL]. http://news.163.com/10/0629/09/6AB98LVA000146BC.html

法典》相关规定，不满8周岁的未成年人才是无民事行为能力人，而8周岁以上未成年人是限制行为能力人，可以进行与年龄、智力相适应的民事活动。周某出生于2003年8月，到2021年8月满18岁，正好在限制行为能力人范围内。

西长安街工商所12315工作人员表示，就买手机一事，17岁的周某应当具有购买手机的能力，申诉理由不充分。他未成年，或家长不知道不同意，都不能作为退货的理由。而如果是8周岁以下的孩子擅自购物，商家则应给予退货。（记者窦红梅）（本文来源：北京日报有删改）

（二）教育法律关系的客体

教育法律关系的客体是教育法律关系主体的权利和义务所共同指向的目标和对象。通俗地讲，即教育法律关系主体围绕什么产生了权利义务关系。没有客体，主体的权利和义务就失去了目标，教育法律关系就不会存在。但并非一切独立于主体而存在的客观对象都能成为教育法律关系的客体，只有那些能够满足主体的利益需要并得到国家法律确认和保护的客观对象（如物、行为）才能成为教育法律关系的客体。

一般来讲，教育法律关系的客体包括以下几个方面。

1. 物

物，是指在教育法律关系中，可以作为财产权对象的物品或其他物质财富，包括各种物资、财产、设施、场所、资金等。以是否因移动而改变用途和降低价值为标准，又可以分为动产和不动产两大类。教育机构里的不动产主要包括教育机构占有的土地、各种场地、房屋和其他建筑设施、场馆以及大型设备等；教育机构里的动产主要包括教育机构的各种资金、教学仪器、设备等。

2. 行为

行为，是指教育法律关系主体所表现出的作为和不作为等各种教育行为。它主要包括教育行政机关为实现对教育事业的管理而做出的具体行政行为，学校及其他教育机构的教育管理行为，教育者的教育教学组织及其实施行为，受教育者的学习行为等。行为是教育法律关系中最为重要的内容。

3. 智力成果

智力成果，是指教育法律关系主体在有关教育的智力活动中创造的精神财富。如教育法律关系的主体取得或拥有的著作权、专利权、商标权、发明权等权益。这些权益受我国知识产权法律的保护，不得非法侵占。

> **案例 1-4**
>
> **教师教案纠纷案**[①]
>
> 十几年来，重庆市南岸区四公里小学都要求教师在每学期末上交教案，作为学校检

[①] 对我国首例教案纠纷案的法律思考[EB/OL]. http://www.chinalawedu.com/news/20800/213/2005/3/li7312659341735002122360_161601.htm. 有删改.

查教师教学工作质量及考核教学成绩的依据,这在学校已成为惯例。从事小学教学工作已近30年的高丽娅老师说,她从1990年调到四公里小学担任语文教师后,按学校的规定,她已经上交给学校48本教案。2002年4月,她为写教学论文,向学校索要教案,但最终只拿回了4本,其余的44本已被销毁或被当做废品处理掉。

四公里小学以往从来没有一个老师要求学校返还教案,而教师因为教案将学校告上法庭,更是闻所未闻。然而2002年5月30日,高老师却将学校告到了南岸区法院,要求学校返还自己语文教案44本,赔偿损失8800元。高丽娅老师首先以"对教案的所有权"为诉求。但是,从法院一审、二审和终审判决,到经检察机关抗诉后启动重审程序,在这宗全国首例"教案"官司中,她4次败诉,理由是教案本属物权范围,归学校所有,教师是基于学校为完成教育主管部门规定的教育内容而受聘于学校,教师在上课前应提前备好所授课程,写教案是教师在工作中应该履行的职责,是一种工作行为。而学校购买并发给教师的教案本是记载教案的一种载体形式,其所有权无证据证明已转移。随后,心有不服的高丽娅老师改变诉由,以主张"教案著作权"为由,第五次走进了法院,誓要讨回"公道"。

庭审中,高丽娅老师与学校在两个问题上进行了激烈的辩论:其一,本案所涉及的44册教案本所载的教案是否构成我国著作权法上的作品;其二,学校是否已经完成告知高丽娅老师取回涉案教案本的义务。2005年12月13日,重庆市第一中级人民法院最终认定,"教学过程"等栏目记载的内容主要属于高丽娅独立创作的内容,属于著作权法上所称的作品,而学校也没有尽到通知高丽娅取回涉案教案本的义务,四公里小学私自处分教师教案原稿的行为侵犯了高丽娅的著作权,赔偿其经济损失5000元。

本案中原告的权益看似没有受到实质上的侵害,但从著作权角度来看,学校的做法已侵犯了原告的著作权,原告拥有教案的合法权益因受到学校的侵犯而造成利益损失。

 知识链接 1-3　著作权

著作权也称版权,是指作者及其他权利人对文学、艺术和科学作品享有的人身权和财产权的总称。分为著作人格权与著作财产权。其中著作人格权的内涵包括了公开发表权、姓名表示权及禁止他人以扭曲、变更方式,利用著作损害著作人名誉的权利。著作财产权是无形的财产权,是基于人类智识所产生之权利,故属知识产权之一种,包括重制权、公开口述权、公开播送权、公开上映权、公开演出权、公开传输权、公开展示权、改作权、散布权、出租权等。

(三) 教育法律关系的内容

教育法律关系的实质是要确定教育法律关系参加者的权利和义务,这些法律上的权利和义务就构成了教育法律关系的内容。

教育法律权利,也称教育权利,是指教育法律关系主体依法享有的某种利益或资格,通常的表现形式为行为权、要求权、请求权。行为权,是教育法律关系主体自身作为或不作为的权利,也即教育法律关系主体通过自身的行为(包括做出一定行为或者不做出一定行为)来满足自身利益要求的权利。如幼儿可以选择去某一质量优良的幼儿园就读,这是一种作为的权利;幼儿也可以拒绝去另一条件比较差的幼儿园就读,这就是一种不作为的权利。要求权,是指教育法律关系主体为维护自身的正当权益而要求义务人做出或不做出某种行为的权利。如《民办教育促进法》第17条规定:"审批机关对批准正式设立的民办学校发给办学许可证。审批机关对不批准正式设立的,应当说明理由。"这表明当申请设立民办学校的办学申请未被批准时,申请者有权要求审批机关说明理由,这就是要求义务人做出某种行为以满足权利人正当权益的要求权。再比如,《教育法》第29条第8款规定学校及其他教育机构有"拒绝任何组织和个人对教育教学活动的非法干涉"的权利。这表明学校为维护教育教学秩序,有要求任何组织和个人不做出侵害学校教育教学秩序的要求权。请求权,是指教育法律关系主体在自身的合法权益受到侵害时,有请求国家提供保护的权利。这种权利主要体现在诉讼法律关系之中,表现为对受侵害权利的一种法律救济,可以通过申诉、控告等途径来实现,这一权利直接体现国家强制力对合法权益的保护和对违法行为的制止。

教育法律义务,也称教育义务,是指教育法律关系主体依法承担的责任。与教育法律权利的表现形式相对应,教育法律义务主要包括不作为、积极作为和接受国家强制三种形式。不作为,即义务人不做出一定的行为就等于履行了应尽的法定义务。如《义务教育法》第49条规定:"义务教育经费严格按照预算规定用于义务教育;任何组织和个人不得侵占、挪用义务教育经费,不得向学校非法收取或者摊派费用。"在这里,只要义务人不做出侵占、挪用义务教育经费,和非法收取及摊派费用的行为,就构成了权利人要求义务人不作为的要求权的实现。积极作为,即义务人应按照法律的规定或者权利人的要求,做出一定的积极行为以满足权利人的合法权益。这一义务与权利人要求义务人做出一定行为的要求权相对应。如前所列举的当审批机关对于未获批准的办学申请在规定的时间里给出了正当理由,即履行了自身积极作为的义务,实现了权利人的要求权。接受国家强制,即当义务人不履行自身的法定义务时,经权利人的请求,通过国家强制力强制义务人履行义务,而义务人有义务接受这种强制。这一义务的履行即构成了权利人请求权的实现。如《义务教育法》第11条规定:"凡年满六周岁的儿童,其父母或者其他法定监护人应当送其入学接受并完成义务教育。"倘若在无正当理由的情况下,适龄儿童的父母或监护人没有送其入学接受义务教育或中途辍学,教育行政部门可以提出强制其子女入学的申请。

在教育法律关系中,权利和义务是统一的、不可分割的。任何权利人教育权利的实现都有赖于义务人教育义务的履行,如果义务人不能履行教育法上的义务,那么权利人的教育权利就是一纸空文。权利和义务的统一性还表现在,任何组织和个人不能只强调自身的权利而忽视应履行的义务,也不能只强调履行义务和忽视权利的行使,在法制社会中,没有人只享受权利而不用履行义务,也没有人只履行义务而不享受权利。从总量上来看,教育权利和教育义务是大体相等的,如果权利总量大于义务总量,那么有些权利就是虚设的;如果义务总量大于权利总量,那么就会有特权的存在。教育法律关系中的权利和义务,在很多情况下还表现为主体的同一性,如义务教育的适龄儿童接受义务教育既是一种权利又是一种义务,教师组织实施教育教学既是一种权利同时也是一种义务,国家举办教育同样既是权利也是义务……这种权利主体和义务主体的同一性不仅是因为教育权利和义务之间存在统一性,还因为教育作为一种培养人的社会活动,不仅存在私人效益,还存在广泛的社会效益,个人发展与社会发展之间的这种统一性,是教育权利主体和教育义务主体存在同一性的基础。

案例 1-5

孩子园内摔伤应由谁来负责[①]

2021年1月19日,杨文豪在幼儿园上学,当日11时许,另一小朋友的家长来园收拾床上用具,杨文豪便尾随其后,跑进寝室时不慎跌倒,在铁床边将左面部撞伤。杨文豪受伤后,幼儿园工作人员及时将其送往巫山县人民医院清创缝合后通知杨文豪的家长将其接走。杨文豪受伤后,由其监护人支付了相关医疗费、交通费、住宿费、伙食费、鉴定费。杨文豪的监护人到法院起诉,要求新会巫峡幼儿园承担相应的赔偿责任。

法院审理认为,杨文豪在被告新会巫峡幼儿园小班学习、生活应当受到呵护,其间造成面部损伤并需后期整形,属新会巫峡幼儿园管理不到位和监护不力,应对所造成的后果承担民事责任。法院判决由被告新会巫峡幼儿园赔偿原告杨文豪医疗费、后期整形医疗费、鉴定费、交通费、误工费、住宿费共计16823元。

【评析】

本案例涉及的教育法律关系主体有:学生杨文豪、杨文豪的监护人和幼儿园。

从客体上看,侵犯的是一种人身权利,即杨文豪的生命健康权。

从内容上看,《民法典》第20条规定,不满八周岁的未成年人为无民事行为能力人,由其法定代理人代理实施民事法律行为。第23条规定,无民事行为能力人、限制民事行为能力人的监护人是他的法定代理人。杨文豪作为幼儿园的学生,是不满八周岁的未成年学生,所以,其监护人作为法定代理人对幼儿园提起诉讼。另外,《民法典》第一千一百九十九条 无民事行为能力人在幼儿园、学校或者其他教育机构学习、生活期间受到人身损害的,幼儿园、学校或者其他教育机构应当承担侵权责任;但是,能够证明尽到教育、管理职责的,不承担侵权责任。第一千二百零一条 无民事行为能力人或者限制民事行为能力人在幼儿园、学校或者其他教育机构学习、生活期间,受到幼儿园、学校或者其他教育机构以外的第三人人身损害的,由第三人承担侵权责任;幼儿园、学校或者其他教育机构未尽到管理职责的,承担相应的补充责任。幼儿园、学校或者其他教育机构承担补充责任后,可以向第三人追偿。在本案例中,由于杨文豪是幼儿园小班的学生,属于无民事行为能力人,还不能对危险作出准确的判断,杨文豪的面部损伤是由幼儿园的教育管理不力所造成的,因此,幼儿园应当对所造成的后果依法承担全部责任。

[①] 转引自:杨颖秀. 教育法学[M]. 北京:人民大学出版社,2008:57—58,有修改.

想一想

幼儿园在教育管理学生的过程中应如何注意学生的安全？

第四节 教育法律责任

教育法律责任存在于各种教育法律之中，是教育实施的必要保证，当人们受法律保护的教育权益受到侵害时，法律则强制侵害人承担一定的责任，以弥补被损害者的合法权益，以维护法律的权威性。

一、法律责任的含义与特征

（一）法律责任的含义

法律责任有广义和狭义之分，广义的法律责任和法律义务同义，如公民都有遵纪守法的责任（义务），子女都有赡养父母的责任（义务）；狭义的法律责任是指法律关系主体因实施了违法、违约行为或由于其他法律规定的事实的出现，而必须承担的不利后果。本章所讲的法律责任是从狭义层面来看的。

知识链接1-4　法律责任的构成要件

要从法律意义上去理解法律责任，还需要进一步探讨法律责任的构成要件，这些构成要件也就是构成法律责任所必备的主客观条件的总和。它主要包括以下几个方面。

1. 责任主体

法律责任构成要件中的责任主体是指因违法行为或者法律规定的事由最终需要承担法律责任的自然人或法人。这里的责任主体既可能是违法主体，也可能不是违法主体，也即责任主体和违法主体并不总是一致的。就自然人来说，当违法主体是完全行为能力人时，承担法律责任的主体就是违法主体自身；当违法主体是无行为能力人或者限制行为能力人时，承担法律责任的主体一般是其监护人。

2. 违法行为或违约行为

违法行为是指相关主体实施了违反法律或契约规定的行为。包括作为和不作为两类。作为的违法或违约行为是指相关主体直接做出了违背法律（契约）规定的侵害他人合法权益的行为，如故意杀人；不作为的违法或违约行为是指相关主体没有履行法定义务或遵守契约义务而侵害了他人合法权益的行为。一般来说，违法（违约）行为是构成法律责任的前提条件，没有违法（违约）行为就不需要承担相应的法律责任，但还存在有特殊的情况是法律责任的承担不以违法行为为条件，而是以法律规定为条件，如无行为能力人违法，其监护人承担相应的法律责任。

3. 损害事实

损害事实是指行为人的违法行为对受害方的合法权益造成了客观存在的损害后果，包括对受害人人身的、财产的、精神的（或者三者兼有的）损失和伤害。损害事实具有确定性，即是能够被证明的客观存在的确定的事实,而不是臆想的、虚构的或者尚未发生的现象。

4. 主观过错

主观过错是指行为主体实施违法行为时的主观故意或主观过失。故意是指行为人明确自己行为的不良后果,却希望或放任其发生。过失是指行为人应当预见到自己的行为可能发生不良后果而没有预见,或者已经预见而轻信不会发生或自信可以避免。过错在不同的法律关系中的重要程度是不同的。在民事法律中一般较少区分故意与过失,过错的意义不像在刑事法律中那么重要,有时民事责任不以有过错为前提条件,比如我国《民法典》第一千一百六十六条行为人造成他人民事权益损害,不论行为人有无过错,法律规定应当承担侵权责任的,依照其规定。在刑事法律关系中有无过错对于区分是否犯罪及量刑轻重都非常重要。

5. 因果关系

因果关系是指行为主体的违法行为与损害事实之间存在必然的联系,二者是引起与被引起的关系,也就是说违法行为是引起导致损害事实的原因。因此,在确定法律责任时,还要确定违法行为与损害事实之间的因果联系,只有在确定了违法行为和损害事实之间存在因果关系的情况下,行为主体才需要为损害结果承担相应的法律责任。

(二) 法律责任的特征

法律责任不同于其他的社会责任如政治责任、道义责任等,它具有如下主要特征。

1. 法律责任的确定必须有法律依据

也就是说,在教育活动中,什么样的行为应当承担法律责任,由谁来追究法律责任以及承担什么样的法律责任,这些都是在法律法规中有明确规定的。不同的违法行为,需要承担的法律责任也是不同的,确定法律责任的最终依据只能是法律。

2. 法律责任的履行具有国家强制性

法律责任的追究和实现均以国家强制力作为保证,并且对于一切违法者和一切违法行为具有普遍的约束力。一方面,法律责任是由国家专门机关或国家授权的组织予以追究,如国家司法机关,其他的组织和个人无此权力[①]。另一方面,当责任人不能主动履行其法律责任时,需要依靠国家强制力来强制执行,使得责任人必须接受某种约束、负担,甚至是惩罚。

二、教育法律责任的类型

根据不同的分类标准,可以把法律责任分为不同的类型。如以行为人有无过错为标准,可将法律责任分为过错责任和无过错责任;以引起法律责任时的行为性质及危害程度为标准,可将法律责任分为刑事法律责任、民事法律责任、行政法律责任和违宪法律责任[②]。教育法根据违法主体的法律地位和违法行为的性质,规定了承担法律责任的三种主要方式,即刑事法律责任、民事法律责任和行政法律责任。

(一) 刑事法律责任

刑事法律责任简称刑事责任,是指行为人因其犯罪行为所必须承受的,由司法机关代表国家所确定的否定性法律后果。刑事责任的特点有如下几点。第一,产生刑事责任的原因

---

① 公丕祥. 法理学[M]. 上海:复旦大学出版社,2002:465.
② 杨颖秀. 教育法学[M]. 北京:中国人民大学出版社,2012:83.

在于行为人行为的严重社会危害性,只有行为人的行为具有严重的社会危害性即构成刑法所规定的犯罪,才能追究行为人的刑事责任。第二,刑事责任是犯罪人向国家所负的一种法律责任。它与民事责任由违法者向被害人承担责任有明显区别,刑事责任的大小、有无都不以被害人的意志为转移,刑事责任一旦经有关机关确定后成立,犯罪人与被害人之间不能协商变通。第三,刑事责任是一种惩罚性责任,是所有法律责任中最严厉的一种,其承担责任的基本方式是刑罚。我国现行法律规定的刑罚包括主刑和附加刑,其中主刑包括管制、拘役、有期徒刑、无期徒刑和死刑;附加刑包括罚金、剥夺政治权利和没收财产。第四,刑事责任具有罪责自负性,即刑事责任只能由犯罪人自己承担,罪行不能转嫁,也不能株连其他人。承担刑事责任的,既包括犯罪的自然人,也包括犯罪单位。

违反教育法的刑事法律责任,是指行为人实施了违反教育法的行为,同时触犯了刑法,达到了犯罪的程度,所必须承担的法律后果[①]。在《中华人民共和国教育法》的相关条款中,对违反国家财政制度、财务制度,挪用、克扣教育经费,扰乱学校及其他教育机构教育教学秩序或者破坏校舍、场地及其他财产,明知校舍或者教育教学设施有危险,而不采取措施,造成人员伤亡或者重大财产损失,在招收学生工作中徇私舞弊等行为追究刑事责任作了规定。另外,在《中华人民共和国刑法》中也专门设置了"教育教学设施重大安全事故罪"和"招收公务员、学生徇私舞弊罪"。

(二)民事法律责任

民事法律责任简称民事责任,是指由于违反民事法律规范、违约或者由于民法规定所应承担的一种法律责任。它主要是以恢复被损害的权利和利益为目的。民事责任主要包括违约责任和侵权责任,其特点有如下几点。第一,民事责任具有补偿性。民事责任的功能主要在于救济受害者的权利,赔偿或补偿受害者的损失。行为人承担民事责任的大小与其给受害人带来的损失是相适应的。第二,民事责任主要是一种财产责任。《民法通则》第 2 条规定:"中华人民共和国民法调整平等主体的公民之间、法人之间、公民和法人之间的财产关系和人身关系。"在民事活动中,由于一方违法或违约给另一方造成了财产的和精神的损失,通常都是通过财产性的赔偿来进行补偿的。但这些财产性的赔偿并不影响非财产责任的承担,如赔礼道歉、恢复名誉等。第三,民事责任主要是一方当事人对另一方的责任,在法律允许的条件下,多数民事责任可以不经诉讼程序,由当事人协商解决。并且一般情况下,如果受害者不追究行为人的法律责任,仲裁机关不得主动受理。

违反教育法的民事法律责任是教育法律关系主体违反教育法律、法规,破坏了平等主体之间正常的财产关系或人身关系,依照法律规定应承担的民事责任[②]。《中华人民共和国教育法》第 83 条对违反教育法的民事责任作了原则规定:"违反本法规定,侵犯教师、受教育者、学校或者其他教育机构的合法权益,造成损失、损害的,应当依法承担民事责任。"依据我国《民法典》第 179 条,承担民事责任的主要方式有以下 10 种:停止侵害;排除妨碍;消除危险;返还财产;恢复原状;修理、重作、更换;赔偿损失;支付违约金;消除影响、恢复名誉;赔礼道歉。以上承担民事责任的方式,可以单独适用,也可以合并适用。另外,人民法院审理民

---

① 童宪明. 幼儿教育法规与政策[M]. 上海:复旦大学出版社,2013:20.
② 同上书,21.

事案件,除适用上述规定外,还可以予以训诫、责令具结悔过、收缴进行非法活动的财物和非法所得,并可以依照法律规定处以罚款、拘留。

(三)行政法律责任

行政法律责任简称行政责任,是指行为人因违反行政法律规范或因行政法规定而应承担的法律责任。行政责任的特点主要有以下几点。第一,承担行政法律责任的主体包括行政主体和行政相对人。在行政法律关系中,当行政主体行政违法或不依法做出行政行为,行政相对人不履行法定义务时,都必须承担相应的行政法律责任。第二,产生行政法律责任的原因是行为人的行政违法行为和法律规定的特殊情况。其中可以分为:行政主体的违法行为;行政主体的行政侵权行为;行政机关公职人员的违法失职行为;普通公民、法人违反一般经济、行政管理法律、法规的行为;行政主体的行政不当行为;法律规定实行严格责任的情况[1]。第三,追究行政法律责任的机关具有多样性。刑事责任和民事责任主要是由国家司法机关予以追究,而追究行政责任的机关既可以是国家的权力机关、司法机关,也可以是行政机关。第四,追究行政法律责任主要适用行政程序。如行政申诉制度、行政复议制度等。

现行教育法的相当一部分是以政府及其教育行政部门为一方,来调整教育活动中的行政关系。因此,教育法本身就具有行政法的属性,所以,违反教育法一定程度上就带有行政违法性。在实践中,对于违反教育法律、法规的行为,主要追究的是行政法律责任。根据《中华人民共和国教育法》的规定,违反教育法的行政法律责任的承担方式主要有行政处罚和行政处分两类。

行政处分,是指国家机关、企事业单位对所属的国家工作人员违法失职行为尚不构成犯罪,依据法律、法规所规定的权限而给予的一种惩戒。行政处分属于内部行政行为,由行政主体基于行政隶属关系依法做出。行政处分有时也称"纪律处分",共有6种:警告、记过、记大过、降级、撤职、开除。

行政处罚,是指具有行政处罚权的行政主体为维护公共利益和社会秩序,保护公民、法人或其他组织的合法权益,依法对行政相对人违反行政法律法规而尚未构成犯罪给予法律制裁的行政行为。行政处罚的种类有很多,教育法涉及的行政处罚有11种,包括:警告;罚款;没收违法所得,没收违法颁发、印制的学历证书、学位证书及其他学业证书;撤销违法举办的学校和其他教育机构;取消颁发学历、学位和其他学业证书的资格;撤销教师资格;停考、停止申请认定资格;责令停止招生;吊销办学许可证;法律、法规规定的其他教育行政处罚[2]。

案例 1-6

幼儿园园长因心情不好持火钳烫伤10名幼儿[3]

2011年11月29日,陕西旬阳县磨沟幼儿园园长薛同霞,因小朋友不能完全背诵课文,用火钳将孩子们的手烫伤。调查发现被烫伤的孩子达10名。薛同霞称她当时心情不好,原本只是想恐吓不听话的小朋友,但突然情绪失控做出过激行为,自己感到非常内疚。

---

[1] 沈宗灵.法理学[M].北京:北京大学出版社,2000:521.
[2] 孙葆森,刘惠容,王悦群.幼儿教育法规与政策概论[M].北京:北京师范大学出版社,1998:45.
[3] 幼儿园园长因心情不好持火钳烫伤10名幼儿[EB/OL]. http://news.163.com/11/1204/07/7KDPBLMR00011229.html

> 当地有关部门调查发现,被烫伤的孩子达到10个,2个孩子(丰丰、楠楠)烫伤最为严重,其余几个孩子不同程度被烫伤。
>
> 12月2日,旬阳县教育体育局接到棕溪镇中心学校反映,该镇村级民办幼儿园磨沟幼儿园园长薛同霞体罚幼儿,该局立即组成事件调查组展开调查。经查,薛同霞将10名幼儿用火钳尖部烫伤情况属实。
>
> 据悉,主管部门和棕溪镇政府已经责成薛同霞在其父亲的带领下,对10名烫伤幼儿按家长的要求及时进行了全面检查治疗,10名幼儿均为轻微烫伤,截至2日晚20时,10名幼儿已全部进行了药物治疗,烫伤恢复良好。调查组人员陪同薛同霞带着营养慰问品,逐一登门向幼儿家长赔礼道歉,教体局和棕溪镇政府联合工作组对受伤幼儿逐户进行看望和慰问,做好幼儿及家长心理安抚疏导工作,已经取得了家长的充分谅解。
>
> 依据《民办教育促进法》相关规定,事发当日停止了棕溪镇磨沟幼儿园保教保育活动。立即在棕溪镇磨沟完全小学开设幼儿班,从12月5日开始,该园32名幼儿全部在磨沟完全小学幼儿班入学。同时,吊销了磨沟幼儿园的办学许可证,对薛同霞本人将依据事件性质和情节进行严肃处理。

三、教育法律责任的归责原则

法律责任的归责原则是指确认和承担法律责任时必须依照的标准和准则。学校教育活动所产生的法律责任绝大多数情况下都是侵权导致的民事法律责任,根据我国《民法典》,这种民事责任的追究,主要适用过错责任原则、过错推定责任原则、公平责任原则和严格责任原则等四个归责原则。

(一)过错责任原则

过错责任原则,是以行为人主观上的过错为承担民事责任的基本条件的法律准则。按过错责任原则,行为人仅在有过错的情况下,才承担民事责任。没有过错,就不承担民事责任。《民法典》第1165条第1款规定,行为人因过错侵害他人民事权益造成损害的,应当承担侵权责任,可见,在法律没有特别规定的情况下,都适用过错责任原则。

过错责任原则的具体含义包括:① 行为人的过错是承担责任的构成要件,行为人具有故意或者过失才可能承担侵权责任;② 行为人的过错程度是确定责任形式、责任范围和责任大小的依据。在过错责任原则中,不仅要考虑行为人的过错,往往也会考虑受害人的过错或者第三人的过错。如果受害人或者第三人对损害的发生也存在过错的话,则要根据过错程度来分担损失。在共同侵权的情况下,要考虑各侵害人的过错程度,从而确定各自与其过错相适应的民事责任。我国《民法典》第1165条第1款将过错责任原则规定为侵权的归责原则的确定。这一原则的确立,为民事主体的行为确立了标准。它要求行为人充分尊重他人的权益,恪尽对他人的谨慎和注意,尽量避免损害后果,从而为行为人确立了自由行为的范围,有利于预防损害的发生。通过赋予过错行为以侵权责任,教育行为人行为时应当谨慎、小心,尽到注意义务,努力避免损害的发生;它充分协调和平衡了"个人自由"和"社会安全"两种利益的关系。

知识链接 1-5　学校等教育机构适用过错责任原则的规定

我国《民法典》第1199条规定：无民事行为能力人在幼儿园、学校或者其他教育机构学习、生活期间受到人身损害的，幼儿园、学校或者其他教育机构应当承担侵权责任；但是，能够证明尽到教育、管理职责的，不承担侵权责任。第1200条规定：限制民事行为能力人在学校或者其他教育机构学习、生活期间受到人身损害，学校或者其他教育机构未尽到教育、管理职责的，应当承担侵权责任。第1201条规定：无民事行为能力人或者限制民事行为能力人在幼儿园、学校或者其他教育机构学习、生活期间，受到幼儿园、学校或者其他教育机构以外的第三人人身损害的，由第三人承担侵权责任；幼儿园、学校或者其他教育机构未尽到管理职责的，承担相应的补充责任。幼儿园、学校或者其他教育机构承担补充责任后，可以向第三人追偿。从中可以看出，限制行为能力人在学校或其他教育机构学习、生活期间受到人身损害的，以及无行为能力人和限制行为能力人在幼儿园、学校或者其他教育机构学习、生活期间，受到幼儿园、学校或者其他教育机构以外的人员人身损害的，在责任承担上都适用过错责任原则。

案例 1-7

一次违法商演，惹来十级伤残①

某市小天使艺术幼儿园是一家由政府举办的公立幼儿园。为了改善老师的福利待遇，幼儿园发动每位老师集资，在市中心筹备设立一家"小天使"婴幼儿用品商场。商场开业当天举行了非常隆重的庆典仪式，幼儿园还专门安排园内小朋友在仪式上表演舞蹈节目。

小丽也是这群孩子中的一员。谁知正当她兴高采烈地在舞台上蹦蹦跳跳时，突然被地面上的话筒线绊了一下，重重地摔倒在舞台上，造成右手脱臼、骨折。后虽经医生治疗，但右臂却再也无法完全伸直，经有关部门鉴定为十级伤残。

为小丽的赔偿问题，小天使艺术幼儿园与小丽家长意见无法达成一致，于是小丽的父亲以法定代理人的身份向法院起诉小天使幼儿园；要求幼儿园赔偿因小丽受伤而产生的医疗费、护理费、伤残补助费、精神损失费等各项损失。

小天使幼儿园是否应对小丽的受伤承担责任呢？

【评析】

这是一起幼儿园为商业利益而组织幼儿参与商业活动导致的幼儿伤害案。

幼儿园的任务是实行保育和教育相结合，对幼儿实施体、智、德、美全面发展的教育，促进其身心和谐发展。对幼儿，幼儿园负有教育、管理和保护的责任，却绝无为商业利益而组织幼儿参与商业活动的权利，因为《幼儿园工作规程》第47条明确规定，幼儿园不得以营利为目的组织幼儿表演、竞赛等活动。本案中，小天使幼儿园在职工集资开办的"小天使"婴幼儿用品商场开业之际，组织幼儿进行舞蹈表演，是为了自己的商业利益，幼儿的表演活动因此具备了商业活动的性质。商业活动都是营利性活动，因此，小天

---

① 周天枢，严凤英.幼儿园100个法律问题[M].广州：新世纪出版社，2010：118—120.

使幼儿园安排幼儿表演舞蹈的行为违背了前述规定。因为违法行为而导致他人受伤害,幼儿园应承担赔偿责任。

而且,幼儿在舞台上表演之际,园方应该预见到铺设在舞台上的话筒线可能会发生绊倒幼儿的后果,却疏于管理,没有采取必要防范措施,没有履行法定的注意和管理的义务,最终导致悲剧的发生,过错是显而易见的。鉴于本案中小天使幼儿园的行为违法,又存在过错,所以对小丽及其家长遭受的各项损失应该承担赔偿责任。

【建议】

(1) 幼儿园不得组织幼儿参加商业性演出活动。

(2) 在组织幼儿进行表演等活动时,幼儿园应设法消除安全隐患。

(3) 家长应关心孩子的各项活动,对利用孩子进行商业性活动的,家长应向幼儿园提出异议,并有权代表孩子予以拒绝。

(二)过错推定责任原则

过错推定,也叫过失推定,在某些侵权行为的构成中,受害人能证明损害事实与加害人的行为或物件有因果关系的情况下,如果加害人不能证明损害的发生自己无过错,那么法律就推定加害人在致人损害的行为中有过错,并为此承担赔偿责任。我国《民法典》第1165条第2款规定:依照法律规定推定行为人有过错,其不能证明自己没有过错的,应当承担侵权责任。这种归责原则仍然强调行为人的过错,行为人可以通过证明自己没有过错来获得免责。这在一定意义上,是"举证责任倒置",因为在适用过错责任原则的情况下,是要由受害人来证明行为人存在过错,而在过错推定的情况下,受害人不需要对行为人的过错承担举证责任,法律根据损害事实推定行为人存在过错,行为人要想获得免责,必须为自身的无过错进行举证。适用过错推定的情况,需要有法律的明确规定。我国《民法典》1253条规定:建筑物、构筑物或者其他设施及其搁置物、悬挂物发生脱落、坠落造成他人损害,所有人、管理人或者使用人不能证明自己没有过错的,应当承担侵权责任。一般认为,此条是典型的过错推定。

 知识链接1-6　幼儿园等教育机构适用过错推定责任原则的规定

《民法典》第1199条规定:无民事行为能力人在幼儿园、学校或者其他教育机构学习、生活期间受到人身损害的,幼儿园、学校或者其他教育机构应当承担侵权责任;但是,能够证明尽到教育、管理职责的,不承担侵权责任。可见,无行为能力人在在幼儿园、学校或者其他教育机构学习、生活期间受到人身损害的,适用过错推定原则来确定幼儿园、学校或者其他教育机构的法律责任。

案例1-8

幼儿园里受伤,幼儿园不能证明无过错而担责

2021年11月10日下午16时左右,正是幼儿园放学时间,来接年仅4岁的小天的父亲却发现孩子头部肿了个大包,左腿也不能动了。小天支吾说:"在排队出校门的时候,

有个小朋友推了我一下,我就倒在地上了,正好坐到一块石头上。"随后他指了指推他的小伟。小天父亲赶忙找到老师反映这一情况。幼儿园李园长找到5岁的小伟,而小伟自己也说不清怎么推小天的。看着小天一直喊左腿疼,李园长和小天父亲赶紧把小天送进医院,医院一检查,发现小天左腿骨折。为治病,小天花费医药费1.3万元。

小伟的父亲认为,孩子虽然推倒了小天,但这是在幼儿园发生的事件,自己孩子入托后,其监护权应由幼儿园行使,孩子造成的经济损失应由幼儿园负责赔偿。而幼儿园认为,老师已经尽到了监护责任,孩子之间互相推是老师无法立即发现的,这是意外情况,因此幼儿园不该负责,小天受伤的损失应由小伟的监护人负责赔偿。

几方最后争到法庭上。法院认为,对小天的伤害,小伟与幼儿园二被告负有共同赔偿责任。法院判决二被告各赔偿1万余元。

【评析】

在本案中,小天被小伟推倒摔伤所造成的经济损失,因直接侵权人是小伟,毫无疑问,小伟应当承担责任。但小伟还是幼儿,不能承担民事责任。根据《民法典》1188条规定,无民事行为能力人、限制民事行为能力人造成他人损害的,由监护人承担侵权责任。即小伟的父母对小天的骨折承担侵权赔偿责任。

本案的关键问题是幼儿园是否应当承担责任。《民法典》第1199条规定,无民事行为能力人在幼儿园、学校或者其他教育机构学习、生活期间受到人身损害的,幼儿园、学校或者其他教育机构应当承担侵权责任;但是,能够证明尽到教育、管理职责的,不承担侵权责任。本条款实际上是通过设定学校的过错推定原则,将举证责任附加给幼儿园等学校的,这样更有利于保护无行为能力人的权利。具体到本案,事故虽然发生在幼儿园放学期间,但尚未脱离幼儿园的职责范围,幼儿园对入托的幼儿负有安全保护义务。小天被他人推倒骨折,除非幼儿园能证明自己已尽到职责,否则应当对此承担相应补充责任。但教师如没有尽到"谨慎"义务,就很难证明自己是没有过错的。只有能证明幼儿园老师尽到了必要的保护责任,比如在放学时幼儿园老师要大家排队出门,前后都有老师照看和指导,这时发生的因突然推倒而造成的损害后果,幼儿园才可以免责。

(三)公平责任原则

公平责任原则是指当事人各方在造成损害时均没有过错的情况下,由人民法院根据公平的原则,综合考虑当事人的财产状况、支付能力等情况,来判定当事人对受害人的损失给予适当补偿的法律责任原则。适用公平责任原则的情况通常是损害事实的发生并不是当事人的过错造成的,而是由于第三方介入或者不可抗力因素造成的。对此,我国《民法典》做出了规定。《民法典》第1186条规定:受害人和行为人对损害的发生都没有过错的,依照法律的规定由双方分担损失。这项规定是公平责任原则的重要法律依据。

案例 1-9

用公平原则判定幼儿摔残案[①]

2009年2月17日下午,晓强在幼儿园老师的组织和安排下,来到园内的大操场上进行跑步活动。没有想到的是,跑步活动刚进行不久,晓强就一个大跟头摔倒在塑胶跑道上动弹不得,他脸上露出了痛苦的表情。

情况发生后,幼儿园带班老师立即电话告知了晓强的母亲王华。得知儿子受伤,王华迅速赶到幼儿园。很快,双方共同将晓强送到了郑州市骨科医院进行救治。

经医生诊断,晓强的伤情为右肱骨踝上骨折、上呼吸道感染,需住院进行手术治疗。在晓强住院期间,幼儿园白天均派出老师陪护,并承担了晓强住院期间的伙食费,还多次购买水果等营养品,同时两次支付晓强住院期间的医疗费17197.35元。

2009年7月20日,经郑州陇海法医临床司法鉴定所鉴定,晓强的伤残程度已构成9级伤残。为此,王华多次向幼儿园索赔残疾赔偿金,但遭到拒绝。

幼儿园不愿赔偿的理由是,在晓强受伤后,该幼儿园已尽到了应尽的义务,对其进行了陪护,且已经垫付了医疗费17197.35元,现在对方还要索赔残疾赔偿金,他们认为有失公平。

在多次协商未果的情况下,晓强的母亲王华以儿子为原告,自己为法定代理人的身份,一纸诉状将幼儿园告到了金水区人民法院,要求该园赔偿护理费、残疾赔偿金等各项经济损失共计86119.47元。

2010年10月,河南省郑州市中级人民法院对此案做出了终审判决。

法院认为,晓强为不满十周岁的儿童,为无民事行为能力人,缺乏自我保护意识,生活自理能力差,需要特殊保护,在监护人将其送至幼儿园期间,晓强在参加该园组织的体育运动时受伤致残,自身并无过错。幼儿园尽到了职责范围内的管理义务,对晓强的损害亦无过错。

本案中,考虑到晓强作为年仅五岁的未成年人,在幼儿园受伤造成9级伤残的人身损害之事实,虽然双方均无过错,但从公平的价值判断标准出发,法院酌定双方当事人就损害结果各承担50%的责任为妥。

【评析】

我国《教育法》《未成年人保护法》明确规定,学校与学生之间是法定的教育管理关系,学校对未成年学生负有教育、管理和保护职责。本案中,被告幼儿园组织幼儿进行跑步活动并无不当,而且跑步活动为基础体育活动,该活动主要训练幼儿的跑步能力,并未超过幼儿正常的认知能力和体力能力。考虑幼儿在跑步活动时一直处在运动的状态之下,故幼儿园铺设了塑胶场地,对可能存在的各种安全隐患做了充分的防备。在整个跑步过程中,老师未擅离职守,已尽到了相应的注意义务。原告受伤后,被告及时通知

[①] 用公平原则判定幼儿摔残案[EB/OL]. http://news.sina.com.cn/c/2010-12-08/180221604970.shtml. 有删改.

家长,并在第一时间将原告送至医院进行治疗,说明被告已积极采取措施救护受伤学生。可见,被告对原告受伤的损害后果并无过错。原告在跑步活动中不慎致损害事实的发生,属意外事件。

根据相关法律规定,当事人对造成损害均没有过错的,可以根据实际情况,由当事人分担民事责任。法院根据公平责任原则,结合案件的实际情况,酌定被告幼儿园分担原告50%的损失,无疑是正确的。

(四)严格责任原则

严格责任原则,也称无过错责任原则,是指当行为人的行为或与行为相关的事件对他人的合法权益造成损害时,即使行为人无过错,也应承担责任的法律规则。其目的在于补偿受害人所受到的损失。我国《民法典》第1166条规定:行为人造成他人民事权益损害,不论行为人有无过错,法律规定应当承担侵权责任的,依照其规定。《民法典》第1240条规定:从事高空、高压、地下挖掘活动或者使用高速轨道运输工具造成他人损害的,经营者应当承担侵权责任;但是,能够证明损害是因受害人故意或者不可抗力造成的,不承担责任。被侵权人对损害的发生有重大过失的,可以减轻经营者的责任。

第五节 教育法规与教育政策

教育政策和教育法规是教育活动的两个重要方面,二者对教育活动都具有重要的调节作用。正确认识教育政策与教育法规之间的关系,把握二者的异同,有利于解决教育实践中的问题。

一、教育政策的概念和特征

(一)教育政策的概念

教育政策是政党、政府等各种政治实体在一定历史时期为实现一定的教育目的而协调内外关系所制定的关于教育事务的行动准则[①]。它是国家和政党根据教育所面临的形式和任务,为实现一定时期的教育目标而制定的行动准则,因此,在不同的历史时期,会有不同的教育政策。教育政策涵盖面极广,可分为基本的教育政策和具体的教育政策,基本的教育政策具有普遍的指导意义,如《国家中长期教育改革和发展规划纲要(2010—2020年)》就对我国在未来一定时期内的教育发展的总目标、各类教育的办学体制、各类教育体制改革的要求、增加教育投资等做了基本的政策规定。具体的教育政策是针对教育工作的某一方面而制定的,是基本的教育政策的具体化。如基础教育政策、高等教育政策、职业技术教育政策、少数民族教育政策,等等。

---

① 胡鸿雁,王斌.论我国教育政策与教育法规的异同及应注意的问题[J].湖南人文科技学院学报,2005(2):111—113.

(二) 教育政策的特征

1. 明确的目的性

教育政策不同于教育规律,它是依据发展教育的现实需要制定出来的,是人们主观意志的体现,因而具有明确的目的性。人们制定教育政策,总是为了解决某类问题,没有目的的教育政策是不存在的。因此,明确的目的性是教育政策的基本特征之一。

2. 相对的稳定性

教育政策一经确定,一般总要保持相对的稳定,不会随意变动,从而确保人们开展具体行动的规范性和对行为结果的可预见性。有关教育的基本政策常常在几年甚至十几年的时间里都起作用。但教育政策的稳定性是相对的,当外部环境发生重大变化,现行政策已不能适应现实需要,对教育的发展已经造成阻碍时,就必须做出相应调整,制定出新的政策。教育政策就是在这种不断变化、调整的过程中走向完善的。

3. 法定的权威性

教育政策一般是由党的领导机关、人民代表大会或者政府部门分别或联合发布的。党和国家行为的合宪性决定了他们所颁布的教育政策的合法性,以及由此而产生的权威性。

二、教育政策与教育法规的关系

在第一节中我们已经详细介绍过教育法规的含义和特征。教育法规是由国家制定或认可,并由国家强制力保证其实施的,调整教育活动中各种社会关系的法律规范的总和。它除了具有一般的法律规范的特征,如规范性、强制性、稳定性等性质之外,还具有一些自身的特殊性。教育政策与教育法规都是国家管理教育的重要手段,都对教育活动起着重要的调节作用,二者既有联系又有区别。

(一) 教育政策与教育法规的联系

教育政策和教育法规都是社会主义上层建筑的两个重要组成部分,都体现了国家的意志,都是为了实现国家教育管理职能,维护人民群众利益。二者在本质上是一致的,教育政策是制定教育法规的依据,教育法规是教育政策得到实施的保证,凡经过实践证明是行之有效的、成熟的教育政策,通过一定的法律程序,可以转化为国家的教育法规。在教育政策法定化过程中,要进行修改、提炼,废弃一些不符合客观规律的、不符合现实和发展需要的内容。虽然教育政策和教育法律、法规一样,都是根据客观规律要求制定的,但教育政策只是力求符合社会发展规律的客观要求,而教育法律、法规则是合理正确地利用了客观规律,并把这种规律法定化、制度化[①]。

(二) 教育政策与教育法规的区别

1. 制定机关不同

教育法规是由国家机关或国家权力机关按照法定程序制定的,而教育政策既可以由国家机关制定,也可以由政党制定。政党在教育政策制定过程中起着重要作用,尤其是处在执

[①] 田俊欣.教育政策与教育法律法规关系辨析[J].中国成人教育,2008(6):32—33.

政地位的政党。在我国,从国务院到地方各级人民政府、从教育部到地方各级教育行政部门,都直接参与了教育政策的制定。

2. 约束力不同

教育法规由国家机关依照法定程序制定或认可,以国家强制力保证其实施,依其层次级别的不同,在一定的范围内具有普遍的约束力。而教育政策虽然也具有普遍的指导意义,但不具有国家强制性和普遍的约束力。教育政策的实施主要通过人们的表率作用、组织约束、舆论引导等途径来实现,一般不具有直接的强制性[①]。但教育政策也不是一纸空文,它通过一定的宣传途径和行政措施,同样能发挥巨大的作用。

3. 表现形式不同

教育法规是国家或行政机关以法律、法规等规范性文件的形式表现的,必须公开颁布,其表现形式有宪法中的教育条款、教育法律、教育行政法规、地方性教育法规和教育行政规章等;而教育政策通常是党的领导机关和政府以决定、指示、决议、纲要、通知、意见等形式出现,内容比较广泛、原则和概括,既有公开发表的文件,又有秘密传达的内部文件。

4. 执行方式不同

教育法规的执行是以国家强制力作为后盾,要求社会成员必须遵照执行,否则就要承担相应的法律责任。而教育政策则主要靠组织与宣传,启发人们自觉遵循,其强制力有一定的限度。同时,教育政策的具体落实往往需要借助其他更为具体的制度和措施。

5. 稳定程度不同

教育法规的稳定程度更高,而教育政策的灵活性更高。教育政策随着社会发展以及教育工作形式和任务的变化可以适时做出调整,且须不断完善,具有较强的指导性和灵活性。教育法规是在总结党和国家的教育政策实践经验的基础上,经过严格的制定和修改程序确定下来的,是教育政策的具体化和条文化,具有较强的稳定性。教育法规一旦确定下来又会对教育政策产生影响和制约,任何新的教育政策出台都不能与教育法律法规相抵触。如果两者发生矛盾,应以法律为准绳,依法办事。

本章小结

教育法是由国家制定或认可,并由国家强制力保证其实施的,调整教育活动中各种社会关系的法律规范的总和。这一含义可以理解为:教育法是以教育方面的权利义务为重要内容,以教育活动中的各种法律性社会关系为调整对象,经由国家制定或认可,以国家强制力保证其实施,体现统治阶级教育意志的行为规则。教育法与其他法律规范相比具有自身的特殊性,主要体现为主体的多样性、调整范围的广泛性和特殊主体的保护性等特征。

教育法的渊源即指教育法的来源,也称教育法的表现形式。由于法的创立机关和创立方式的不同,其地位和效力范围也不同,从而形成了不同形式的教育法。我国的教育法以成文法为主要表现形式,具体来看,其主要渊源有:《宪法》、教育法律、教育行政法规、地

---

① 教育政策与法规概述[EB/OL]. http://www.xtzy.com/html/10263.html.

方性教育法规、教育规章以及教育条约和协定。

教育法律关系是教育法律规范在调整教育社会关系中所形成的人们之间的权利与义务关系。它是以教育法律规范为前提，以权利义务为核心而结成的社会关系。教育法律关系由教育法律关系的主体、客体与内容三个要素构成的。

法律责任是指法律关系主体因实施了违法、违约行为或由于其他法律规定的事实的出现，而必须承担的不利后果。其构成要件包括责任主体、违法行为或违约行为、损害事实、主观过错和因果关系五个部分。教育法根据违法主体的法律地位和违法行为的性质，规定了承担法律责任的三种主要方式，即刑事法律责任、民事法律责任和行政法律责任。追究民事法律责任主要适用过错责任原则、过错推定责任原则、公平责任原则和严格责任原则四种归责原则。

教育政策和教育法规是教育活动的两个重要方面，二者对教育活动都具有重要的调节作用。二者在本质上是一致的，教育政策是制定教育法规的依据，教育法规是教育政策的法定化和具体化。二者的区别主要体现在：制定机关不同、约束力不同、表现形式不同、执行方式不同、稳定程度不同等方面。

 思考与练习

1. 什么是教育法？教育法具有哪些特征？
2. 什么是教育法的渊源，我国教育法的渊源有哪些？
3. 教育法律关系的含义、特征和构成要素分别是什么？
4. 法律责任的构成要件有哪些？法律责任的规则原则有哪些？在实践中如何应用这些原则？
5. 简述教育政策与教育法规的联系与区别。

第二章 我国学前教育政策与法规概览

学习目标

1. 了解我国学前教育政策法规的历史与发展以及各个历史阶段的特点。
2. 知道我国学前教育的发展方针。
3. 掌握改革开放后我国重要的学前教育政策法规的主要内容。

情境案例

相关法规岂止一部①

某幼儿园开展幼师法律知识竞赛。在收集保护幼儿权利的法律、法规时,李老师和林老师有不同的意见。李老师认为《中华人民共和国未成年人保护法》是唯一的权威指引,一切以此为准,其他可以不考虑;林老师则认为还有其他法律、法规。最后他们争执不下,只好咨询律师。

【评析】

本案涉及我国有关幼儿维权的法律、法规的立法情况。

目前我国对幼儿权利进行保护的法律、法规已形成一整套相对完整的体系,它以《中华人民共和国宪法》为根据,以《中华人民共和国未成年人保护法》为主体,以我国政府参与签署的《儿童权利公约》《儿童生存、保护和发展世界宣言》等国际公约为指导,包含了《中华人民共和国母婴保健法》《中华人民共和国教育法》《中华人民共和国教师法》《中华人民共和国预防未成年人犯罪法》《中华人民共和国收养法》《中华人民共和国婚姻法》《中华人民共和国继承法》《中华人民共和国义务教育法》和《学生伤害事故处理办法》以及《幼儿园工作规程》《幼儿园管理条例》等基本法律、法规和各种行政法规、地方性法规在内。这些法律、法规都对我国幼儿权利的保护做出了明确的法律规定。

所以本案中李老师对幼儿权利保护的法律、法规了解是不够的,应加强学习。

【建议】

(1) 幼教工作人员应熟知我国对幼儿权利进行保护的法律规定,并按规定对幼儿实施保护。

(2) 幼教管理人员应自觉学习保障幼儿权利的法律、法规,加强依法治园。

---

① 周天枢,严凤英.幼儿园100个法律问题[M].广州:新世纪出版社,2010:3.

第一节　我国学前教育政策法规的历史沿革

学前教育政策法规是国家制定和颁发的有关学前教育的方针、法律、条例、规程、规定、办法、纲要、决定、通知、规划、意见、细则、纪要等各种文件的总称①。我国学前教育政策法规建设始于1903年《奏定蒙养院章程及家庭教育法章程》的颁布,至今已有一百多年的历史。关于我国学前教育政策法规的历史,通常是划分为中华人民共和国成立前(1903—1949)、中华人民共和国成立初至"文化大革命"前(1950—1965)和改革开放初至今(1978—　)三个阶段。

一、中华人民共和国成立前的学前教育政策法规(1903—1949)

这一阶段又具体划分为三个部分。

1. 清末的学前教育政策法规(1903—1911)

鸦片战争后,西方资本主义的思想和制度涌入中国,清末的学前教育政策法规正是西方资本主义冲击的产物。1903年,清政府颁布了《奏定学堂章程》,也叫"癸卯学制",1904年初正式实施。在《奏定学堂章程》中,针对学前教育专门制定了《奏定蒙养院章程及家庭教育法章程》,这是我国近代学前教育的第一个法规。自此,蒙养院成为国家教育体系的一部分,是中国最早的学前教育机构,标志着中国学前教育完全由家庭负担的历史结束了,学前教育开始由家庭教育向有组织的社会教育过渡。

《奏定蒙养院章程及家庭教育法章程》在内容中透露出"中学为体、西学为用"的指导思想和"家庭教育"的取向,明显表现出既欲用西学,又处处顾及中国封建体制的主张②。在对蒙养院的保育要旨、条目、设备、管理等方面的规定,基本仿效日本1899年颁布的《幼儿园保育及设备规程》;在教学方法上多采用西方的游戏,而教学内容又多为中国封建传统。该章程并非完全为儿童的发展着想,其着力点在于以蒙养院教育辅助家庭教育,带有明显的家庭教育的取向。

这一时期的学前教育政策法规从总体上来说,还处于起步阶段。从政策内容来看,虽然基本上包含了蒙养院的课程、教学、管理、教师等方面的内容,但相关的规定模糊笼统,只是是简单说明,没有形成系统。

知识链接 2-1　《奏定蒙养院章程及家庭教育法章程》

清政府于1903年颁布了《奏定学堂章程》,其中有《奏定蒙养院章程及家庭教育法章程》,是我国历史上第一个有关学前教育的法规,此章程包括四章。

第一章,蒙养家教合一。包括如下一些内容。①蒙养家教合一之宗旨,指出"在于以蒙养院辅助家庭教育,以家庭教育包括女学"。这是说,中国初建的这种学前社会教育,尚不能多设,只能是由学前儿童家庭教育向社会教育的一种过渡形式,学前教育还主要靠家庭进

---

① 彭海蕾,王楠,姚国辉.不同历史时期的中国学前教育政策初探[J].徐特立研究——长沙师范专科学院学报,2010(1):15—19.
② 张乐天.学前教育政策与法规[M].北京:中央广播电视大学出版社,2011:10.

行。其次是指当时在教育上还未开女禁,中国尚没有女子学堂,因此,"保姆学堂既不能骤设,蒙养院所教无多,则蒙养所急者仍赖家庭教育"。② 规定了蒙养院的对象"为保育教导3岁以上至7岁之儿童,每日不过4点钟"。③ 规定了蒙养院的设置,设在敬节堂与育婴堂内。④ 规定蒙养院的保姆即为育婴堂的乳媪或敬节堂的节妇,令其学习官方开列的保育要旨条目和官编女教科书,经一年学习,合格者"均发给蒙养院学过保姆凭单",可在蒙养院任保姆,或受雇于家庭,做家庭保姆。

第二章,保育教导要旨及条目。内容分三节。① 规定了保育教导要旨,保育教导儿童"专在发育其身体,渐启其心知,使之远于浇薄之恶风,习于善良之轨范"。② 规定蒙养院的保育方法,要"就儿童最易通晓之事情,最所喜好之事物,渐次启发涵养之",保育教导的内容有游戏、歌谣、谈话、手技等。③ 规定"保育教导幼儿之时刻,每一日不得过4点钟"。

第三章,屋场图书器具。规定了蒙养院房舍以平房为宜,指出了保育室、游戏室的必须,规定了保育室、庭院的大小;还规定了蒙养院各科课程所必需的设备、教具及课桌椅等设备。

第四章,管理人事务。规定蒙养院的管理人员为院董,管理院中一切事务;下设司事,辅助院董。

《奏定蒙养院章程及家庭教育等章程》的颁定与实施,说明学前社会教育机构随之初创起来,蒙养院基本上已属于幼稚园性质,但由于它是我国半殖民地半封建社会下的产物,尤其是当时中国没有女学,师资没有来源,保姆只得由育婴堂的乳媪和敬节堂的节妇经简单训练而成,只能是学前教育开始由家庭教育向有组织的社会教育的过渡。

2. 民国的学前教育政策法规(1912—1949)

1912年9月,南京临时政府教育部颁布了《学校系统令》,1913年经重新修订完善后颁布,史称"壬子癸丑学制"①。该学制将清末实施学前教育的蒙养院改为蒙养园,对整个学前教育体制做了调整,促进了中国学前教育的发展。

1919年"五四"新文化运动有力地推动了新教育思想的传播和旧教育的改革,欧美的教育思想对中国的影响日益增强,中国由主要学习日本转而学习欧美。1922年制定的"壬戌学制"便是仿照美国的学制编制而成。该学制中规定,小学下设幼稚园,从学制上确立了学前教育的独立地位。美国教育家杜威访华之后,其实用主义教育思想在中国广为传播,这一时期出台的学前教育政策在其课程内容及教学方法上明显地打上了杜威的实用主义烙印,如反对分科教学,强调以儿童为中心,强调幼稚园的教学内容贴近幼儿的生活和实际等②。

这一时期,以陈鹤琴、陶行知、张雪门为代表的学前教育专家开展了广泛的教育实践调查,开始探索适合中国国情的学前教育之路。1932年10月,我国第一个由政府颁布的幼儿园课程标准——《幼稚园课程标准》颁布实施。该课程标准中第一次提出了较为详细的幼儿园课程标准,并且制定了相应的幼儿发展目标、课程大纲、教学方法等。从这个时期开始,我

---

① 张乐天.学前教育政策与法规[M].北京:中央广播电视大学出版社,2011:10.
② 彭海蕾,王楠,姚国辉.不同历史时期的中国学前教育政策初探[J].徐特立研究——长沙师范专科学院学报,2010(1):15—19.

国学前教育政策法规的相关规定开始趋于细致化和系统化。

知识链接 2-2　实用主义教育思想的主要观点[①]

实用主义教育思想是一种产生于实用主义哲学基础之上的,体现了美国精神的教育理论,是西方现代资产阶级教育思想的一个重要流派。19世纪末出现于美国。美国哲学家、教育家杜威是其倡导者和最主要的代表。实用主义教育思想的主要观点有如下几点。

(1) 批判传统教育理论不顾儿童个性特点和社会生活不断变化之需要。

(2) 主张教育即生活,教育即经验的不断改造,学校即社会。

(3) 强调儿童中心,批评旧教育的重心在教师和教科书上,认为儿童才是教育的中心,如同地球围绕着太阳旋转一样,教师的作用在于根据学生的特点和需要来组织和指导学生的活动。

(4) 重视儿童的经验、兴趣和需要,强调儿童发展的主动性、创造性,强调以儿童为主体的教学实践,即做中学。

(5) 认为教育过程是师生共同参与、合作完成的过程,主张师生平等。实用主义教育在强调儿童中心的同时,也主张建立一种民主平等的师生关系。

3. 老解放区的学前教育政策法规(1927—1949)

老解放区的学前教育,是指1927年大革命失败以后,至1949年中华人民共和国成立以前,在中国共产党领导下建立起来的农村革命根据地、抗日根据地、解放区的学前教育[②]。

由于社会局势的急剧变化,老解放区革命根据地的形势也是几经变化。这一时期有关学前教育的政策法规多见于一些政府文件或是报告之中,专门性的学前教育政策法规比较少,学前教育政策法规比较零散。老解放区学前教育的突出目的就是保育儿童,以使广大的幼儿父母能参加抗战和生产劳动,同时也明确提出要保育好革命烈士的后代,培养革命的接班人。这个时期的政策法规从制定到内容的完善充分体现出了"为战争服务"的特点,如相关教育政策多次指出干部教育优先于成人教育、成人教育优先于儿童教育。内容上多为强调妇女和儿童保育和保护的条款,如先后出台的《中国共产党第六次全国代表大会妇女运动决议案》(1928)、《托儿所组织条例》(1934)、《陕甘宁边区政府关于保育儿童的决定》(1941)、《关于二届边区参议会有关保育儿童问题之各项规定》(1942)、《陕甘宁边区妇女第二届代表大会关于保育工作的提案》(1949)等政策法规都体现了老解放区的学前教育政策法规非常关注妇女及儿童的保护,具有社会福利的倾向,而缺少有关儿童教育的内容、教学方法等方面的规定。

二、中华人民共和国成立初至"文化大革命"前的学前教育政策法规(1950—1965)

1949年10月1日,中华人民共和国宣告成立,这是中华民族史上的伟大变革,相应的,

[①] 实用主义教育思想[EB/OL]. http://baike.sogou.com/v63624226.htm
[②] 张乐天. 学前教育政策与法规[M]. 北京:中央广播电视大学出版社,2011:11.

我国的学前教育也发生了革命性的变化,进入了一个崭新的发展阶段。1949年11月,中央人民政府教育部成立,我国首次在初等教育司下设幼儿教育处,成为统领全国学前教育的行政机构。中华人民共和国成立初期的学前教育主要是在总结老解放区发展学前教育经验的基础上对老解放区学前教育的继承和发展,基于此,这一时期学前教育的政策法规主要是对老解放区学前教育政策法规的归纳和总结,然后再结合实际情况,逐步向社会主义教育过渡。

1951年10月1日,中央人民政府政务院命令颁布《关于改革学制的决定》,这是中华人民共和国成立后正式公布实施的第一个学制。在该学制中,学前教育列入学制体系之中,成为小学教育的基础[1]。中华人民共和国成立之初,中国政府倡导全面向苏联学习,这一时期的中国学前教育政策,尤其是课程政策在其内容上充分而完全地表现出苏联特色,基本上以苏联的相关教育理论和思想为指导[2]。1951年教育部制定的《幼儿园暂行规程(草案)》和《幼儿园暂行教学纲要(草案)》就是在吸收老解放区学前教育经验的基础之上,借鉴苏联的学前教育理论,在苏联专家的直接指导下拟定的,它们为全面改革旧教育、逐步建立社会主义学前教育新体系奠定了基础。

1956年教育部等部门先后发布的《关于托儿所幼儿园几个问题的联合通知》和《关于中小学、师范学校的托儿所工作的指示》都是就全国保教事业在发展过程中的一些具体问题做出指示和对策。由此可见,这一时期相关的部门开始针对具体的问题及时地制定相关政策法规。

纵观当今世界学前教育的政策,基本由制度政策(包括体制、管理、办园条件、人员组成等方面)、幼儿保护和发展政策、幼儿教师政策、幼儿园课程政策以及针对具体的问题出台的政策几部分组成,这五种政策共同组成整个学前教育政策系统。从中华人民共和国成立初期至"文化大革命"前所出台的学前教育相关政策来看,我国的学前教育政策体系基本成型[3]。

三、改革开放初至今的学前教育政策法规(1978—   )

改革开放以来,学前教育政策法规如雨后春笋般涌出。相比之前,政策法规涉及的范围进一步拓展,关注点由3~6岁延伸到了3岁前及入小学后,由关注教师的职前培养扩展到关注教师的职后培训,由关注幼儿园的教育教学行为延展到关注幼儿家长的成长,由总体关注幼儿园的开办及教育拓展到关注不同地区的学前教育的发展[4]。

政策法规制定过程中的实时性、敏感性和针对性明显加强。如1979年教育部颁布的《城市幼儿园工作条例(试行草案)》,用以指导城市幼儿园工作走向正规化、规范化;1983年针对我国农村幼儿园教育出现的问题又出台了《关于发展农村幼儿教育的几点意见》;1991年针对当时学前班教育和管理存在的问题发布了《关于改进和加强学前班管理的意见》;1995年针对我国企业办园存在的问题,国家教委、全国妇联等单位联合发出《关于企业办幼

---

[1] 张乐天.学前教育政策与法规[M].北京:中央广播电视大学出版社,2011:12.
[2] 彭海蕾,王楠,姚国辉.中国学前教育政策发展历程及其特点研究[J].教育导刊,2010(6):7—10.
[3] 雷春国,曹才力,李崇庚.学前教育政策法规解读[M].长沙:湖南大学出版社,2013:7.
[4] 彭海蕾,王楠,姚国辉.中国学前教育政策发展历程及其特点研究[J].教育导刊,2010(6):7—10.

儿园的若干意见》；2003年，教育部、国家计委等部门联合发出《关于幼儿教育改革与发展的指导意见》，针对现实中幼儿教育存在的问题提出了改革和发展的目标及措施；等等。学前教育政策的制定更具现实性和针对性。

政策的制定开始走向法制化。1989年6月，国家教委发布了《幼儿园工作规程（试行）》，该规程是指导全国幼儿教育的部门规章，对全国各类别幼儿园均有效力。由于该规程无法解决幼儿园的管理体制和发展问题，国务院于1989年8月20日批准了《幼儿园管理条例》，1989年9月11日由国家教委发布，1990年2月1日起施行。该条例是中华人民共和国成立以来第一个经国务院批准颁发的有关幼儿教育的行政法规，标志着我国幼儿教育开始走向法制化建设的道路。此后，一系列相关法律法规开始颁布实施，如《中华人民共和国未成年人保护法》《中华人民共和国教师法》《中华人民共和国母婴保健法》《中华人民共和国教育法》《中华人民共和国民办教育促进法》，这些法律都从不同程度和不同层面对我国学前教育政策作了进一步的规范。

相比以往，这一时期的学前教育政策法规更加关注儿童的发展和自我保护。从1980年10月卫生部、教育部颁发的《托儿所、幼儿园卫生保健制度（草案）》，到2007年针对幼儿园接送学生中出现的问题及事故凸显出的幼儿教育的安全问题，教育部等部门先后发出《关于加强农村中小学生幼儿上下学乘车安全工作的通知》《关于加强民办学前教育机构管理工作的通知》《关于做好2007年秋冬季中小学幼儿园安全工作的预警通知》等，进一步强调幼儿园教育的规范性，要求充分保障幼儿的安全[①]。这一时期的学前教育政策在关注儿童的生存、保护及发展方面真正体现了把儿童的生命安全放到第一位的思想。

与改革开放之前相比，这一时期出台的学前教育政策法规当中发展规划性的政策法规明显增多，且用于指导学前教育事业发展的政策法规的发展规划性也明显增强。自改革开放至今，相关部门先后出台了《九十年代中国儿童发展规划纲要》《中国教育改革和发展纲要》《中华人民共和国国民经济和社会发展"九五"计划和2010年远景目标纲要》《全国家庭教育工作"九五"计划》《全国幼儿教育事业"九五"发展目标实施意见》《面向21世纪教育振兴行动计划》《中国儿童发展纲要（2001—2010年）》《国家中长期教育改革和发展规划纲要（2010—2020年）》等带有规划性质的政策与法规。

纵观改革开放以来我国制定的学前教育政策与法规，始终强调以促进儿童的发展为本，对幼儿实施全面发展的教育，以促进幼儿的和谐发展；强调学前教育是学校教育和终身教育的奠基阶段，应为儿童未来的发展打好基础，满足幼儿多方面发展的需要等。这些规定和要求与当前世界学前教育的儿童发展观、儿童主体观、整合教育观、儿童生态观、可持续发展观及终身教育观等先进教育理念相一致，同时与当今时代发展的多样性、开放性、国际性和创新性等特点相契合[②]。这充分体现出中国的学前教育政策具有与时俱进的特点。

[①] 雷春国，曹才力，李崇庚.学前教育政策法规解读[M].长沙：湖南大学出版社，2013：8.
[②] 彭海蕾，王楠，姚国辉.中国学前教育政策发展历程及其特点研究[J].教育导刊，2010(6)：7—10.

案例 2-1

朝阳黑幼儿园火灾惨案：女童父母获赔 63 万元[①]

因幼儿园发生火灾，2 岁女儿小雅（化名）在大火中死亡，小雅的父母李先生夫妇向法院提起民事诉讼，要求赔偿各项损失 66 万余元。该起民事案件的 5 名被告包括幼儿园负责人、幼儿园阿姨以及幼儿园房屋的所有人。9 月 5 日上午，北京市朝阳区人民法院温榆河法庭做出一审判决，认定幼儿园的负责人王荣花应承担主要责任，房屋的所有权人承担次要的赔偿责任，女童父母获赔各项损失共计 637817.5 元。

2010 年 1 月 17 日中午，朝阳一家无照经营的幼儿园内发生火灾，致使一名 2 岁女童被烧死。经查，事故发生系该园员工李彦巧将取暖用电热器放置于床上后离开幼儿园去买菜，导致幼儿园失火。27 岁的幼儿园园长王荣花因消防责任事故罪被朝阳法院判处有期徒刑 2 年，同时，42 岁的幼儿园员工李彦巧因过失致人死亡罪被判处有期徒刑 3 年。

事后，大火中被烧死的女童的父母将幼儿园的负责人、幼儿园阿姨以及该幼儿园的房屋所有人诉至朝阳法院，索赔民事赔偿 66 万余元。

李先生夫妇在起诉中称，2004 年起其二人到北京打工并且常年居住在朝阳区。2007 年 10 月 24 日，二人育有一女。2009 年 10 月，夫妻俩将女儿送至曹先生、王荣花经营管理的阳光乐园幼儿园。然而在 2010 年 1 月 17 日，阳光乐园幼儿园因电线起火发生火灾，导致其女儿被烧死。

朝阳法院经审理认为，根据已查明的事实和双方当事人当庭举证、质证的结果，涉案的阳光乐园幼儿园在无照经营、未经消防安全检查合格的情况下，擅自开业接收幼儿入园，在安全及管理上存在重大的漏洞，且经相关部门通知整改后，仍未采取相关措施，最终导致了火灾事故的发生，故对 2 岁女童被烧死的后果，阳光乐园幼儿园的负责人、实际经营者王荣花应承担主要责任，本院确定为 70%。其丈夫曹先生应与王荣花在本院确定的责任份额内承担连带责任。李彦巧作为王荣花的雇员，其亦应在责任范围内与王荣花承担连带赔偿责任。本案中，房屋的所有权人马先生夫妇，在明知王荣花无相关证照的情况下，为谋取租金利益，将房屋出租给王荣花经营幼儿园使用，且在接到多部门的检查及整改通知后，消极应对，未采取任何措施，故对火灾发生致幼儿烧死事故，马先生夫妇亦存在过错，对李先生的损失应承担次要的赔偿责任，本院确定为 30%。

综上，朝阳法院判决王荣花及其丈夫曹先生、阿姨李彦巧连带赔偿各项损失 435282.25 元，并赔偿李先生误工费 7980 元；房屋产权人夫妇赔偿各项损失 191135.25 元，并赔偿李先生误工费 3420 元。

[①] 《学前教育政策与法规》典型案例[EB/OL]. http://wenku.baidu.com/link?url=CJSFtjOjR4BP9kaK5bRuxuwa6z60OwOY0y00zq_eMSdc3xuINq56Nv2vMIJ5ALMmaT3wQV8j66bkroEX0rJR7fA_Rw2qDOKvzA4qjCmIriW

第二节 改革开放后我国的学前教育方针和重要的政策法规解读

一、我国的学前教育方针

方针是引领事业前进的方向和目标。教育方针是国家或政党在一定历史阶段提出的教育工作发展的总方向,是教育基本政策的总概括。它包括教育的性质、目的及其实现的基本途径等,其中以教育目的最为重要。教育目的是国家对教育的培养目标及实现该目标的根本途径及要求所作出的规定。科学合理的教育方针,不仅关系教育事业的发展,也影响整个社会、国家的发展。学前教育方针是教育方针在学前教育这一阶段的具体化,是国家对学前教育培养目标及实现该培养目标的途径、条件或要求等各方面所作出的全局性、战略性兼具前瞻性的规定。一般是通过权威部门在具有相当效力的文件中进行公布,以保证方针的严肃性、稳定性和权威性。

1979年,中共中央、国务院转发的《全国托幼工作会议纪要》提出了坚持同时发展公、民办幼儿园的"两条腿走路"的方针。从我国学前教育事业发展的历程来看,我国学前教育事业始终坚持了"两条腿走路"的方针,注重依据地方实际,动员社会各方面力量兴办学前教育机构和组织,满足人民群众日益增长的对学前教育的需求。

1988年国务院办公厅转发的国家教委等部门《关于加强幼儿教育工作的意见》将我国的学前教育事业发展方针明确表述为:"动员和依靠社会各方面力量,通过多种渠道、多种形式发展幼儿教育事业。"此后,又将这一方针写进《幼儿园管理条例》这一单行法规中。

1997年7月,国家教委印发了《全国幼儿教育事业"九五"发展目标实施意见》,指出学前教育必须以邓小平同志关于"教育要面向现代化、面向世界、面向未来"的思想为指导,继续贯彻国家、集体和公民个人一起办园的方针,多种形式地发展学前教育事业,为更多幼儿提供学前教育机会。

为了进一步推动学前教育事业的改革与发展,2003年3月国务院办公厅转发教育部等部门的《关于幼儿教育改革与发展指导意见的通知》,提出学前教育的方针:"形成以公办幼儿园为骨干和示范,以社会力量兴办幼儿园为主体,公办与民办、正规与非正规相结合的发展格局。根据城乡的不同特点,逐步建立以社区为基础,以示范性幼儿园为中心,灵活多样的幼儿园教育形式相结合的幼儿园教育服务网络,为0~6岁儿童和家长提供早期保育和教育服务。"

二、我国重要的学前教育政策法规解读

在我国现行的教育法律、法规体系中,《中华人民共和国宪法》《中华人民共和国教育法》《中华人民共和国教师法》《中华人民共和国未成年人保护法》《中华人民共和国残疾人保障法》《中华人民共和国残疾人教育条例》《中华人民共和国民办教育促进法》等法律法规中,都设置了有关学前教育的条款。但独立的学前教育法规目前只有《幼儿园管理条例》,学前教育规章目前有两部,分别是《幼儿园工作规程》和《托儿所幼儿园卫生保健管理办法》。为贯彻《中华人民共和国教育法》《幼儿园管理条例》《幼儿园工作规程》,指导幼儿园深入实施素

质教育,2001年7月,国家正式颁布了《幼儿园教育指导纲要(试行)》。它是幼儿园教育工作的科学纲要,是新时期我国幼儿园课程改革的指导性文件。

(一)《幼儿园管理条例》解读

《幼儿园管理条例》(以下简称《条例》)是依据我国《宪法》和教育基本法的基本精神,根据党的教育方针政策,对全国幼儿教育进行宏观管理和指导的一部行政法规,也是到目前为止,独立的学前教育法律法规中效力层次最高的一部专门法规。《条例》于1989年8月20日经国务院批准,1989年9月11日中华人民共和国国家教育委员会令第4号发布,1990年2月1日起施行。

1.《幼儿园管理条例》出台的背景及意义

中华人民共和国成立后,我国学前教育事业得到了快速发展,出现了形式多样的托幼机构。与此同时,也出现了一系列的发展中的问题,如行政管理部门职责不明确、乱收费、保教分离、体罚和变相体罚幼儿等。为了加强对幼儿园的管理,促进学前教育事业的健康发展,1989年国务院批准发布了《幼儿园管理条例》,并规定于1990年2月1日起施行。

《条例》是政府加强对幼儿教育管理和指导的重要行政法规,它对幼儿园的管理作出了全面的规范,包括幼儿园保育教育的基本原则、幼儿园的管理体制、幼儿园的设置和审批规范、幼儿园的保育教育工作规范、幼儿园的行政事务规范等。它是中华人民共和国成立后第一部专门的学前教育法规,将对我国学前教育逐步走上依法执教的轨道,推动学前教育事业的健康发展和管理工作的科学化,推动和深化学前教育改革都具有重要意义。当前在幼儿园的教育、保育和管理工作中还普遍存在忽视幼儿身心发展特点和违背教育规律的现象,因此必须从端正思想认识入手,要求广大幼教工作者、幼儿家长以及社会人士认真学习贯彻《条例》精神,明确幼儿园保育和教育的指导思想、培养目标和应该遵循的基本原则,建立正确的儿童观和教育观。《条例》颁布后,许多省、直辖市都出台了相应的实施办法,对幼儿园的规范办学、规范教育起到了很大的推动作用。

2.《幼儿园管理条例》的基本结构

《条例》共六章32条。第一章是总则,第二章是举办幼儿园的基本条件和审批程序,第三章是幼儿园的保育和教育职能,第四章是幼儿园的行政管理规范,第五章是相关的奖惩规定,第六章为附则,内容全面,涵盖了幼儿园管理工作的各个方面。

3.《幼儿园管理条例》的基本内涵

(1)幼儿园的性质和任务

《条例》的宗旨是为了加强幼儿园的管理,促进幼儿教育事业的健康发展。它规定了幼儿园是对三周岁以上的学龄前幼儿进行保育和教育的场所,其保育和教育工作的目标是促进幼儿在体、智、德、美诸方面和谐发展。

(2)学前教育事业的发展方针和领导体制

《条例》规定了地方各级人民政府有根据地方的社会经济发展状况,统筹规划发展学前教育事业的职责,并贯彻执行"两条腿走路"的方针,要求地方各级人民政府依据本条例举办幼儿园,并鼓励和支持企业事业单位、社会团体、居民委员会、村民委员会和公民举办幼儿园或捐资助园。在幼儿园教育的领导管理体制方面,《条例》第6条明确规定:"幼儿园的管理实行地方负责、分级管理和各有关部门分工负责的原则。国家教育委员会主管全国的幼儿园管理工作;地方各级人民政府的教育行政部门,主管本行政辖区内的幼儿园管理工作。"

(3) 幼儿园的设置管理规范

《条例》从软硬件两个方面规定了幼儿园的设置条件,具体要求幼儿园必须设置在安全区域内,远离危险区和污染区;举办幼儿园必须具有与保育、教育的要求相适应的园舍和设施,且幼儿园的园舍和设施必须符合国家的卫生标准和安全标准。除此之外,举办幼儿园还必须配备符合条件的园长、教师、医生、保育员、保健员等工作人员,另外,举办幼儿园的单位或者个人必须具有进行保育、教育以及维修或扩建、改建幼儿园的园舍与设施的经费来源。

在幼儿园的审批与管理方面,《条例》第 11 条规定:"国家实行幼儿园登记注册制度,未经登记注册,任何单位和个人不得举办幼儿园。"第 12 条规定:"城市幼儿园的举办、停办,由所在区、不设区的市的人民政府教育行政部门登记注册。农村幼儿园的举办、停办,由所在乡、镇人民政府登记注册,并报县人民政府教育行政部门备案。"还指出,由于学前班在幼教事业发展过程中占有相当重要的地位,今后举办和管理学前班,同样要建立学前班登记注册制度,未经登记注册,任何单位和公民个人,不得举办学前班。学前班登记注册后在行政上由主办单位及其上级主管部门管理。农村学前班可实行乡办乡管或村办村管,附设在小学的,也可实行乡(村)办校管,在业务上归当地教育行政部门统一管理,教育行政部门应由主管幼儿教育的机构负责此项工作。①

(4) 幼儿园的保育教育规范

《条例》指出:"幼儿园应当贯彻保育与教育相结合的原则,创设与幼儿的教育和发展相适应的和谐环境,引导幼儿个性的健康发展。"在幼儿保育工作中,应当保障幼儿的身体健康,培养幼儿的良好生活、卫生习惯;促进幼儿的智力发展;培养幼儿热爱祖国的情感以及良好的品德行为。在幼儿的教育中,应当以游戏为基本活动形式,严禁体罚和变相体罚。因此,以幼儿为教育、服务对象的幼儿园的所有工作人员,都要学习、掌握并在各岗位上贯彻这一原则。特别是幼儿教师,要注意把保育意识渗透在教育活动的每个环节里。保育员也应积极配合幼儿教师,将教育要求贯穿在保育工作当中,逐步达到幼儿园的保育、教育的主要目标,促进幼儿身心的全面发展。

(5) 幼儿园的卫生保健和安全防护

《条例》第 18 条和第 20 条规定:"幼儿园应当建立卫生保健制度,防止发生食物中毒和传染病的流行。""幼儿园发生食物中毒、传染病流行时,举办幼儿园的单位或者个人应当立即采取紧急救护措施,并及时报告当地教育行政部门或卫生行政部门。"

在幼儿园的安全防护方面,《条例》明确规定:"举办幼儿园必须将幼儿园设置在安全区域内。严禁在污染区和危险区内设置幼儿园。""幼儿园应当建立安全防护制度,严禁在幼儿园内设置威胁幼儿安全的危险建筑物和设施,严禁使用有毒、有害物质制作教具、玩具。"还规定,凡"园舍、设施不符合国家卫生标准、安全标准,妨害幼儿身体健康或者威胁幼儿生命安全的","使用有毒、有害物质制作教具、玩具的","在幼儿园周围设置有危险、有污染或者影响幼儿园采光的建设和设施的",将由教育行政部门或者由教育行政部门建议有关部门对责任人员进行行政处分,情节严重构成犯罪的依法追究刑事责任。

---

① 雷春国,曹才力,李崇庚. 学前教育政策法规解读[M]. 长沙:湖南大学出版社,2013:33.

（6）教育行政部门的管理职责和幼儿园的内部管理体制

《条例》规定了各级教育行政部门的职责，就是负责监督、评估和指导幼儿园的保育、教育工作，组织培训幼儿园的师资，审定、考核幼儿园教师的资格，并协助卫生行政部门检查和指导幼儿园的卫生保健工作，会同建设行政部门制定幼儿园园舍、设施的标准。对办园成绩显著的，保育、教育工作成绩显著的，管理工作成绩显著的，要给予奖励；对违反本条例规定的，要予以相应的处罚。

《条例》第23条规定："幼儿园园长负责幼儿园的工作。幼儿园园长由举办幼儿园的单位或个人聘任，并向幼儿园的登记注册机关备案。幼儿园的教师、医师、保健员、保育员和其他工作人员，由幼儿园园长聘任，也可由举办幼儿园的单位或个人聘任。"由此可见，幼儿园在内部管理上实行园长负责制，园长全面负责幼儿园的教育和保育工作。

另外，《条例》还对幼儿园的收费及财务管理做了相关规定："幼儿园可以依据本省、自治区、直辖市人民政府制定的收费标准，向幼儿家长收取保育费、教育费。幼儿园应当加强财务管理，合理使用各项经费，任何单位和个人不得克扣、挪用幼儿园经费。"

（7）违反《幼儿园管理条例》的法律责任

《条例》第27条对违反本条例的幼儿园的法律责任进行了规定。对于"未经登记注册，擅自招收幼儿的"，"园舍、设施不符合国家卫生标准、安全标准，妨害幼儿身体健康或者威胁幼儿生命安全的"，"教育内容和方法违背幼儿教育规律，损害幼儿身心健康的"幼儿园，由教育行政部门视情节轻重，给予限期整顿、停止招生或停止办园的行政处罚。

《条例》第28条对违反本条例的单位或者个人的法律责任进行了规定。凡"体罚或变相体罚幼儿的；使用有毒、有害物质制作教具、玩具的；克扣、挪用幼儿园经费的；侵占、破坏幼儿园园舍、设备的；干扰幼儿园正常工作秩序的；在幼儿园周围设置有危险、有污染或者影响幼儿园采光的建设和设施的"单位或者个人，由教育行政部门对直接责任人员给予警告、罚款的行政处罚，或者由教育行政部门建议有关部门对责任人员给予行政处分；情节严重，构成犯罪的，由司法机关依法追究刑事责任。

> **案例 2-2**
>
> **抢时间、不质检，新装修的园舍成杀手**[①]
>
> 某幼儿园为了迎接市一级幼儿园评估，与某装修公司签订了改造装修旧园舍的合同。8月20日，改造装修工程完毕。由于9月1日的开园时间迫近，再加上迎检工作繁重，幼儿园没有请相关质检部门进行检测、验收就投入了使用。11月，幼儿的出勤率开始下降，发病率不断上升。医生检查诊断的结果大多是咽炎和慢性哮喘。12月，在卫生部门每年进行的例行检查中发现，该幼儿园课室和休息室的空气中甲醛含量超标，进一步检测发现装修材料不符合国家质量标准，说明幼儿的发病与该园课室和休息室的空气中甲醛含量超标有直接关系。
>
> 幼儿园家长纷纷要求幼儿园承担全部责任，幼儿园该怎样处理这起事件呢？

[①] 周天枢,严凤英.幼儿园100个法律问题[M].广州:新世纪出版社,2010:93.

【评析】

本案是一起幼儿园提供的园舍不符合国家卫生安全标准所引起的幼儿伤害事故。幼儿在幼儿园新装修的园舍出现慢性中毒事故,家长要求幼儿园对此造成的伤害负全部责任,理由是充分的。

(1) 幼儿园违背了《幼儿园管理条例》中的第 8 条"幼儿园的园舍和设施必须符合国家的卫生标准和安全标准"的规定;违背了《学校卫生工作条例》中第 6 条"新建、改建、扩建校舍,其选址、设计应当符合国家的卫生标准,并取得当地卫生行政部门的许可。竣工验收应当有当地卫生行政部门参加"的规定;也违背了我国《民用建筑工程室内环境污染控制规范》中关于民用住宅、幼儿园在进行工程验收时,必须检测室内环境污染程度,室内环境检测质量验收不合格的工程严禁投入使用的规定。

(2) 根据《学生伤害事故处理办法》第 9 条第(一)项的规定,"学校的校舍、场地、其他公共设施,以及学校提供给学生使用的学具、教育教学和生活设施、设备不符合国家规定的标准,或者有明显不安全因素的",造成学生伤害事故的,学校应当依法承担相应责任。《幼儿园管理条例》第 27 条第(二)项也规定,"园舍、设施不符合国家卫生标准、安全标准,妨害幼儿身体健康或者威胁幼儿生命安全的",教育行政部门视其情节轻重给予限期整改、停止招生、停止办园等相应的行政处罚。

鉴于上述规定,根据《最高人民法院关于贯彻执行〈中华人民共和国民法通则〉若干问题的意见(试行)》第 160 条和《最高人民法院关于审理人身损害赔偿案件适用法律若干问题的解释》第 7 条有关过错原则的规定,幼儿园应承担幼儿伤害的全部责任。

同时,幼儿园应当根据《中华人民共和国产品质量法》和《中华人民共和国消费者权益保护法》的有关规定,向装修公司提出追偿,双方可以协商解决。如果装修公司不愿承担责任,幼儿园可以向人民法院提出诉讼,依法追究装修公司的法律责任,要求其赔偿相应的损失。

【建议】

(1) 幼儿园在装修前应向卫生行政部门递交申请报告和装修方案,征得卫生行政部门的许可和技术上的支持。

(2) 对施工队的资格进行认真的审查后签订严格的施工合同,严把技术关、材料关,防止偷工减料。

(3) 请质检和卫生行政部门做好质量验收和检测工作,并给出书面报告。

(4) 没有经过验收、检测或验收、检测不合格的房屋严禁投入使用。

(二)《幼儿园工作规程》解读

20 世纪 80 年代末,为了总结和推广幼儿园课程改革成果,满足社会发展的要求,1989 年 6 月 5 日,国家教委颁布了《幼儿园工作规程(试行)》,这标志着有计划、有组织的、全国性的、大规模幼儿园课程改革正式开始[①]。《幼儿园工作规程(试行)》是对我国学者和幼儿园教师 80 年

---

① 童宪明.幼儿教育法规与政策[M].上海:复旦大学出版社,2013:29.

代课程改革经验的总结,为后来的课程改革提供了指导思想,奠定了一定的基础。《幼儿园工作规程(试行)》施行后,根据我国学前教育事业的实际状况对它又进行了两次修订,第一次修订于1996年3月9日国家教委令第25号正式发布,1996年6月1日起施行,第二次修订于2016年1月5日中华人民共和国教育部令第39号公布,自2016年3月1日起施行。

1.《幼儿园工作规程》出台的时代背景

第一,国内外对儿童认识的提高和对学前教育的重视促成了《幼儿园工作规程》(以下简称《规程》)的出台。自20世纪初以来,国际社会在关注儿童生存环境、促进儿童健康成长等保护儿童权益方面做出了巨大努力。到20世纪末,包括我国在内已有192个国家和地区承认1989年联合国通过的《儿童权利公约》,明确了对儿童权利的保护。1990年联合国在"世界儿童问题"首脑会议后发表了《儿童生存、保护和发展世界宣言》,制定了《执行90年代儿童生存、保护和发展世界宣言的行动计划》,向全世界呼吁:"让每个儿童都有美好的未来。"这些努力和呼吁使人们对儿童的认识有了提高,更加重视儿童的成长和保护,再加上20世纪末我国实施的计划生育政策,使全社会家长更加重视儿童的教育和发展。

第二,学前教育的进一步发展对相应法律规范的出台提出了需求。创造高质量的学前教育、促进儿童身心全面和谐发展是20世纪80年代以来世界各国学前教育改革的共同目标。20世纪90年代以来,我国学前教育事业不断发展,特别是社会力量办园增长显著,亟须相应的法律法规来规范学前教育的发展。

2.《幼儿园工作规程》的结构和意义

《幼儿园工作规程》分11章共66条。包括总则,幼儿入园和编班,幼儿园的安全,幼儿园的卫生保健,幼儿园的教育,幼儿园园舍、设备,幼儿园工作人员,幼儿园经费,幼儿园、家庭和社区,幼儿园的管理,附则等十一章。内容主要包括:幼儿园保育和教育的主要目标;幼儿入园条件和编班班额;幼儿园的安全管理;幼儿园的卫生保健工作原则和规范;幼儿园的教育工作原则和规范;幼儿园的园舍与设施;对幼儿园工作人员的要求;幼儿园的经费来源与管理;幼儿园、家庭和社区的关系;幼儿园的管理规范要求[①]。《规程》对幼儿园各方面工作作出了系统而又具体的规范,为幼儿园各项工作提供了可操作的依据。

3.《幼儿园工作规程》的基本内涵

(1)幼儿园保育和教育的目标

《规程》明确规定:幼儿园是对3周岁以上学龄前幼儿实施保育和教育的机构,对幼儿实施体、智、德、美诸方面全面发展的教育,促进其身心和谐发展。幼儿园同时为家长参加工作、学习提供便利条件。幼儿园教育是基础教育的有机组成部分,是学校教育制度的基础阶段。

在教育目标方面,《规程》第5条指出,幼儿园保育和教育的主要目标是:促进幼儿身体正常发育和机能的协调发展,增强体质;促进心理健康;培养良好的生活习惯、卫生习惯和参加体育活动的兴趣;发展幼儿智力,培养正确运用感官和运用语言交往的基本能力,增进对环境的认识,培养有益的兴趣和求知欲望,培养初步的动手能力;萌发幼儿爱家乡、爱祖国、爱集体、爱劳动、爱科学的情感,培养诚实、自信、好问、友爱、勇敢、爱护公物、克服困难、讲礼貌、守纪律等良好的品德行为和习惯,以及活泼开朗的性格;培养幼儿初步的感受美和表现美的情

[①] 张乐天.学前教育政策与法规[M].北京:中央广播电视大学出版社,2011:27.

趣和能力。

(2) 幼儿园的入园和编班

《规程》强调,幼儿在入园前,需要进行体格检查,合格者方可入园,除此之外,严禁任何形式的考试和测查。幼儿园的规模以有利于幼儿身心健康、便于管理为原则,一般不超过360人。幼儿园每班幼儿人数一般为小班(3～4周岁)25人,中班(4～5周岁)30人,大班(5～7周岁)35人,混合班30人。寄宿制幼儿园每班幼儿人数酌减。这样的编班数额既兼顾了教学的效率,又兼顾了学习的效果和幼儿个性的成长。首先,降低了教师的劳动强度。对于统一教授、统一要求的内容可集体一次性向幼儿讲解,免除教师简单地重复,既提高效率,又减轻教师的工作量。其次,影响力较大。一定数额的幼儿在一起学习、活动有利于幼儿相互之间模仿、协作和养成规则意识与集体精神。最后,注重个性差异。每个班一般都配备2～3名教师(一般情况下是2名教师、1名保育员),相对于小学每班1名教师,幼儿园更注重幼儿的个体差异,有利于幼儿的个性发展。①

当然,《规程》中的班额数值只是一个指导性的参数,我国地域辽阔,各地区的发展差异很大,可根据实际情况适当变化。

(3) 幼儿园的安全管理

2016年修订的《规程》增设了"幼儿园的安全"一章,旨在强化幼儿园的安全管理。明确要求幼儿园要建立健全设备设施、食品药品,以及与幼儿活动相关的各项安全防护和检查制度,建立安全责任制和应急预案。对幼儿园园舍、设施的安全和饮食饮水卫生安全做出了明确的要求,并要求幼儿园教职工要掌握基本急救常识和防范、避险、逃生、自救的基本方法,在紧急情况下应当优先保护幼儿的人身安全。要求幼儿园应当把安全教育融入一日生活,并定期组织开展多种形式的安全教育和事故预防演练,并结合幼儿年龄特点和接受能力开展反家庭暴力教育。在"幼儿园的卫生保健"一章中,对建立与幼儿身心健康相关的一系列卫生保健制度做了明确的规定。明确幼儿园应当关注幼儿心理健康,注重满足幼儿的发展需要,保持幼儿积极的情绪状态,让幼儿感受到尊重和接纳。

(4) 幼儿园的教育

《规程》第5条明确规定了幼儿园保育和教育的目标。

在教育的内容方面,《规程》指出,教育活动的内容应根据教育目的、幼儿的实际水平和兴趣,以循序渐进为原则,有计划地选择和组织。在教育的过程方面,《规程》强调,教育活动的过程应注重支持幼儿的主动探索、操作实践、合作交流和表达表现,不应片面追求活动结果。不同教育内容之间应有机渗透;一日生活的各项活动都是教育的手段,寓教育于各项活动之中,不同教育手段之间有机结合,要充分发挥各种教育手段的交互作用;指出环境是重要的教育手段,要为幼儿创设与教育相适应的良好环境,为幼儿提供活动和表现能力的机会和条件。要求教育要充分考虑幼儿的年龄特点和个体差异,促进每个幼儿在不同水平上得到发展,引导幼儿个性的健康发展,肯定游戏是幼儿园的基本活动形式。② 倡导根据幼儿的年龄特点指导游戏,让幼儿自主选择游戏,并在游戏过程中获得积极的情绪情感。强调幼儿

---

① 雷春国,曹才力,李崇庚. 学前教育政策法规解读[M]. 长沙:湖南大学出版社,2013:46.
② 童宪明. 幼儿教育法规与政策[M]. 上海:复旦大学出版社,2013:29.

园不得提前教授小学教育内容,不得开展任何违背幼儿身心发展规律的活动。

(5) 幼儿园的软、硬件条件

① 硬件

幼儿园的硬件主要指的是场地、建筑、教学和娱乐设施等。可称为幼儿园的物质环境,包括户外环境和户内环境两部分。

《规程》规定:"幼儿户外活动时间在正常情况下每天不得少于 2 小时,寄宿制幼儿园不得少于 3 小时。高寒、高温地区可酌情增减。"幼儿在户外活动,可以亲近大自然,认识周围的自然环境,可以呼吸新鲜空气,接受阳光的照射,感受空气的温度、湿度,有利于增强幼儿对外界环境的适应能力,加强机体的新陈代谢,促进生长发育。每一个有条件的幼儿园都应当设置户外游戏场地,没有户外活动场地的幼儿园是不符合规范的。城乡建设环境保护部、国家教育委员会颁布的《托儿所、幼儿园建筑设计规范》规定:"托儿所、幼儿园室外游戏场地应满足下列要求。一、必须设置各班专用的室外游戏场地。每班的游戏场地面积不应小于 60m²。各游戏场地之间宜采取分隔措施。二、应有全园共用的室外游戏场地,其面积不宜小于下式计算值:室外共用游戏场地面积(m²)=180+20(N-1)(180、20、1 为常数,N 为班数)。室外共用游戏场地应考虑设置游戏器具、30m 跑道、沙坑、洗手池和贮水深度不超过 0.3m 的戏水池等。"幼儿园户外环境的构成一般包括三大区域:集体活动区、器械设备区、种植养殖区。集体活动区主要供幼儿集体做操、上体育课,进行各种体育游戏,要求场地宽阔平整。器械设备区放置各种大中型体育活动器械和设备,如滑梯、秋千、平衡木、跷跷板、爬网、攀登架等,以供幼儿练习与发展基本动作,锻炼身体能力。种植养殖区一般供幼儿种植蔬菜、花草,喂养一些小动物。①

幼儿园的户内环境一般包括活动室、卧室、楼道及走廊等。足够的空间是开展各种户内活动的必要条件。国家教委和建设部 1988 年颁布的《城市幼儿园建筑面积定额(试行)》中规定:"活动室每班一间,使用面积 90m²,供开展室内游戏和各种活动以及幼儿午睡、进餐之用。如寝室与活动室分设,活动室的使用面积不宜小于 54m²。"户内环境应安全、卫生,幼儿有独处的地方,对幼儿的行为具有控制的作用等②。另外,材料的投放和壁面布置也是幼儿园户内环境的重要组成部分。玩具和游戏材料是幼儿活动的物质支撑,在幼儿园投放玩具和游戏材料,既要考虑玩具和游戏材料的性质、种类、数量和幼儿年龄、人数之间的相互关系,还要考虑放置方法的安全、有效问题。

② 软件

幼儿园的软件主要是指幼儿园应配备的管理者、教师、保育员、医务人员等工作人员以及相关制度等。《规程》第 38 条规定:"幼儿园按照国家相关规定设园长、副园长、教师、保育员、卫生保健人员、炊事员和其他工作人员等岗位,配足配齐教职工。"《规程》第 39 条至第 44 条详细规定了幼儿园各类工作人员的任职资格和工作职责。"幼儿园按照编制标准设园长、副园长、教师、保育员、医务人员、事务人员、炊事员和其他工作人员。"《规程》第 35 条至第 40 条详细规定了幼儿园各类工作人员的任职资格和工作职责。

---

① 雷春国,曹才力,李崇庚. 学前教育政策法规解读[M]. 长沙:湖南大学出版社,2013:49—50.
② 同上书,50.

(6) 幼儿园的经费与管理

《规程》明确规定：幼儿园的经费由举办者依法筹措以保障有必备的办园资金和稳定的经费来源；幼儿园收费应按省、自治区直辖市或地(市)级教育行政部门会同有关部门制定的收费项目、标准和办法执行，实行收费公示制度，不得以任何名义收取与新生入园相挂钩的赞助费；不得以培养幼儿某种专项技能为由另外收取费用；亦不得以幼儿表演为手段，进行以营利为目的的活动。

幼儿园应当依法建立资产配置、使用、处置、产权登记、信息管理等管理制度，严格执行有关财务制度。

在管理体制上，《规程》第 56 条规定："幼儿园实行园长负责制。"

(7) 幼儿园、家庭和社区

幼儿园、家庭和社区应密切联系与合作，共同营造良好的教育环境，促进幼儿健康快乐成长。

家长是幼儿的第一任教师，家庭教育在幼儿成长中的作用是不可替代的，发挥家庭教育的优势，可以促进幼儿园教育质量的发展。《规程》规定：幼儿园应当主动与幼儿家庭沟通合作，为家长提供科学育儿宣传指导，帮助家长创设良好的家庭教育环境，共同担负教育幼儿的任务。幼儿园应当成立家长委员会，并认真分析、吸收家长对幼儿园教育与管理工作的意见与建议。

社区是居住在一定区域范围内的人们所结成的文化生活共同体。《规程》指出，幼儿园应当加强与社区的联系与合作，面向社区宣传科学育儿知识，开展灵活多样的公益性早期教育服务，争取社区对幼儿园的多方面支持。

案例 2-3

幼儿跟随他人父母离园，途中溺亡[①]

幼儿张某与潘某及潘某的家长一起离开了幼儿园。在桥边洗手时，张某溺水身亡。后张某的父母将幼儿园告上法庭。一审法院在审理中，追加潘某的家长作为本案的被告参加诉讼，并判决潘某的家长负主要责任，赔偿 14 万元，幼儿园赔偿 3 万余元。潘某的家长不服，提起上诉。二审法院认为，幼儿园虽然按教育部门的规定，制定了幼儿接送制度，却没有严格依照执行，这是此事件发生的直接原因，其应对此承担赔偿责任。即便是潘某的家长将小孩接走，幼儿园也是在未核对张某的父母是否委托其接送的情况下擅自将小孩交与潘某的家长，也应承担责任。据此，二审法院判决幼儿园未尽到相应的管理、保护职责，赔偿原告 17 万余元。

【评析】

《幼儿园工作规程》第 12 条规定："幼儿园应当严格执行国家和地方幼儿园安全管理的相关规定，建立健全门卫、房屋、设施、消防、交通、食品、药物、幼儿接送交接、活动组织和幼儿就寝值守等安全防护和检查制度，建立安全责任制和应急预案。"《中小学幼

[①] 《学前教育政策法规》典型案例[EB/OL]. http://wenku.baidu.com/link?url=CJSFtjOjR4BP9kaK5bRuxuwa6z60OwOY0y00zq_eMSdc3xuINq56Nv2vMIJ5ALMmaT3wQV8j66bkroEX0rJR7fA_Rw2qDOKvzA4qjCmIriW

儿园安全管理办法》第31条规定:"小学、幼儿园应当建立低年级学生、幼儿上下学时接送的交接制度,不得将晚离学校的低年级学生、幼儿交与无关人员。"

本案中幼儿园在未核对张某的父母是否委托其接送的情况下擅自将小孩交与潘某的家长,未尽到相应的管理、保护职责,因此应承担赔偿责任。

(三)《幼儿园教育指导纲要(试行)》解读

《幼儿园教育指导纲要(试行)》(简称《纲要》)于2001年7月正式颁布。《纲要》制定的依据是根据党的教育方针和《幼儿园工作规程》制定的,是指导幼儿园教育工作的科学纲要。它总结了近年来我国幼儿教育改革的经验,立足于我国幼儿教育改革的现实,在充分吸纳世界范围内早期教育优秀思想和研究成果的基础上,阐明了幼儿教育的发展目标,力求体现终身教育、全面推荐素质教育的思想,倡导尊重儿童、尊重儿童身心发展规律、师生共同成长等先进的观念。它的颁布标志着幼儿教育的课程改革已经与整个基础教育课程改革同步启动,对于全面贯彻教育方针、全面提高幼儿园保教质量具有重要的意义。《纲要》与其他有关学前教育的政策法规构成一个受共同原则指导的、协调一致的、层次不同的学前教育法规体系,共同推进我国学前教育的科学化、法制化进程,促进我国学前教育朝着更加健康、正确的方向前进。

1.《纲要》的基本指导思想

(1)可持续发展的教育观

终身教育和学习化社会的到来,使基础教育的价值取向逐渐转向为每个受教育者奠定生存的基础、做人的基础、做事的基础和终身学习的基础,即可持续发展的基础。因此《纲要》的组织和实施、评价都将可持续发展放在了核心位置,强调教育活动要有利于幼儿长远发展,明显着眼于幼儿终身持续发展所需要的最基本的重要素质。

(2)以人为本的教育原则

儿童发展是多方面、多层次的动态过程,幼儿教育要全面促进儿童发展,就必须考虑儿童之间的差异性;另外还应因人而异地实施有所侧重的教育,在全面发展教育的基础上实现个性化的因材施教,这都符合以人为本的教育原则。此外,《纲要》还表现出对教师、对家长、对教育中所有人的因素的尊重和关注。

(3)学科融合与生态教育

《纲要》意在推进整合的学习,力图营造一个与幼儿生活一致的高度综合的课程形态。这不仅与我国基础教育改革的步调一致,也符合现代教育发展的趋势——学科融合。它对教育评价的要求还体现出生态教育理论在教育的"文化生态""学科生态""评价生态"等方面的基本思想。它还特别强调环境在促进幼儿发展中的重要作用。

(4)全方位动态评估

《纲要》吸收当代教育评估研究方面的最新成果,以一种全新的全方位动态评估理念来指导幼儿园的教育评价。《纲要》所提倡的过程性、动态性评估思想与当今世界教育评估发展潮流是一致的,对我国幼儿教育改革的影响是深远的。

2. 《纲要》的基本结构和内涵

《纲要》共分为四个部分:第一部分为总则;第二部分为教育内容与要求;第三部分为组织与实施;第四部分为教育评价。

(1) 总则

总则是《纲要》的第一部分,共五条,其精神贯彻全文。主要说明了制定《纲要》的依据、原因和目的;我国幼儿教育的性质和根本任务;我国幼儿教育的外部原则、自身特点和内部原则。

《纲要》明确指出《中华人民共和国教育法》《幼儿园管理条例》和《幼儿园工作规程》是其制定的依据,"指导幼儿园深入实施素质教育"是其制定的目的。并将我国学前教育的性质定位为"基础教育的重要组成部分,是我国学校教育和终身教育的奠基阶段",指出学前教育的根本任务是"为幼儿一生的发展打好基础"。《纲要》的第三条规定了我国幼儿园教育的外部原则,即幼儿园必须适应社会的变化,在更新"教育资源"概念的基础上充分利用外部资源,与家庭、社区密切合作,共享资源。第四条指出了幼儿园教育自身的特点,强调了幼儿园是通过创设健康、丰富的生活和活动环境来帮助幼儿学习的,而幼儿是通过在环境中与他人共同生活来获得经验的,他们在生活中发展,在发展中生活。第五条规定了幼儿园教育的内部原则,即幼儿园教育过程中必须遵循的基本原则,如尊重幼儿的人格和权利,尊重幼儿身心发展的规律和学习特点,以游戏为基本活动,保教并重,关注个别差异等,并提出了"促进每个幼儿富有个性的发展"的要求。

(2) 教育内容与要求

《纲要》指出幼儿园的教育内容是全面的、启蒙性的,并将幼儿学习范畴相对划分为健康、语言、社会、科学和艺术等五个领域,并同时强调了"各领域的内容相互渗透,从不同的角度促进幼儿情感、态度、能力、知识、技能等方面的发展"。每个领域均包含"目标""内容与要求"和"指导要点"三个部分。

"目标"主要表明该领域重点追求什么,它主要的价值取向何在。在"目标"表述上较多地使用了"体验""感受""喜欢""乐意"等词语,突出了情感、兴趣、态度、个性等方面的价值取向,着眼于培养终身学习的基础和动力。例如健康领域的目标在于增强幼儿体质,培养健康生活的态度和行为习惯,具体的表述如"情绪安定""喜欢参加体育活动"等;科学领域的目标在于激发幼儿的好奇心和探究欲望,发展认识能力,在表述上有"能用适当的方式表达、交流探索的过程和结果"等。

"内容与要求"则主要阐述了为实现目标,教师应该做什么、如何做的问题,同时,将该领域的内容自然地融入其中。《纲要》遵循基础教育课程改革的精神,强调幼儿的主动学习,改革教学方式,希望教师不要把关注点过分集中在具体知识或技能的教学上,不要仅仅以固定的知识点为目标来设计教学活动,而是要着力组织适合幼儿的活动,创造适宜的教育环境,从幼儿的实际生活中去发现教学赖以开展的资源,通过作用于幼儿的活动来对幼儿发生实质性的影响,让他们获得体验、获得一定的知识和技能。因此,《纲要》在每个领域中都没有单独列出知识点或技能要求的细目,而是从活动的角度附带提出知识或技能要求。如在语言领域的"内容与要求"中,要求教师"创造一个自由、宽松的语言交往环境,支持、鼓励、吸引幼儿与教师、同伴或其他人交谈,体验语言交流的乐趣,学习使用适当的、礼貌的语言交往",

"鼓励幼儿大胆、清楚地表达自己的想法和感受","引导幼儿接触优秀的儿童文学作品,使之感受语言的丰富和优美,并通过多种活动帮助幼儿加深对作品的体验和理解"等。

"指导要点"主要点明该领域的教和学的特点以及特别应当注意的普遍性的问题。如社会领域与科学领域所涉及的知识不同,教师所采取的组织方式也应不同;又如在健康领域,较严重地存在不顾幼儿身体发育特点而滥用训练、比赛的现象,因此在"指导要点"中予以明文禁止;再如在艺术领域中,因为过分强调技能训练而忽视幼儿的情感体验、遏制幼儿创造性的现象比较普遍,因此,就有针对性地提出了相应的解决措施,指出教师要理解并积极鼓励幼儿与众不同的表现方式,注意不要把艺术教育变成机械的技能训练。

(3)组织与实施

这部分包含 11 个条目,其中贯穿着尊重幼儿的权利,尊重教师的创造,尊重幼儿在学习特点、发展水平、个性特征等方面的差异,尊重幼儿身心发展的客观规律,尊重教育、教学的客观规律等理念与观点,突出了幼儿园教育组织实施中的教育性、主动性、开放性、针对性、灵活性等原则。

(4)教育评价

《纲要》的第四部分围绕幼儿园教育评价,提出了评价的发展性、合作性、标准的多元性,以及多角度、多立体、多方法,重视过程、重视差异等原则。明确规定了评价的目的是为了幼儿的发展、教师的成长和提高教育质量。这就是说,幼儿园评价绝非用于筛选、排队,也不是用于给幼儿贴标签,伤害他们的自尊和信心,给他们的成长蒙上阴影。《纲要》在这一基础上分别明确指出了评价教育工作和评价幼儿发展状况的具体原则和注意事项。

如何进一步完善学前教育的法规体系?

本章小结

我国学前教育政策法规建设始于 1903 年《奏定蒙养院章程及家庭教育法章程》的颁布,至今已有一百多年的历史。我国学前教育政策法规的历史,通常可划分为中华人民共和国成立前(1903—1949)、中华人民共和国成立初至"文化大革命"前(1950—1965)和改革开放初至今(1978—)三个阶段。

在我国现行的教育法律、法规体系中,《中华人民共和国宪法》《中华人民共和国教育法》《中华人民共和国教师法》《中华人民共和国未成年人保护法》《中华人民共和国残疾人保障法》《中华人民共和国残疾人教育条例》《中华人民共和国民办教育促进法》等法律法规中,都设置了有关学前教育的条款。但独立的学前教育法规目前只有《幼儿园管理条例》,学前教育规章目前有两部,分别是《幼儿园工作规程》和《托儿所幼儿园卫生保健管理办法》。为贯彻《中华人民共和国教育法》《幼儿园管理条例》《幼儿园工作规程》,指导幼儿园深入实施素质教育,2001 年 7 月,国家正式颁布了《幼儿园教育指导纲要(试行)》。它是幼儿园教育工作的科学纲要,是新时期我国幼儿园课程改革的指导性文件。

思考与练习

1. 简述改革开放初至今我国学前教育政策法规发展的特点。
2. 我国学前教育应遵循什么样的方针?
3. 简述《幼儿园管理条例》的主要内容。
4. 简述《幼儿园工作规程》的主要内容。
5. 简述《幼儿园教育指导纲要(试行)》的主要内容。

第三章　学前教育的管理体制

学习目标

1. 了解我国的学前教育行政管理体制。
2. 理解我国学前教育机构的内部管理体制。
3. 联系实际,认真思考如何完善学前教育机构的内部管理体制。

情境案例

园长的苦恼①

某单位所属幼儿园的陈老师,在日常工作中不能很好地遵守劳动纪律,时有迟到、早退、串班聊天等违章情况的发生。在年底奖金发放时,园长根据奖罚制度从其年终奖金扣发150元作为处罚,并奖给出满勤、工作积极认真负责的李老师,以期起到奖优罚劣、奖勤罚懒、调动职工积极性的作用。陈老师感到心里很不平衡,认为幼儿园工作量大,放松一下没什么了不起,况且也没出现什么意外情况,要求园长退还扣发的奖金。

园长认为,既然制定了规章制度,就该认真贯彻执行,否则会挫伤本园职工的积极性,拒绝了陈老师的要求。陈老师很愤怒,认为园长对自己有看法,是打击报复她,还对园长进行人身攻击,并让家里人和她一起到园里大吵大闹,看到园长没有让步的意思,又找到单位主管的上级领导哭闹,歪曲事实。而此领导在没有调查清楚的情况下,轻率地表态,认为批评一下就可以,让园长把扣发的奖金还给陈老师,这样就使园长处于被动地位和两难境地。但该园长并不盲从上级领导,而是写材料呈报上级,讲明情况:如果不能贯彻执行幼儿园的规章制度,那么自己就无法胜任园长的工作,况且自己的做法是正确的。上级领导对此很重视,经反复调查研究,做出决定:① 给陈老师记处分一次,扣发奖金不必退还;② 表扬了该园园长对工作认真负责、能把制定的方针政策贯彻执行到底的做法。

【评析】

显然,园长按制度办事是对的。俗话说,"没有规矩,不成方圆",可是有了制度不执行,就比没有制度还要可怕。目前我国有相当一部分幼儿园属于单位承办,在

---

① 张燕,邢利娅.幼儿园管理案例及评析[M].北京:北京师范大学出版社,2002:29—31.

这样的幼儿园中,实行园长负责制出现了很多困难。在这种情况下,园长能否得到上级的支持、理解与信任就直接决定了自己管理行为是否有效。

园长负责制是幼儿园在上级宏观领导下,以园长全面负责为核心,同党支部的保证监督、教职工的民主管理有机结合,为实现幼儿园工作目标充分发挥行政领导职能的三位一体的管理新格局。实行园长负责制后,园长首先要处理好园内事务,具有正确领导和管理全园事务的才能。凡事都由园长自己负责,服从园长的领导,这样才能充分体现出园长的作用。同时,园长应处理好和上级主管部门的关系。因为,当前我国有许多幼儿园属于单位自办,园长由单位直接任免,而处理好与上级关系是园长负责制在园内顺利实施的关键。在本案例中,上级领导在没有调查实情的情况下,轻率地表态是错误的。但是该园长并不是完全处于被动地位,而是积极地与上级协调。这表明实现园长负责制并非意味着园长就完全说了算,他还相应接受上级的领导。要使上级支持幼儿园,首先得先让上级了解幼儿园,因此需要幼儿园做扎扎实实的沟通协调工作,多汇报多请示,让上级领导了解幼儿园的所有制度、措施以及存在的困难,这样上级对幼儿园事务心中有数,谁是谁非自然态度明朗。

所以,实行园长负责制的幼儿园,园长应该做到以下两点:一是,做坚持原则的园长,遵照相关法律法规和制度办事;二是,在特殊和意外事故中,除了果断做出决策以外,还应请示上级,让领导研究分析,采取正确决策共同管理好幼儿园。

在我国幼儿园办园体制多元化的条件下,园长应怎样协调与主管上级领导的关系?

第一节 学前教育的行政管理体制

学前教育行政管理体制是指"学前教育管理部门,包括中央、地方及其他教育机构间的相互关系、职能权限、组织结构等方面的体系和制度"。[①] 学前教育行政管理体制是我国学前教育事业发展的核心和关键,它体现了国家对学前教育事业的宏观管理和重视程度。从学前教育管理体制的组织结构及其逻辑体系来看,学前教育管理体制政策就是要"协调中央办学与地方办学的关系,政府与教育行政部门的关系,教育行政部门与教育行政部门的关系(这主要是指政府教育行政部门与大型厂矿企业的教育行政部门的关系,政府部门中教育系统的教育行政部门与政府其他部门中的教育行政部门的关系),政府与学校的关系,以及学校与学校之间的关系"。[②]

---

① 庞丽娟,刘小蕊.英国学前教育管理体制改革政策及其立法[J].学前教育研究,2008(1):36.
② 孙绵涛.关于国家教育政策体系的探讨[J].教育研究,2001(3).

一、改革开放以来我国学前教育行政管理体制的历史回顾

改革开放以来,经济体制的改革极大地解放了生产力,有力地促进了我国经济和社会的全面发展。伴随着经济体制改革和政府机构改革,我国基础教育的改革也取得了巨大成就,基础教育水平全面提升,基础教育行政管理体制改革不断深化、不断向前推进。学前教育作为基础教育的有机组成部分,其行政管理体制也经历着一个不断改革和完善的过程。

(一)恢复重建阶段(1978—1985):强调统一领导和直接管理

"文化大革命"十年,我国的教育被迫中断,党和政府原先正确的教育政策被严重扭曲,中华人民共和国成立以来的托幼工作的成绩被否定,致使这一时期我国的学前教育事业受到了极大的破坏。十一届三中全会之后,为了恢复和重建学前教育,解决当时全国托幼工作没有受到应有的重视、没有纳入国家计划、缺乏统一的领导和管理等一系列问题,1979年10月11日中共中央、国务院发布《全国托幼工作会议纪要》,提出"建议国务院设立托幼工作领导小组,由教育部、卫生部、计委、全国妇联等单位的负责同志组成。各省、市、自治区设立相应的托幼工作领导小组,由有关部门组成"[1];同时规定教育部门、卫生部门、劳动部门和商业部门等单位的职责权限。同年11月8日教育部印发的《城市幼儿园工作条例》(试行草案)中规定:"各级党委要加强对幼儿教育的领导。各级教育行政部门应建立幼儿教育的领导机构或专职干部,领导本地区各种类型幼儿园(包括机关、部队、学校、厂矿、企业、事业单位主办的和民办的幼儿园)的保教业务、师资培训和科研工作。""机关、部队、学校、厂矿、企业、事业单位及民办幼儿园的设立、变更、停办要报当地教育行政部门备案。"同时指出"幼儿园园长在上级党委和教育行政部门领导下负责领导全园工作"。[2]

至此,我国学前教育重又纳入政府的重要议事日程,而且确立了由政府部门牵头、其他各部门互相配合共同管理的体制,为学前教育事业的恢复和重建提供了一个全局联动的保障机制,学前教育迈入新的阶段[3]。《城市幼儿园工作条例(试行草案)》是"文化大革命"后国家层面颁布的第一个关于学前教育的政策性文件,进一步从政策层面对学前教育管理体制进行了梳理和明确,在强调地方党委和教育行政部门负责管理的同时确立了"园长负责制",在实际操作层面为迅速恢复幼儿园正常工作秩序提供了政策保障[4]。

在城镇学前教育事业稳步恢复和发展的过程中,针对广大农村地区学前教育发展中存在的一些问题,1983年9月21日教育部发布了《关于发展农村幼儿教育的几点意见》,指出"发展幼儿教育必须坚持'两条腿走路'的方针。农村应以群众集体办园为主,充分调动社(乡)、队(村)的积极性;县镇则应大力提倡机关、厂矿、企事业、街道办园,并支持群众个人办园。与此同时,要积极恢复和发展教育部门办的幼儿园。"同时指出:"农村幼儿园(班)实行社(乡)办社(乡)管,队(村)办队(村)管;附设在小学的,也可实行乡(村)办校管。[5]"将农村学前教育的管理机构细化到"社(乡)队(村)",这对农村学前教育的发展起到了一定的积极的

---

[1] 中华人民共和国幼儿教育重要文献汇编[M].北京:北京师范大学出版社,1999.
[2] 中华人民共和国幼儿教育重要文献汇编[M].北京:北京师范大学出版社,1999.
[3] 魏军.对我国学前教育管理体制政策的回顾及其特点分析[J].内蒙古师范大学学报(教育科学版),2013(2):22—25.
[4] 同上.
[5] 中华人民共和国幼儿教育重要文献汇编[M].北京:北京师范大学出版社,1999.

作用。

这一时期的政策出台的社会背景是:改革开放后全国工作重点都转移到社会主义现代化建设上来,随着生产的发展和国民经济体制的改革,生活服务事业逐步走向社会化。因此,这一时期的政策精神与当时的计划经济体制是互相适应的。虽然坚持公办和民办"两条腿走路"的方针,但总体上实行和强调的还是中央部门和地方政府直接管理的统一领导体制。学前教育管理政策所追求的是恢复、发展、整顿和提高,尤以整顿为核心,强调恢复和重建学前教育的管理秩序。同时,为解决当时学前教育供给不足这一迫在眉睫的现实问题,国家提倡和鼓励机关、工矿、企事业单位恢复和重建相关的托幼机构,这些鼓励发展和提高的政策与当时的改革氛围是一致的。

(二)调整变革阶段(1985—1997):实行地方负责,分级管理

经济基础决定上层建筑,随着我国经济体制和科技体制改革的推进,教育体制的改革也势在必行。1985年中共中央、国务院颁布的《关于教育体制改革的决定》中明确提出要"实行基础教育由地方负责、分级管理的原则",进而规定中央和地方关于基础教育管理权限与职责的具体划分。1987年10月国家教委等在《关于明确幼儿教育事业领导管理职责分工的请示》中提出幼儿教育事业"必须在政府统一领导下,实行地方负责,分级管理和有关部门分工负责的原则";"幼儿园的行政领导由主办单位负责"。同时,还规定了幼儿教育事业主要由地方各级人民政府负责和领导,并进而明确了教育、卫生、计划、财政等部门的职责分工。至此,我国长期实行的"统一领导,分级管理"的学前教育管理体制得到了进一步明确,全国学前教育管理体制基本理顺,学前教育纳入各地区经济和社会发展规划。在这一政策的指引下,"全国大多数省市建立起省、地、县、乡四级学前教育行政管理体系……这种由上而下的统一领导、分级管理、分工负责的管理新机制的建立,实现了学前教育管理的地方化"。①

1989年9月《幼儿园管理条例》颁布,其第6条指出:"幼儿园的管理实行地方负责、分级管理和各有关部门分工负责的原则。"第22条规定:"各级教育行政部门应当负责监督、评估和指导幼儿园的保育、教育工作,组织培训幼儿园的师资,审定、考核幼儿园教师的资格,并协助卫生行政部门检查和指导幼儿园的卫生保健工作,会同建设行政部门制定幼儿园园舍、设施的标准。"②《幼儿园管理条例》的颁布为我国学前教育管理体制的进一步深化提供了国家层面上的法理依据,我国学前教育事业的发展开始迈向新的阶段。

同时,由于时代的发展和社会的需要,学前班已成为我国学前教育不可缺少的一种组织形式,为改进和加强学前班的领导和管理,提高学前教育质量,1991年6月17日国家教委发布了《关于改进和加强学前班管理的意见》,提出:"学前班的领导和管理,应根据《幼儿园管理条例》的规定,在行政上由主办单位及其上级部门管理。农村学前班可实行乡办乡管或村办村管;附设在小学的,可实行乡(村)办校管。在业务上归当地教育行政部门统一管理。教育行政部门应由主管幼儿教育的机构负责此项工作。"③再次重申了农村学前教育管理的职责和权限。尽管从对幼儿教育到学前班的各种规定实际体现出的是长期计划经济体制的影

---

① 庞丽娟. 中国教育改革30年(学前教育卷)[M]. 北京:北京师范大学出版社,2009.
② 中华人民共和国幼儿教育重要文献汇编[M]. 北京:北京师范大学出版社,1999.
③ 中华人民共和国幼儿教育重要文献汇编[M]. 北京:北京师范大学出版社,1999.

响,使得这一阶段的管理体制改革只能是权限的调整和重新划分,但是从适应社会经济发展的角度出发,这一时期的改革依然有力地促进了幼儿教育事业的发展。

1992年党的十四大召开,确定了我国经济体制改革的目标是建立社会主义市场经济体制。随着经济体制、政治体制和科技体制改革的深化,我国原有的与计划经济体制相适应的学前教育管理体制开始暴露出一些弊端。在这种形势下,我国学前教育管理体制改革的重心有了新的转向,在坚持"统一领导,分级管理"的基础上,开始探索适应社会主义市场经济体制的学前教育管理体制。1993年中共中央、国务院印发的《中国教育改革和发展纲要》指出:"国家对社会团体和公民个人依法办学,采取积极鼓励、大力支持、正确引导、加强管理的方针。"同时要求"继续完善分级办学、分级管理的体制"。

1997年7月17日,国家教委关于《全国幼儿教育事业"九五"发展目标实施意见》发布。《意见》指出:"幼儿教育事业具有很强的地方性和群众性。发展这项事业必须由地方政府统一领导,坚持国家、集体和公民个人一起办的方针,按照'地方负责,分级管理和有关部门分工负责'的原则。"[1]明确要求各级政府要充分认识幼儿教育工作的重要性,切实加强对于幼儿教育的领导,将幼儿教育工作纳入各级政府、教育行政部门和有关部门的重要议事日程,列入地方经济、社会发展的总体规划中。这又一次从政府行政管理的角度强调了学前教育管理的重要性,再次明确了各级政府部门对学前教育管理的职责和分工,为学前教育的跨世纪发展提供了强有力的政策保障。[2]

由于幼儿教育事业具有地方性和群众性,政府认识到发展幼教事业不可能也不应该由国家完全包办,而需要依靠国家、集体和公民个人三方的力量。因此这一阶段的学前教育管理政策在市场化、社会化的形势下由于管理权责不明、管办评不分而不可能真正形成新的管理体制和运行机制。特别是在国有企事业单位深化改革、剥离教育职能的关键时期,由于政府公办园的不足,企事业单位办园的大量剥离,致使这一期间我国学前教育的发展遇到了一些冲击。学前教育在管理层面出现了政府责任缺失、监管失范的局面,亟须进一步的深化改革。

(三)深化改革阶段(1997—):完善分级管理,强化省级统筹

进入新世纪,与社会转型相适应的学前教育管理体制尚未建立,学前教育的发展及教育质量的提升受到前所未有的困难和挑战。为扭转这一局面,2003年3月4日国务院办公厅转发了教育部等部委联合发布的《关于幼儿教育改革与发展的指导意见》,指出:"坚持实行地方负责、分级管理和有关部门分工负责的幼儿教育管理体制。"首次提出了从中央、省、地、县、乡到村委会的职责和任务,建立了我国学前教育自上而下的较为完整的管理体系。明确了农村学前教育的管理体制,即"由县负责举办公办园、乡镇负责举办乡镇中心园、村要发展多种形式的学前教育,包括幼儿班、非正规的教育形式,即形成三级办学、二级管理(县、乡政府二级)的管理体制"。实现了农村学前教育管理体制的重心下移,为农村学前教育事业的健康发展提供了体制保障[3]。同时,《意见》中再次明确了教育部、

---

[1] 中华人民共和国幼儿教育重要文献汇编[M].北京:北京师范大学出版社,1999.
[2] 魏军.对我国学前教育管理体制政策的回顾及其特点分析[J].内蒙古师范大学学报(教育科学版),2013(2):22—25.
[3] 庞丽娟.中国教育改革30年(学前教育卷)[M].北京:北京师范大学出版社,2009.

财政部、建设部、劳动保障部等部门的职能和任务,进一步理顺和明确了学前教育的宏观管理体制。

2010年7月29日,备受关注的《国家中长期教育改革和发展规划纲要(2010—2020年)》正式发布。《纲要》就管理体制领域对中央政府和地方政府的教育管理权限职责分工做了进一步的强调和说明,从政策的高度再次加强了地方政府尤其是省级政府对学前教育的统筹和管理,强化了相关部门履行各自职责的要求,扫除了教育管理体制改革道路上的障碍。

同年11月,国务院下发《关于当前学前教育发展的若干意见》,再次强调学前教育体制建设调整的目标和方向,即政府主导、成本分担、以县为主。其实质是加强学前教育公办体制建设,大力发展公办幼儿园。《意见》提出:"发展学前教育,必须坚持公益性和普惠性,努力构建覆盖城乡、布局合理的学前教育公共服务体系","各级政府要……将大力发展学前教育作为建设社会主义和谐社会的重大民生工程,纳入政府工作重要议事日程",首次将学前教育的发展纳入政府民生工程,明确了其公益性和普惠性原则,从政府层面为学前教育的发展提供了政策支持和原初动力。

这一阶段政策的基本方向是进一步明确和完善各级政府和有关部门在学前教育管理上的责权划分,转变政府职能,提高公共教育服务水平,以满足民众的教育需求。我国学前教育行政管理体制得到了逐步的改进和完善,为其质量和效益的提升提供了管理体制方面的保障。

案例 3-1

幼儿园转让:为了孩子,请平稳移交[①]

陈女士出于对幼教事业的热爱,多年前自己出资创办了博雅幼儿园。由于管理规范,独具特色,博雅幼儿园在当地颇有影响,许多家长都舍近求远把孩子送到这里入园。

现在陈女士已年近七旬,继续经营这家幼儿园已是心有余而力不足。几经思考,陈女士决定把博雅幼儿园转让给具有丰富办园经验的刘女士,博雅幼儿园准备转让的消息被园里的几位老师知道后,他们担心新的经营者不一定会聘用自己,于是把很多心思花在另谋出路上,无心教学。幼儿园的教学质量因此大幅下降,很多家长不满意,这是陈女士当初没有预料到的。

其实,现实中幼儿园的转让时有发生,很难避免,那么转让过程中,应注意些什么问题才能让这个过渡更平稳呢?

【评析】

幼儿园的转让涉及与举办者、教师、幼儿及家长相关的人、财、物等各个方面,所以在转让过程中转让方和受让方都应该全面考虑,妥善安排。

---

① 周天枢,严凤英.幼儿园100个法律问题[M].广州:新世纪出版社,2010:151—153.有删改.

> 首先,在协商过程中,转让方和受让方都应该注意保守秘密,以尽可能减少由于转让移交而给幼儿园带来的不利影响。
>
> 其次,在协商过程中,转让方和受让方都应对转让的标的即转让对象有明确、一致的认识。
>
> 再次,转让移交达成协议后,转让方和受让方应相互协助,共同处理好与第三方的关系。
>
> 最后,幼儿园转让移交后,双方应共同到有关部门办理幼儿园转让的登记手续。
>
> 根据我国《幼儿园管理条例》的规定,国家实行幼儿园登记注册制度,未经登记注册,任何单位和个人不得开办幼儿园。所以,幼儿园转让移交后,双方应共同到有关部门办理登记注册手续,以明确各自的权利和责任。

二、我国现行的学前教育行政管理体制

通过对改革开放以来我国学前教育行政管理改革的历史回顾,可以发现,我国学前教育行政管理体制经历了从强调政府的直接领导到主张政府主导、社会参与的格局转变。我国现行的学前教育行政管理体制可以完整地表述为:学前教育事业的管理实行地方负责、分级管理,教育部门主管,各有关部门分工负责。

(一) 地方负责、分级管理

《教育法》第14条规定:"国务院和地方各级人民政府根据分级管理、分工负责的原则,领导和管理教育工作。"并进一步明确"中等及中等以下教育在国务院领导下,由地方人民政府管理"。这里所说的分级管理,是指各级人民政府对各级各类教育负有不同的管理责任;分工负责,是指同一级政府内部各部门如教育、计划、财政、人事等部门,根据不同的职责分工对教育事业发展负有不同的责任。

学前教育是基础教育的有机组成部分,根据《教育法》规定,应该贯彻上述基本原则。《幼儿园管理条例》第6条也明确规定:"幼儿园的管理实行地方负责、分级管理和各有关部门分工负责的原则。"

上述学前教育行政管理体制的确定,是基于我国经济、文化发展不平衡的国情,使学前教育事业的发展既有统一性和规范性,又能发挥地方灵活性,考虑各地方的特殊性,从实际出发采取不同的方法措施。从而有利于充分调动各方面的积极性,发挥地方和各有关部门的积极性建设和管理幼儿园,发展学前教育事业。①

(二) 教育部门主管

《教育法》第15条规定:"国务院教育行政部门主管全国教育工作,统筹规划、协调管理全国的教育事业。县级以上地方各级人民政府教育行政部门主管本行政区域内的教育工作。"这表明从国务院到县级人民政府所设立的教育行政部门,是政府管理教育的职能部门,代表着政府管理教育事业,对教育实现组织、计划、决策、指导、监督、评价、协调的

---

① 孙葆森,刘惠容,王悦群.幼儿教育法规与政策概论[M].北京:北京师范大学出版社,1998:64.

职能。

《幼儿园管理条例》第6条进一步明确了"国家教育委员会主管全国的幼儿园管理工作;地方各级人民政府的教育行政部门,主管本行政辖区内的幼儿园管理工作"。它再次以行政法规的形式明确了各级教育行政部门对学前教育的管理职能。

知识链接3-1 教育部门主管学前教育的职责

根据国务院办公厅转发国家教委等部门《关于明确幼儿教育事业领导管理职责分工的请示》的通知,教育部门主管学前教育的职责主要有以下六个方面。

(1)贯彻中央、国务院有关幼儿教育工作的方针、政策、指示,拟定行政法规和重要的规章制度;(2)研究拟订幼儿教育事业发展方针,综合编制事业发展规划;(3)负责对各类幼儿园的业务领导,建立视导和评估制度;(4)组织培养和训练各类幼儿园的园长、教师,建立园长、教师考核和资格审定制度;(5)办好示范性幼儿园;(6)指导幼儿教育科学研究工作。

地方各级政府和教育行政部门根据上述规定,在职权范围内,承担本行政辖区内管理学前教育的相应职责。

(三)各有关部门分工负责

学前教育涉及方方面面,做好学前教育工作,需要动员全社会及各有关部门、有关方面互相配合,密切合作。《教育法》第15条第3款规定:"县级以上各级人民政府其他有关部门在各自的职责范围内,负责有关的教育工作。"对各级人民政府有关部门的职责,国务院规范性文件做了详细规定:

卫生部门负责拟定有关幼儿园卫生保健方面的法规和规章制度,对幼儿园卫生保健业务工作进行指导;计划部门负责将幼儿教育事业发展和建设等列入各级计划;财政部门负责会同有关部门研究制定有关幼儿教育事业经费开支的制度和规定;劳动人事部门负责会同有关部门研究制定幼儿园工作人员的有关编制、工资、劳动保护、福利待遇等方面的制度和规定;城乡建设环境保护部门负责统一规划与居住人口相适应的幼儿园设施,并督促有关部门和单位进行建设;轻工、纺织、商业部门按各自的分工,负责幼儿食品、服装、鞋帽、文化教育用品、卫生生活用具和教具、玩具的研制、生产和供应。

案例3-2

幼儿园园舍卫生安全设施管理执法案例①

某县某乡中心小学附设幼儿园,因儿童厕所年久失修,改用中心小学室外厕所。该园儿童家长向县教育局反映,要求修复儿童厕所,县教育局将家长反映通知幼儿园,要求尽快修复儿童厕所,但该幼儿园以种种理由迟迟不予执行。

该县教育局在处理过程中认为,兴办幼儿园,应具备良好的卫生条件和确保幼儿安全的必备设施。然而,经调查,该幼儿园将为小学生设计的,每个蹲位两个木制踏板间

---

① 幼儿教育中的法律责任[EB/OL]. http://www.yejs.com.cn/yzzc/article/id/37620.htm

> 距为30厘米宽的公共厕所供幼儿使用,违反了《幼儿园管理条例》第8条第2款关于"幼儿园的园舍和设施必须符合国家的卫生标准和安全标准",以及《幼儿园工作规程》第30条关于"幼儿园应设活动室、儿童厕所、盥洗室、办公用房和厨房"的规定,妨碍了幼儿的安全与健康。故应根据《幼儿园管理条例》第27条第(二)项关于"园舍、设施不符合国家卫生标准、安全标准,妨害幼儿身体健康或者威胁幼儿生命安全的","由教育行政部门视情节轻重,给予限期整顿、停止招生、停止办园的行政处罚"。

第二节 学前教育机构的内部管理体制

教育机构内部管理体制是对其内部设立的主要管理机构及其职能的总称。建立、健全科学合理的内部管理体制,是学校及其他教育机构健康发展的必然要求。对此,《教育法》规定:"学校及其他教育机构的举办者按照国家有关规定,确定其所举办的学校或其他教育机构的管理体制。"

学前教育机构的内部管理体制是指学前教育机构内部管理系统的职责权限、隶属关系、机构设置、组织制度等多方面综合的结构体系。1985年5月,中共中央发布的《关于教育体制改革的决定》对学校等教育机构的领导体制做出了明确的规定:"学校逐步实行校长负责制。"根据这一精神,1989年的《幼儿园管理条例》和2016年的《幼儿园工作规程》明确规定我国幼儿园实行园长负责制。园长负责制是指幼儿园在上级宏观领导下,以园长对园内工作全面负责为核心,同党支部保证监督、教职工民主管理有机结合,为实现幼儿园的工作目标,充分发挥领导职能的三位一体管理格局。社会力量举办的幼儿园可以实行董事会领导下的园长负责制。

园长负责制是一个结构概念,反映园内领导关系的结构方式,是个人负责与分方面制约关系的统一。它是以园长责任和职权为主要内容的园内管理体制之一,包括上级领导、园长负责、党支部政治核心和保证监督、教职工民主参与管理四个相互联系又互有区别的组成部分。实行园长负责制的目的是增强幼儿园的办园自主权,使幼儿园成为独立的办园实体,建立起统一的高效率的园内指挥系统。

一、园长全面负责幼儿园的各项工作

在幼儿园园长负责制的体制中,园长作为一园之长,对内是幼儿园的行政负责人,统一指挥和领导幼儿园工作,向全体教职工、幼儿负责;对外代表幼儿园,是幼儿园的法人代表,向举办者、幼儿家长和社区负责。同时,园长要遵循有关法规,服从上级教育行政部门和直接隶属行政部门的领导,接受幼儿园党组织和教代会的监督,充分调动全国教职工的积极性,努力办好幼儿园。

园长负责制明确了园长对幼儿园工作有最高行政权,在幼儿园组织机构中处于中心地位。按照国家规定,幼儿园园长由举办者任命或聘任。非地方人民政府设置的幼儿园园长应报教育行政部门备案。经任命或聘任的园长,即具有上述法人代表的地位,依法行使决

策指挥权、人事权、财权与奖惩权等。园长有权在园所统一规定的目标指导下,决定幼儿园的教育目标和规划幼儿园的发展,统筹安排幼儿园教育教学、卫生保健和总务行政工作;有权组织领导班子和建立幼儿园组织体系并确立职权关系;有权聘用工作人员,并进行考核评定与奖励;有权在国家规定的范围内支配幼儿园财经费用,规划和使用幼儿园的财产设备;有权在符合国家要求的范围内制定规章制度。园长的决策权、人事权、财务管理权和奖惩权是同他所担负的职责相一致的。实行园长负责制,加强园长的职责和权限,权责统一,有益于发挥行政管理系统的作用,实行集中统一领导,提高管理效益;同时,有利于保证对幼儿园保教工作的业务领导,按教育规律办教育,确保幼儿园双重任务的完成。

二、幼儿园基层党组织发挥政治核心作用

党的领导是办好园所的根本保证。园长负责制的实行,强化了行政决策指挥功能,提高了管理效率,使党政职能分开、职责明确,使幼儿园的基层党组织从繁琐的行政管理工作中解脱出来,集中精力加强党的建设,改变以往以党代政、党政不分、包办代替等状况,从而有利于加强党的领导,发挥党组织的政治核心作用。

幼儿园党的基层组织即党支部的政治核心作用主要体现在政治领导、思想领导和组织领导三个方面。

一是发挥监督保证作用。参与幼儿园的重要决策,在办园方向、园所发展规划、重大教育改革及职工福利等重大问题上主动参与讨论;对幼儿园干部的选拔、任免、晋升、培训、考核等进行监督;负责监督园长与行政部门贯彻执行党的路线方针政策的情况。

二是发挥模范带头作用。要以主要的精力加强自身的思想建设、组织建设和作风建设,使共产党员真正在幼儿园工作中发挥模范、骨干、带头作用。同时,全面领导幼儿园的思想政治工作,包括经常的马克思主义教育,加强时事政策教育;开展经常的、深入细致的思想工作,有针对性地解决群众的思想认识问题;支持园长与行政部门行使职权和履行职责,协助行政领导听取各方面意见,与园长一起共同保证幼儿园各项任务的完成。

三是加强对教代会、工会、共青团等群众组织的领导,根据各组织的特点,领导他们独立自主、生动活泼地开展活动,充分发挥其在组织、团结、教育群众中的纽带和助手作用。

三、教代会依法保障民主管理

幼儿园实行园长负责制并不意味着园长可以为所欲为、独断专行,而应有相应的民主管理和监督机制加以制约。教育机构实行民主管理既是由我国教育的社会主义性质决定的,也是由教职工所处的地位决定的,教职工既是管理的对象,也是管理的主体。为此,《教育法》规定:"学校及其他教育机构应当按照国家有关规定,通过以教师为主体的教职工代表大会等组织形式,保障教职工参与民主管理和监督。"幼儿园民主管理的形式之一也体现在教职工代表大会上,建立健全教职工代表大会制度是园长负责制的重要组成部分。《幼儿园工作规程》规定:"幼儿园应当建立教职工大会制度或者教职工代表大会制度,依法加强民主管理的监督。"教代会和园务委员会是广大教职工对园所工作积极进行民主管理和民主监督的组织形式。

教职工大会或教代会可以建立定期会议制度,其主要职责是,维护教职工民主管理的权益。教代会的职责、工作内容具体包括以下方面。

第一,听取园长的工作报告,审议办园方针、发展规划、教育改革方案、管理制度以及经费使用等有关幼儿园建设和改革的重大问题,提出意见和建议。

第二,团结教育广大教职工,支持园长正确行使职权。

第三,关心教职工生活,决定有关教职工生活福利的重要事项。

第四,监督评议园长和其他幼儿园管理人员的工作和业绩。

随着园所体制改革的深入,教职工代表大会应有权依照教育行政部门所规定的园长任职条件,推举并建议深受广大教职工满意和拥戴的幼儿园园长人选。

除教职工代表大会外,幼儿园的园务委员会是幼儿园日常管理民主化的重要形式。园务委员会是园长决策的咨询审议机构。根据《幼儿园工作规程》,"幼儿园应当建立园务委员会。园务委员会由园长、副园长、党组织负责人和保教、卫生保健、财会等方面工作人员的代表以及幼儿家长代表组成。园长任园务委员会主任。"园务委员会要对全园工作计划、工作总结、人员奖励、财务预算和决算方案,规章制度的建立、修改、废除,以及其他涉及全园工作的重要问题进行审议,从而成为提高决策的科学性、避免失误的组织措施。园务委员会要建立定期或不定期召开会议的工作制度,由园长主持园务会议。不设园务委员会的幼儿园,上述重大事项由园长召集全体教职工会议商议。

总之,民主管理是园长负责制不可缺少的重要组成部分,是园长负责制的基础,园长负责制是民主管理的集中体现。要办好幼儿园,提高管理效率,必须依靠全体教职工,尊重和维护他们的民主权利,充分调动他们的积极性和创造性,发挥他们的监督和管理作用。

四、学前教育机构内部规章制度

学前教育机构内部规章制度,也即幼儿园的内部管理规则,是全体教职工在园内都需要掌握和遵守的工作规范。它包括幼儿园的领导制度,幼儿园各类人员的岗位责任和奖惩制度;包含作息制度、学习制度、会议制度在内的工作制度;包含幼儿园一日生活制度、饮食管理制度、卫生消毒及隔离制度、卫生保健登记、统计制度在内的卫生保健制度;安全保护制度;教育、教研、科研活动制度;财产管理和财务制度;幼儿园与家长、与小学、与社区的联系制度等[①]。

幼儿园内部管理规章制度,是幼儿园依据法律、法规的规定以及主管行政部门批准的章程在其办学自主权范围内制定的内部管理规范的总和。

制定幼儿园内部管理规章制度,需遵循以下原则。

第一,幼儿园内部管理规章制度在内容上必须符合法律、法规及规章的规定,不得与法律、法规、规章以及其他具有法律效力的规范性文件相抵触。凡是不符合现行的法律、法规及规章规定的幼儿园内部管理制度都是无效的,应由相关部门予以撤销。

第二,幼儿园内部管理规章制度不能越权作出规定,即不能超越本园的职权或授权的范围把本来应由法律、法规规定的内容规定在幼儿园内部的管理制度中。如幼儿园内部管理

---

① 孙葆森,刘惠容,王悦群.幼儿教育法规与政策概论[M].北京:北京师范大学出版社,1998:98.

规章制度不能对政府、有关行政部门等提出义务性或禁止性规定。

教育行政部门不能干涉幼儿园依法制定内部管理规章制度和依据合法有效的规章制度进行的管理活动,但有权对幼儿园进行管理、监督、指导,对幼儿园制定的违反法律、法规和规章的内部管理规章制度,教育主管部门有权予以撤销,对由内部管理不当给当事人的合法权益造成损害的,幼儿园还应承担相应责任。

> **案例 3-3**
>
> **北京一幼儿园状告劳动部门处罚不当一案终审有果**①
>
> 2003年4月22日,本报刊登了题为《用人单位的权益谁来保护——北京一幼儿园状告劳动部门处罚不当》的文章,反映北京市朝阳区一幼儿园因不服该区劳动部门处罚,向法院提起行政诉讼的案件。今年3月5日,北京市第二中级人民法院对此案作出终审判决。去年1月,北京市朝阳区劳动和社会保障局(以下简称劳动局)接到被朝阳区某幼儿园辞退的一员工举报,称幼儿园有收取员工领用物品抵押金的情况。该局经调查情况属实,便于1月9日下发了责令改正通知书,要求幼儿园于1月16日前改正其行为。为配合劳动部门的工作,幼儿园在劳动部门下发整改通知的前一天,将收取的抵押金如数退还给员工。1月20日,劳动局以幼儿园违反了《北京市劳动合同规定》第24条规定的"订立劳动合同,用人单位不得以任何形式收取抵押金、抵押物、保证金、定金及其他费用"的有关规定为由,对幼儿园处以25000元罚款。
>
> 幼儿园对此高额处罚不服,于去年3月向朝阳区人民法院提起行政诉讼。去年3月20日,北京市朝阳区人民法院开庭审理了此案。原告幼儿园诉称,该园老师在从事教学工作中,涉及领取教学设备等贵重物品。在实际实施过程中,出现有的教师在领取工资后,不辞而别,并将领用物品偷偷带走的现象。基于上述情况,原告为便于园内的财务管理,在员工自愿、认可的前提下,规定凡领取教学设备的教师交纳200元人民币的物品抵押金。该行为是原告内部日常管理的一项措施,与《北京市劳动合同规定》中所认定的收取抵押金的情况性质完全不同,且收取抵押金并非是该园与员工签订劳动合同时,也并非劳动合同的附件或必须条件。原告认为,被告劳动局的行政处罚适用法律错误,严重侵害了原告的合法权益。
>
> 被告劳动局在庭审答辩中强调,幼儿园为教学人员提供教学设备是在履行自己的义务。他们认为,在履行义务时不需要讨价还价,更不可以将自己在履行义务时可能带来的风险转嫁给权利人。
>
> 一审法院认为,原告幼儿园在履行与劳动者签订的劳动合同过程中,收取员工的园服和物品抵押金,违反了《北京市劳动合同规定》的相关规定,劳动行政部门可在政府赋予的处罚幅度内做出处罚决定。鉴于此案中原告幼儿园并未以收取抵押金作为订立劳动合同的条件,而是以防止物品流失为目的,以自愿为前提,在员工领取物品时收取部

---

① 《学前教育政策与法规》典型案例[EB/OL]. http://wenku.baidu.com/link?url=CJSFtjOjR4BP9kaK5bRuxuwa6z60OwOY0y00zq_eMSdc3xuINq56Nv2vMIJ5ALMmaT3wQV8j66bkroEX0rJR7fA_Rw2qDOKvzA4qjCmIriW. 有删改。

分抵押金,其数额亦明显低于物品价值本身。法院做出一审判决:被告朝阳区劳动局做出较高数额的处罚显失公正,依法酌情予以变更,将罚款数额从 25000 元变更为 2000 元。

幼儿园不服一审判决,以一审判决已认定该园收取物品抵押金是以员工自愿为前提,却仍做出对该园应予行政处罚的判决属认定事实和适用法律自相矛盾为由,向北京市第二中级人民法院上诉,请求撤销一审判决。

今年 3 月 5 日,北京市第二中级人民法院做出维持一审判决的终审判决,其中认为劳动局的行政处罚,明显违反了正确行使自由裁量权的原则。

二审宣判后,法官就此案做出解释。他认为,《北京市劳动合同规定》第 24 条规定中的"订立劳动合同"在理解上容易产生歧义。如果从狭义的角度上理解,就是指在订立劳动合同时,但从广义的角度上理解,应指从雇佣双方签订劳动合同开始,直到双方解除劳动合同为止。

由此可以看出,幼儿园在制定内部规章制度时一定要注意不能违反现行法律、法规的规定,由于内部管理不当对当事人合法权益造成损害的,幼儿园应承担相应的责任。与此同时,主管部门也应依法正确行使对幼儿园的监督和管理权,不可滥用职权或越权管理。

本章小结

学前教育行政管理体制是指学前教育管理部门,包括中央、地方及其他教育机构间的相互关系、职能权限、组织结构等方面的体系和制度。我国学前教育行政管理体制经历了从强调政府的直接领导到主张政府主导、社会参与的格局转变。我国现行学前教育事业的管理实行地方负责、分级管理,教育部门主管,各有关部门分工负责的原则。

学前教育机构的内部管理体制是指学前教育机构内部管理系统的职责权限、隶属关系、机构设置、组织制度等多方面综合的结构体系。《幼儿园管理条例》和《幼儿园工作规程》明确规定我国幼儿园实行园长负责制。园长负责制是指幼儿园在上级宏观领导下,以园长对园内工作全面负责为核心,同党支部保证监督、教职工民主管理有机结合,为实现幼儿园的工作目标,充分发挥领导职能的三位一体管理格局。社会力量举办的幼儿园可以实行董事会领导下的园长负责制。

思考与练习

1. 简述我国学前教育的行政管理体制。
2. 简述我国学前教育机构的内部管理体制。
3. 简述幼儿园园长的主要职责。
4. 学前教育机构制定内部规章制度时应遵循哪些原则?

第四章 学前教育机构的法律地位

学习目标

1. 了解学前教育机构法律地位的含义与特点。
2. 明确设立学前教育机构的基本条件和程序。
3. 掌握学前教育机构的基本权利和义务,并能有效运用法律规定维护、保护学前教育机构的合法权益。

情境案例
家长起诉朝阳区星河湾幼儿园疑其办学资格被驳①

2006年6月,北京德福双语幼儿园(由北京星河湾德福教育科技有限公司出资举办的一所民办幼儿园)向北京市朝阳区教育委员会申请承办星河湾的学前教育机构,获朝阳区教委通过。星河湾幼儿园于2006年9月首次对外招生。由于北京德福双语幼儿园在申办星河湾配套幼儿园时已获得办学许可证,根据相关政策无需就申办的新园再次办理办学许可证。但星河湾幼儿园开园之后,由于其他原因欲与富力城的德福幼儿园独立,故又以星河湾幼儿园的名义申办办学许可,朝阳区教委遂经过审查于2007年4月13日为其颁发了办学许可证。

2006年9月1日,原告与星河湾幼儿园就原告子女小曹就读星河湾幼儿园一事签订协议,小曹就读该园高班全日班;按协议规定交纳各项费用。原告之女小曹于2006年9月1日正式入园。自2007年8月起,小曹未继续在星河湾幼儿园就读,其之后进入小学学习。按照协议规定,根据小曹实际出勤天数及用餐情况,星河湾幼儿园退还原告餐费1080元。

在小曹就读星河湾幼儿园期间,原告与该园就幼儿园办学资质、收费标准问题产生争议,遂起诉到法院要求:被告退还原告自子女入园起至2007年4月13日止已交学费共计20128元,才艺费4200元;与德福公司开办的另一幼儿园相比,被告每年收费高出6000元,故要求被告退还自2007年4月13日起至原告子女退园之日止向原告收取的不合理费用1800元。

---

① 《学前教育政策法规》典型案例[EB/OL]. http://wenku.baidu.com/link?url=CJSFtjOjR4BP9kaK5bRuxuwa6z60OwOY0y00zq_eMSdc3xuINq56Nv2vMIJ5ALMmaT3wQV8j66bkroEX0rJR7fA_Rw2qDOKvzA4qjCmIriW. 有删改。

法院经审理认为:原告与星河湾幼儿园通过订立关于原告之女小曹在星河湾幼儿园就读的协议而在双方之间形成教育服务合同关系,该协议是双方在自主选择基础上形成的真实意思表示,不违背法律、行政法规的强制性规定,应属合法有效。原告应按协议约定向星河湾幼儿园支付各项费用,星河湾幼儿园应按其承诺为原告之女小曹提供学前教育等相关服务。双方的协议自原告之女退园之日起自行解除,各项权利义务即行终止。星河湾幼儿园的办学资质问题,属于行政管理范畴的事项,应由行政主管部门根据相关法律法规进行审查和答复,并不构成星河湾幼儿园承担民事责任的原因。原告已按双方协议约定的收费标准向星河湾幼儿园交纳了各项费用,星河湾幼儿园对原告之女小曹实际提供了学前教育及相关服务,双方的权利义务对等,原告要求星河湾幼儿园退还各项收费,缺乏基本的事实基础,也违背基本的民事法律原则。关于收费标准问题,我国现行法律法规规定,民办学前教育的收费采用市场调节的方法,自主定价后报价格部门备案。星河湾幼儿园已对其收费进行了备案,原告与星河湾幼儿园签订协议就意味着接受其收费标准,之后又以与其他幼儿园相比收费较高为由要求退费,此主张于法无据,法院不予支持。

综上,原告要求二被告退还各项收费的请求均缺乏事实及法律依据,法院不予支持。

第一节 学前教育机构法律地位概述

法律地位是指法律主体在各种法律关系中所处的位置,它是法律主体在不同法律关系中享有权利和义务的总和表现[1]。法律主体是法律关系的参加者,从类型上来看,包括自然人和法人两种。

一、学前教育机构法律地位的含义

学前教育机构作为实施保育和教育活动的社会组织,是具有法律赋予的权利能力和行为能力的法人机构,具备法律主体资格。因此学前教育机构的法律地位,主要是指其作为实施保育教育活动的法律主体在各种法律关系中所处的位置,主要体现为法律上的权利和义务[2]。

(一)学前教育机构法律地位的实质是其法律主体资格

我们知道,作为生命体的自然人具有自己独立的人格,进而具有从事某种活动的相应的权利能力、行为能力和责任能力。法学上借用"人格"一词,将社会组织人格化,从法律上赋予组织机构以"人"的意义,即赋予它们一定的权利能力和行为能力,使它们能够像自然人一

---

[1] 张乐天.学前教育政策与法规[M].北京:中央广播电视大学出版社,2011:57.
[2] 张乐天.学前教育政策与法规[M].北京:中央广播电视大学出版社,2011:57.

样享有权利和承担义务,进而具有成为法律关系主体的资格。学前教育机构作为实施保育和教育活动的社会组织,依法取得法人资格,作为法律关系主体参加相应的法律关系,并依照《民法典》及相关法律法规的规定,享有诸如法人财产权、知识产权以及名称权、名誉权、荣誉权等民事权利。当然,学前教育机构也要以独立法人的身份承担一切因自己的行为而引起的民事责任,如违反合同的民事责任、侵害其他社会组织和公民个人合法权益的民事责任等。

(二)学前教育机构的法律地位体现其任务、条件和特点

在民法中,社会组织的权利能力的范围取决于成立该法人的宗旨和业务范围,法人无权进行违背其宗旨和超出其业务范围的民事活动。《教育法》规定了学校及其他教育机构的具体权利,体现了学校等教育机构培养社会主义建设者和接班人的育人宗旨。但学校等教育机构又分为不同类型和不同层次,每一具体类型和层次的学校或教育机构,其权利义务的具体内容又是不完全相同的,是各具特点的。如中小学、学前教育机构和高等教育机构分别具有不同的设置条件、任务和特点,享有不同的权利和承担不同的义务。因此,学前教育机构法律地位取决于国家的教育决策和法律规定,更具体地取决于学前教育机构的社会价值和功能定位。与此同时,学前教育机构的法律地位往往要体现其特定的任务、设立条件和外部特征等各个方面。如《幼儿园工作规程》规定:"幼儿园是对3周岁以上学龄前幼儿实施保育和教育的机构,幼儿园是基础教育的有机组成部分,是学校教育制度的基础阶段。"其中体现出学前教育机构要将保教结合的教育思想渗透于教育管理的全过程中,这充分体现了学前教育机构法律地位的特定性。

(三)学前教育机构的法律地位是基于法律规定

学前教育机构作为具有法人资格的从事学制系统内保育、教育活动的社会组织,其法律地位在形式上是由法律赋予的。那么,我国学校及其他教育机构成为法人的条件是什么,以及如何取得法人资格呢?我国《教育法》第32条对此进行了规定:"学校及其他教育机构具备法人条件的,自批准设立或者登记注册之日起取得法人资格。"这里所说的"法人条件"是依据《民法典》对一般法人应具备的条件的规定,包括以下四个方面:依法成立;有必要的财产或者经费;有自己的名称、组织机构或者场所;能够独立承担民事责任。学前教育机构只有同时具备了这四个条件,才有可能取得法人资格。因此,主管部门在批准设立幼儿园或对其进行登记注册时,应同时审核其是否具备上述法人条件,如具备,则应在批准或注册文件上载明具有法人资格。取得了法人资格,学前教育机构就可以以民事法律关系主体的身份参与与其宗旨相关的民事活动,并依法行使权利和承担义务。

需要指出的是,学前教育机构的法人地位与法律地位是两个不同的概念,《教育法》所规定的教育机构的法人地位,主要是其在民事法律关系中的法律地位,而学前教育机构的法律地位既包括其在民事法律关系中的法人地位,也包括其在行政法律关系中的法人地位。也就是说学前教育机构具有多种法律关系主体资格,在不同的法律关系中以不同的主体资格参与活动。学前教育机构在行政法律关系中的法律地位,由《宪法》和行政法所规定。

二、学前教育机构法律地位的特点

学前教育机构是对幼儿实施保育和教育的社会组织,同其他法人相比,由于其宗旨和性质的不同,其法律地位具有以下三个方面的特点。[①]

(一) 公共性

在许多国家,都有"公法人"的概念。如德国规定,学校(幼儿园)是公共机构,同时也是国家机构。日本《教育基本法》规定:"法律所承认的学校(幼儿园)具有公共性质。"[②]我国的法律虽然没有"公法人"的明文规定,但在法学理论和司法实践中,存在公法人的观念区分。学校等教育机构(包括学前教育机构)是为公共利益而存在的主体,体现了公法人的公共性特点,主要表现如下。

第一,学前教育机构的法律地位是依据具有行政法性质的《教育法》确立的,具有特殊的设置程序,其设立、变更、终止都要经由教育行政部门审批决定或登记注册。

第二,教育机构设立的目的是为了提高全民族素质,为社会发展培养人才及促进物质文明和精神文明建设。各种教育机构的活动都要符合国家和社会公共利益的需要,对国家、社会和人民负责,不得损害国家、社会和人民的公共利益。因此,国家有权根据本国国情建立相应的教育制度,并为提高国民素质而采取必要的教育措施。学前教育作为整个教育系统的奠基部分,无论是公办还是民办,都应接受国家和社会依法进行的管理和监督,体现国家的利益。同时,国家和政府也要为各类主体开办的学前教育机构提供必要的财政及政策扶持。

第三,教育机构行使的教育权实质上属于国家教育权的一部分。我国《教育法》第29条规定,学校、幼儿园等教育机构依法享有教育教学权、招生权、对学生进行学籍管理权、实施奖励和处分权、对学生颁发相应的学业证书的权利等。对于学前教育机构来说,这种保育教育实施权,既是国家授予的权利,又是国家交予的任务,只能正确行使,而不能放弃。

(二) 公益性

根据我国《民法典》的规定,民法上的法人,依其设立的目的和活动内容的不同,可以分为企业法人和事业法人。企业法人是进行生产、经营活动,以扩大社会积累、创造物质财富为目的的各类经济组织,包括全民所有制和集体所有制企业法人、联营法人及各种具有法人资格的企业或者公司。事业法人是指从事经济活动以外,从事社会公益事业、满足群众文化、教育、卫生等需要为目的的各类社会组织,包括科学、文化、教育、卫生、艺术、体育等事业单位法人。虽然2021年新修订的《教育法》第26条第4款规定:以财政性经费、捐赠资产举办或者参与举办的学校及其他教育机构不得设立为营利性组织。也就意味着使用财政性经费、捐赠资产以外的经费可以举办营利性教育机构。这一规定主要是基于弥补公立教育资源的不足,吸引更多的社会资源进入教育领域,但在实践中,营利性民办教育机构的开办有着非常严格的审批程序和比例控制,因此并不影响教育整体的公益性。作为公益机构的学前教育机构不能像企业那样去营利,不能将办学盈余进行分红,也不能用其资产进行抵押、担保,学前教育机构的资产和举办者、捐赠者财产相分离,其参与民事活动的范围也要受其宗旨和业务范围的限制。将教育机构规定为公益性机构,限制其广泛参与各种民事活动,这也是世界各国的惯例,其目的是为了保证教育机构的育人宗旨,保障受教育者的合法权益和

[①] 孙葆森,刘惠容,王悦群.幼儿教育法规与政策概论[M].北京:北京师范大学出版社,1998:69—70.
[②] 童宪明.幼儿教育法规与政策[M].上海:复旦大学出版社,2013:51—52.

社会的公共利益。与此同时,法律还规定了一系列的对教育机构的优惠政策,如勤工俭学、教育用地、教学仪器设备的生产和供应、图书资料等的进口等,也充分体现了其公益性的法律地位。

(三) 多重性

我国的学校等教育机构在实施其活动时,根据所处的法律关系的不同,可以有多重法律主体资格。当其参与教育行政法律关系,取得行政法上的权利和承担行政法上的义务时,它就是教育行政法律关系的主体;当其参与教育民事法律关系,取得民事权利和承担民事义务时,它就是教育民事法律关系的主体。所谓的教育行政法律关系,就是指学校等教育机构在实施教育活动中与具有行政隶属关系的国家行政机关发生的关系,或是学校等教育机构经法律授权行使某些行政管理职权,取得行政主体资格时,与教师、学生发生的关系,如学校对教职工进行奖励和处分、对学生进行学籍管理、颁发学业证书活动中学校与教师、学生的关系。所谓的教育民事法律关系,是指学校等教育机构以平等的法律主体身份与不具有行政隶属关系的行政机关、企事业组织、集体经济组织、社会团体及个人之间发生的社会关系。这类关系涉及面颇广,如涉及财产、人身、土地、学校环境乃至创收中的权益,都会产生民事所有和流转上的必然联系。

教育行政法律关系和教育民事法律关系是两类不同的法律关系,学前教育机构在这两类不同的法律关系中的法律地位也是不同的。在教育行政法律关系中,学前教育机构是以行政管理相对人的身份参与活动的,当然,这并不排除学前教育机构作为办学主体享有自己的权利和义务。在教育民事法律关系中,学前教育机构是以平等的民事主体的身份参与活动的,它与发生关系的其他主体处于平等的地位。除了这两种主要的法律关系外,学前教育机构还与国家发生涉及国家对学校的财政拨款、国家对幼儿园兴办产业给予税收优惠等经济法律关系,成为经济法律关系主体,具有经济法上的权利和义务。

三、学前教育机构与教育行政机关的法律关系

(一) 学前教育机构与教育行政机关的法律关系性质

学前教育机构与教育行政机关的法律关系是一种行政法律关系。这是基于学前教育的公益属性所决定的,学前教育机构是为社会公共利益服务的,是国家行政的一部分。因此,政府及教育主管部门与学前教育机构之间是领导与被领导、管理与被管理的行政管理关系。

(二) 学前教育机构与教育行政机关的法律关系特征

1. 双方法律地位的不平等性

行政法律关系不同于民事法律关系的显著特点是,法律关系主体双方的法律地位是不平等的。行政法律关系中的一方主体是国家行政机关或其授权单位,另一方是行政管理相对人,这是行政法律关系的最本质特征。学前教育机构与教育行政机关或政府之间就存在着这样一种性质上的管辖关系。例如,学前教育机构的成立需要履行注册登记的管理程序,此时,教育行政机关是负责审核的管理主体,代表国家行使行政管理权,处于领导者和管理者的地位,而申请登记的学前教育机构是行政管理相对人,处于被管理者的地位,因此,二者的法律地位是不平等的,存在一种管理与被管理的行政隶属关系。再如,当教育行政机关依法实施某种管理行为时,学前教育机构没有拒绝接受管理的权利,而且当其拒绝执行教育行

政机关的某些决定时,教育行政机关还可以采取措施强制执行;而当教育行政机关不履行其职责时,学前教育机构只能请求其履行,或者向人民法院提起行政诉讼,却不能强制教育行政机关履行。学前教育机构与教育行政机关这种权利和义务不对等的关系,正是由于主体双方处于不同的法律地位所决定的。

2. 行政法律关系产生的特定性

学前教育机构与教育行政机关之间发生的法律关系并不一定都是行政法律关系,二者之间的行政法律关系只有在教育行政机关行使职权的过程中才能发生。在有些法律关系中,即使教育行政机关是其中一方的当事人,但它并非是行使职权,而是参与一般的民事活动,如与学前教育机构签订师资培训合同,这种法律关系就不是行政法律关系,而是属于民事法律关系。

3. 双方权利义务的法定性

行政法律关系中学前教育机构与教育行政机关双方的权利义务是由教育法律法规预先规定的,双方当事人都没有自由选择的余地。例如:在学前教育机构设置的有关规定中,幼儿园的园舍面积、教师资格、人员编制、卫生保健标准、玩教具配备等都是由法律法规规定的,幼儿园没有变动的权利,也不能同教育行政机关协商变动。在民事法律关系中则不存在这种双方权利义务的法定性,民事主体双方可以在法律规定的范围内自行协商双方的权利和义务。

4. 纠纷解决机制的多元性

当学前教育机构与教育行政机关在发生纠纷、争议时,既可以由教育行政机关按照相关程序予以解决,如学前教育机构对行政机关的处理不服,可以根据法律规定向人民法院提起行政诉讼,也可以不经行政机关依法直接向人民法院起诉。教育行政机关与学前教育机构之间既有管理与被管理的关系,又有相互制约的关系。学前教育机构可以通过申诉、行政复议或诉讼渠道对教育行政机关实行监督;教育行政机关则对学前教育机构进行法律监督和业务监督,尊重学前教育机构的办学自主权并支持、鼓励其自主管理内部事务。

 知识链接 4-1 教育申诉制度①

教育申诉制度是指作为教育法律关系主体的公民,在其合法权益受到侵害时,向国家机关申诉理由,请求处理的制度。是各级各类学校的教师和学生对学校、其他教育机构或政府有关部门做出的影响其利益的处理决定不服,或在其合法权益遭受侵害时,依法行使申诉权,向法定的国家机关声明不服、申诉理由、请求复查或重新处理的一项法律制度。其特点是:① 它由教师申诉制度和学生申诉制度组成;② 它是一项正式的法律救济制度;③ 它是一项专门性的申诉制度;④ 它是一项非诉讼意义上的行政申诉制度。

申诉书的内容包括:① 申诉主体的姓名、性别、年龄、民族、籍贯、职业、住址等,委托代理的应含指定代理人的相关情况;② 被申诉主体的名称、地址,法定代表人的姓名、性别、职务、住址等;③ 申诉要求(申诉主体认为被申诉主体侵犯了其合法权益或不服被申诉主体的

---

① 教育申诉制度[EB/OL]. http://baike.baidu.com/link?url=kCUNBQgAE-I9ZHmJjtbfQmx8Iz3KBNy51ErMUR0p7nVihM4kc7sWtYf359-pAP26-YypHRmWYpzKetl9TizQOK.

处理决定,而要求受理机关进行处理的具体要求);④ 申诉理由(写明被申诉主体侵害其合法权益或不服被申诉主体的处理决定的事实依据、法律依据并陈述相应理由);⑤ 附项(写明并附交有关的物证、书证或复印件等)。

> **想一想**
>
> 规定民办学前教育机构的出资人可以从办学结余中获取合理回报,会不会损害学前教育机构的公益性?

第二节　学前教育机构的设置

一、举办学前教育机构的主体资格[①]

举办学前教育机构的主体资格是指哪些组织和公民可以举办学前教育机构的能力限定。我国《宪法》第19条规定,"国家举办各种学校","发展各种教育设施","鼓励集体经济组织、国家企业事业组织和其他社会力量依照法律规定举办各种教育事业"。《教育法》第26条规定:"国家制定教育发展规划,并举办学校及其他教育机构。国家鼓励企业事业组织、社会团体、其他社会组织及公民个人依法举办学校及其他教育机构。任何组织和个人不得以营利为目的举办学校及其他教育机构。"《民办教育促进法》第9条规定:"举办民办学校的社会组织,应当具有法人资格。举办民办学校的个人,应当具有政治权利和完全民事行为能力。"这些法律对我国的办学体制、举办学校的原则和办学主体资格作了限定。

根据以上相关法律规定,国家、企事业组织、社会团体、其他社会组织及公民个人具有举办学前教育机构的主体资格,可依法举办学前教育机构。同时也说明了以下组织和公民不得举办学前教育机构:不具有法人资格的社会组织;以营利为目的,被主管教育行政部门给予停办处罚的;限制民事行为能力或无民事行为能力者;被剥夺政治权利的或被判处有期徒刑以上刑罚正在服刑者。

二、设立学前教育机构的基本条件

有关学前教育机构设置条件的法律规定,较早的是1989年通过的《幼儿园管理条例》,其中的第二章对学前教育机构的设置条件和审批程序做了相应的规定。1995年颁布实施的《教育法》对设立学校及其他教育机构的基本条件做了全面的规定。《教育法》第27条规定:在我国境内"设立学校及其他教育机构,必须具备下列基本条件:有组织机构和章程;有合格的教师;有符合规定标准的教学场所及设施、设备等;有必备的办学资金和稳定的经费来源"。2002年颁布的《民办教育促进法》针对社会力量办学的实际,对我国境内民办教育机构的设立又做了具体规定。

---

① 孙葆森,刘惠容,王悦群.幼儿教育法规与政策概论[M].北京:北京师范大学出版社,1998:82—84.

根据《教育法》《民办教育促进法》和《幼儿园管理条例》等相关法律规范,在我国境内设立学前教育机构必须具备以下四个实体要件。

(一) 必须有组织机构和章程

健全的组织机构和合理的人员配备,是学前教育机构得以正常运转的重要保证。设置组织机构就是通过建立适宜的机构及活动规则,确定领导关系和职权分工,将学前教育机构所拥有的人力、物力等组织起来,较好地实现幼儿园的任务目标。学前教育机构的组织机构一般包括园长、保教室、办公室、财务室、后勤、教职工代表大会等。在一定的环境条件下,这些组织机构按一定形式与层次组成机构体系,形成有机结合的活动功能系统,对内维系不同人群集合体的内部关系,对外处理与特定机构和社会系统的外部关系。

学前教育机构的章程,是指为了保证机构正常运行,主要就学前教育机构的宗旨、内部管理体制、财务活动等重大的、基本的问题,做出全面规范而形成的自律性文件。章程应载明本机构的名称、地址、开办宗旨、办园模式、保教工作的主要任务、内部机构设置和管理机制、园务委员会组成和职责、园长职责及产生、教师及其他工作人员的权利和义务、财务管理制度、人事管理制度、章程变更程序及其他需要说明的事项等①。学前教育机构的章程自学前教育机构被批准开办之日起生效,其内容不得违背相关法律法规的规定。

《教育法》规定章程是设立学校及其他教育机构的重要条件之一,但《教育法》实施之前建立的学前教育机构基本上都没有制定章程。根据《关于实施〈中华人民共和国教育法〉若干问题的意见》要求,《教育法》施行前依法设立的学校及其他教育机构,凡未制定章程的,应当逐步制定和完善章程,报主管教育行政部门核准,以便这些教育机构的管理走上法制化、规范化的道路。

(二) 必须有合格的保育、幼儿教育、医务及其他工作人员

《幼儿园管理条例》第9条对幼儿园的园长、教师、医务、保育及其他工作人员的资质和条件做了明确的规定。园长是幼儿园的行政负责人和法人代表,《幼儿园管理条例》规定"园长、教师应当具有幼儿师范学校(包括职业学校幼儿教育专业)毕业程度,或者经教育行政部门考核合格"。《幼儿园工作规程》第40条进一步规定:"幼儿园园长还应当具有《教师资格条例》规定的教师资格、具备大专以上学历、有三年以上幼儿园工作经历和一定的组织管理能力,并取得幼儿园园长岗位培训合格证书。"

教师是学前教育机构中最重要的人力保障,是组织实施教育教学活动的主体。拟申请设立的学前教育机构要保证聘请的教师必须具备《教师法》规定的教师资格,取得相应的教师资格证书,要有健康证和卫生证,并且数量足够,教师队伍的学科结构、年龄结构、学历结构、职称结构等合理,否则,不符合法律规定的学前教育机构设立条件。

此外,《幼儿园管理条例》还规定了幼儿园"医师应当具有医学院校毕业程度,医士和护士应当具有中等卫生学校毕业程度,或者取得卫生行政部门的资格认可","保健员应当具有高中毕业程度,并受过幼儿保健培训","保育员应当具有初中毕业程度,并受过幼儿保育职业培训",且教师、保育、医务人员的数量应和幼儿园的规模、任务相适应。并强调,慢性传染病、精神病患者不得在幼儿园工作。

---

① 童宪明.幼儿教育法规与政策[M].上海:复旦大学出版社,2013:54.

(三) 必须有符合规定标准的且与保育、教育要求相适应的教育场所和设施、设备

园舍、场地、设备、设施是学前教育机构办学的物质条件。《教育法》规定设立学校及其他教育机构，必须有符合规定标准的教学场所及设施、设备等。《幼儿园管理条例》第8条规定："举办幼儿园必须具有与保育、教育的要求相适应的园舍和设施。幼儿园的园舍和设施必须符合国家的卫生标准和安全标准。"《幼儿园工作规程》的第六章对此也做了更为详细的规定。

1. 园址、环境方面的要求

环境是影响幼儿健康成长的重要因素之一，因此，幼儿园的选址应充分考虑环境因素对幼儿的影响。为此，《幼儿园管理条例》第7条专门规定："举办幼儿园必须将幼儿园设置在安全区域内。严禁在污染区和危险区内设置幼儿园。"这里所讲的安全区域，一般是指不会出现危险和事故，不会使幼儿身心受到威胁的区域；污染区，通常是指有粉尘污染、大气污染、水质污染、噪音污染的区域；危险区，一般是指危及人们健康和生命的区域[①]。

此外，国家教委、城乡建设环境保护部联合颁发的《托儿所、幼儿园建筑设计规范》也对托儿所、幼儿园的地址选择做了如下要求："第一，应远离各种污染源，并满足有关卫生防护标准的要求；第二，方便家长接送，避免交通干扰；第三，日照充足，场地干燥，排水通畅，环境优美或接近城市绿化地带；第四，能为建筑功能分区、出入口、室外游戏场地的布置提供必要条件。"

2. 园舍方面的要求

《幼儿园工作规程》第34条规定："幼儿园应当按照国家的相关规定设活动室、寝室、卫生间、保健室、综合活动室、厨房和办公用房等，并达到相应的建设标准。有条件的幼儿园应当优先扩大幼儿游戏和活动空间。寄宿制幼儿园应当增设隔离室、浴室和教职工值班室等。"第35条规定："幼儿园应当有与其规模相适应的户外活动场地，配备必要的游戏和体育活动设施，创造条件开辟沙地、水池、种植园地等，并根据幼儿活动的需要绿化、美化园地。"第37条规定："幼儿园的建筑规划面积、建筑设计和功能要求，以及设施设备、玩教具配备，按照国家和地方的相关规定执行。

3. 设施、设备方面的要求

考虑到幼儿身心发展的特点，相关法律法规对学前教育机构的玩具教具及生活用具也做了相应的规定。《幼儿园工作规程》第36条规定："幼儿园应当配备适合幼儿特点的桌椅、玩具架、盥洗卫生用具，以及必要的玩教具、图书和乐器等。玩教具应当具有教育意义并符合安全、卫生要求。幼儿园应当因地制宜，就地取材，自制玩教具。"为此，原国家教委还专门颁发了《幼儿园玩教具配备目录》，为各地学前教育机构配备、选购玩教具提供参考。

(四) 必须有必备的办园资金和稳定的经费来源

必备的办园资金和稳定的经费来源是学前教育机构进行正常的保育、教育活动的物质保障，也是其作为法律关系主体，进行各种民事活动，独立享受权利和承担义务的物质基础。《幼儿园管理条例》第10条规定："举办幼儿园的单位或者个人必须具有进行保育、教育以及维修或扩建、改建幼儿园的园舍与设施的经费来源。"《幼儿园工作规程》第46条规定："幼儿园的经费由举办者依法筹措，保障有必备的办园资金和稳定的经费来源。"所谓必备的办园

---

① 张乐天.学前教育政策与法规[M].北京:中央广播电视大学出版社,2011:74.

资金和稳定的经费来源,是指学前教育机构要有自己独立的财产,这种财产与其业务性质、规模、范围大体相适应。也就是申请设立学前教育机构时,举办者须根据所办机构的要求,做好办园经费的收、支预算,并保证通过财政拨款或自由资金以及社会捐赠等合法渠道筹集到设立学前教育机构所必备的最低启动资金,同时,应确保学前教育机构设立后,有稳定的经费来源。

概括来讲,学前教育机构的经费主要来源于财政拨款或举办者投入、家长缴纳的教育保育费、社会捐助以及学前教育机构的自创收入四个渠道,其中,公办学前教育机构的经费来源以财政拨款为主,民办学前教育机构的经费来源以举办者投入和家长缴费为主。

三、学前教育机构的设置程序

各级政府、企事业单位、社会团体、其他社会组织和公民个人在我国境内出资举办学前教育机构,并取得《教育法》规定的合法地位,除了需要满足前述的基本条件外,还需要执行相应的设立审批程序。对此,《教育法》第28条规定:"学校及其他教育机构的设立、变更和终止,应当按照国家有关规定办理审核、批准、注册或者备案手续。"《幼儿园管理条例》第11条规定:"国家实行幼儿园登记注册制度,未经登记注册,任何单位和个人不得举办幼儿园。"

(一) 登记注册制度

登记注册制度是指主管部门对申请者提交的申请设立教育机构的报告进行审核,如未发现有违背法律、法规的情形,只要拟办的教育机构符合地区教育发展的需求和法律、法规规定的设置标准,都必须予以登记注册,使其获得合法的地位,对不符合设置标准的,予以拒绝,并以书面形式通知申请者[1]。登记注册制度的实质是确认申请举办学前教育机构的法律地位或事实。

(二) 学前教育机构登记注册的一般程序

根据《幼儿园管理条例》第11、12条及《民办教育促进法》第11条到18条的规定,学前教育机构登记注册的一般程序如下。

1. 举办者向审批机关提出举办学前教育机构的申请,并提交相关申办材料

申办材料一般包括:申办报告;拟办学前教育机构的章程和发展规划;举办者身份证及资格证明;拟任园长、教师及工作人员的资格证明、健康证明;拟办学前教育机构的资产(含场地)及经费来源的证明;审批机关要求提供的其他材料等。其中,社会力量举办学前教育机构,应根据《民办教育促进法》的规定首先申请筹设,为办学做准备,待办学条件成熟时,再申请正式设立。根据《民办教育促进法》第12条和第14条的规定,申请筹设时应提交以下材料:申办报告,内容应当主要包括举办者、培养目标、办学规模、办学层次、办学形式、办学条件、内部管理体制、经费筹措与管理使用等;举办者的姓名、住址或者名称、地址;资产来源、资金数额及有效证明文件,并载明产权;属捐赠性质的校产须提交捐赠协议,载明捐赠人的姓名、所捐资产的数额、用途和管理方法及相关有效证明文件。申请正式设立时须提供的材料如下:筹设批准书;筹设情况报告;学校章程、首届学校理事会、董事会或者其他决策机构组成人员名单;学校资产的有效证明文件;校长、教师、财会人员的资格证明文件。对于一

---

[1] 童宪明.幼儿教育法规与政策[M].上海:复旦大学出版社,2013:58.

些具备办学条件,达到设置标准的,也可以直接申请正式设立,并提交《民办教育促进法》第12条和第14条③、④、⑤项规定的材料。

2. 审批机关对举办学前教育机构的申请进行审核

在接到举办者申办材料后,审批机关需要依据法律规定的设置学前教育机构的基本条件,对举办者提交的申办材料进行审核,并核实所提供材料的真实性。

3. 审批机关经审核后对举办学前教育机构的申请做出答复

对申请筹设学前教育机构的,审批机关应当自受理筹设申请之日起三十日内以书面形式做出是否同意的决定。同意筹设的,发给筹设批准书。不同意筹设的,应当说明理由。筹设期不得超过三年。超过三年的,举办者应当重新申报。完成筹设后,举办者提出正式设立申请,审批机关应当自受理正式设立申请之日起三个月内以书面形式做出是否批准的决定,并送达申请人。对批准正式设立的民办学前教育机构发给办学许可证,并依照有关的法律、行政法规进行登记注册;审批机关对不批准正式设立的,应当说明理由。

(三)学前教育机构登记注册的机关

《幼儿园管理条例》第12条规定:"城市幼儿园的举办、停办,由所在区、不设区的市的人民政府教育行政部门登记注册。农村幼儿园的举办、停办,由所在乡、镇人民政府登记注册,并报县人民政府教育行政部门备案。"至于学前教育机构的变更和撤销,不管何种原因,也都必须向原登记注册机构办理注销备案手续。

案例 4-1

幼儿园注册管理执法案例①

某市某区某街道办事处筹办红光幼儿园,未经登记注册,便招收了45名幼儿。区教育局在处理中认为,兴办幼儿园对于促进幼儿身心和谐发展,为实施九年义务教育打好基础是十分必要的,但根据相关规定,举办幼儿园应履行必要的登记注册手续,然而,经调查,红光幼儿园未经登记注册就招生,违反了《教育法》和《幼儿园管理条例》的有关规定,故应根据有关规定予以停止办园的行政处罚。

【评析】

《幼儿园管理条例》第5条规定:"地方各级人民政府可以依据本条例举办幼儿园,并鼓励和支持企业事业单位、社会团体、居民委员会和公民举办幼儿园或捐资助园。"同时,为了加强幼儿园的管理,保证办园的基础条件,该条例规定了举办幼儿园的审批程序,即第11条规定:"国家实行幼儿园登记注册制度,未经登记注册,任何单位和个人不得举办幼儿园。"第12条规定:"城市幼儿园的举办、停办,由所在区、不设区的市的人民政府教育行政部门登记注册。农村幼儿园的举办、停办,由所在乡、镇人民政府登记注册,并报县人民政府教育行政部门备案。"这些规定体现了《教育法》第28条关于"学校及其他教育机构的设立、变更和终止,应当按照国家有关规定办理审核、批准、注册或者

---

① 幼儿教育中的法律责任[EB/OL]. http://www.baby611.com/jiaoan/qt/2013/120243_4.html. 有修改.

备案手续"的要求。某街道办事处筹办幼儿园,应按上述规定履行必要的注册手续。红光幼儿园未经登记注册就招生,违反了《教育法》和《幼儿园管理条例》的有关规定,故应根据《教育法》第76条规定和《幼儿园管理条例》第27条的有关规定予以停止办园的行政处罚。

学前教育机构的设立程序与其他教育机构的设立程序一样吗?

第三节　学前教育机构的权利和义务

学前教育机构的权利与义务是保障其法律地位的重要条件。学前教育机构作为依法成立的实施保育和教育活动的专门机构,为完成其基本职能,必须依法享有不同于其他社会组织的特定的权利,这是保障学前教育机构法律地位的重要条件。

一、学前教育机构的基本权利

学前教育机构作为社会组织的一部分,在不同的法律关系中所具有的能力与资格是不同的,所享有的权利也是不同的。当学前教育机构以民事主体身份参与相关的民事活动时,则享有民法规定的民事权利;当学前教育机构作为行政对象参与行政管理活动时,则享有行政法所规定的权利。教育法所规定的学前教育机构的权利不同于民法或行政法所规定的权利,它是学前教育机构在法律上所享有的,为实现其办园宗旨,独立自主地实施保育教育活动的资格和能力。表现为其在教育活动中能够做出或不做出一定行为的权利,并要求相对人相应做出或不做出一定行为的许可和保障[①]。

根据《教育法》《幼儿园管理条例》和《幼儿园工作规程》等有关法律规范,凡经合法手续设立的学前教育机构,具有按照章程自主管理权、组织实施保育教育权、招收学生权、学籍管理权、聘任并管理教师和其他职工权、管理和使用本单位设施与经费权、拒绝任何组织和个人对保教活动的非法干涉权等基本权利。

(一) 按照章程自主管理的权利

学前教育机构与学校一样享有自主权,有权根据其依法设立时所确定的章程进行内部管理。即可以按照章程确立的办园宗旨、管理体制及各项重大原则,自主制定具体的管理制度和发展计划,自主地做出管理决策,并建立、完善自身的管理系统,组织实施管理活动,不必事无巨细地向主管部门和举办者请示。主管部门和举办者对于学前教育机构的符合其章程规定的管理行为无权干涉。

(二) 组织实施保育教育的权利

《幼儿园工作规程》规定:"幼儿园按照保育与教育相结合的原则,遵循幼儿身心发展特

---

① 张乐天.学前教育政策与法规[M].北京:中央广播电视大学出版社,2011:62.

点和规律,实施德、智、体、美等方面全面发展的教育,促进幼儿身心和谐发展。"学前教育机构有权根据其办园宗旨和任务,根据国家主管部门的有关规定,自行决定和实施本机构的保育和教育计划,决定具体的课程模式和教学方法,决定选用何种教材,决定一日活动的安排,组织保教活动评比、检查评议等[①]。这项权利的确定,既可以保证学前教育机构在全面贯彻教育方针、全面实施学前教育法规中,享有设计、安排、开展保育教育活动的自主权利,又可以防止外部力量对学前教育机构保教活动的冲击和对学前教育机构正常的保教秩序的干扰。

(三) 招收学生的权利

学前教育机构一旦为《教育法》确认为具有进行保育教育活动的权利能力的法人,那么招收学生作为其组织实施保育教育活动的必要环节,就被认定为其所具有的特殊的法定权利。这一权利体现为学前教育机构根据自己的办园宗旨、培养目标、任务及办学条件和能力,依据《幼儿园工作规程》中有关"幼儿园每年秋季招生。平时如有缺额,可以随时补招"等有关招生编班的规定,有权制定本机构具体的招生办法,发布招生广告,确定招生范围和来源,决定招生的具体数量和人员等。招生权作为学前教育机构的一项特殊的法定权利,同时也是学前教育机构的基本权利,当然,学前教育机构在行使这一权利时,也要遵守国家规定,不要擅自突破国家有关招生、编班的规定,造成学额过多,影响幼儿身心健康,影响管理工作。主管部门如非法限制或取消学前教育机构的自主招生权,则属侵权行为,必须制止和纠正。

(四) 学籍管理的权利

根据有关规定,学前教育机构有权确定有关幼儿报名注册的管理办法,并建立幼儿名册,实施幼儿学籍管理活动。幼儿学籍管理档案包括幼儿花名册、幼儿登记表、幼儿身心发展状况记录等。幼儿学籍档案的建立,便于学前教育机构对各年龄班加强管理,也便于教师全面掌握幼儿的情况,利于因材施教。此项权利是学前教育机构依法实施教育活动的权利的一部分,是加强对在园幼儿教育、管理职能,维护教学秩序、保证教育教学质量的需要。

(五) 聘任并管理教师和其他职工的权利

根据国家有关教师和其他教职工管理的法律、规章和主管部门的规定,学前教育机构有权制定本园的教师和其他职工的聘任办法,签订和解除聘任合同,可以从本园的办学条件、办学能力和实际编制情况出发,自主决定是否聘任、解聘有关教师和其他职工,并有权对教师和其他职工实施包括奖励、处分在内的具体管理活动。此项权利有利于保障学前教育机构根据自身情况加强教师队伍建设,调动教职工的积极性,提高办园质量和效益。

 知识链接 4-2　有关教师聘任和管理的规定

《教师法》第 17 条:"学校和其他教育机构应当逐步实行教师聘任制。教师的聘任应当遵循双方地位平等的原则,由学校和教师签订聘任合同,明确规定双方的权利、义务和责任。"

---

① 孙葆森,刘惠容,王悦群.幼儿教育法规与政策概论[M].北京:北京师范大学出版社,1998:86.

《教师法》第22条:"学校或者其他教育机构应当对教师的政治思想、业务水平、工作态度和工作成绩进行考核。"

《教师法》第24条:"教师考核结果是受聘任教、晋升工资、实施奖惩的依据。"

《教师法》第33条:"教师在教育教学、培养人才、科学研究、教学改革、学校建设、社会服务、勤工俭学等方面成绩优异的,由所在学校予以表彰、奖励。"

(六)管理和使用本单位设施与经费的权利

学前教育机构管理、使用本单位的设施和经费,既是一项从物质上保证保育教育活动正常进行的重要的办园自主权,又是一项机构法人依法享有的维持自身生存和发展基础的法人财产权。学前教育机构对其占有的场地、教室、宿舍、教学仪器设备、办学经费以及其他有关财产,享有财产管理权和使用权,必要时可对其占有的财产进行处理①。但学前教育机构在行使这项权利时也有一定的限制,即需要遵守国家有关国有资产管理、教育经费投入及幼儿园财务活动的管理规定,符合国家和社会公共利益,有利于学前教育机构的发展和实现办园宗旨,有利于合理利用教育资源,不得妨碍学前教育机构保育教育活动的正常进行,不得侵害举办者、投资者等有关权利人的财产权利。

(七)拒绝任何组织和个人对保教活动的非法干涉的权利

依据《教育法》第29条第8款的规定,学前教育机构有权"拒绝任何组织和个人对教育教学活动的非法干涉"。即学前教育机构对来自一切行政机关、企事业组织、社会团体、个人等任何方面的非法干涉保育教育活动的行为,有权拒绝和抵制。所谓"非法干涉",是指行为人违背法律、法规和有关规定,做出的不利于保教活动的行为。如乱收费、乱罚款、乱摊派的行为,强行占用幼儿园教育和活动场地,随意阻碍幼儿园正常的保教活动的行为等。对此,学前教育机构可以行使本项权利予以抵制并要求教育部门会同当地公安、司法、纪检监察等部门,及时予以查处。

(八)法律、法规规定的其他权利

除前述权利外,学前教育机构还享有现行法律、法规等赋予的其他权利,以及将来制定出台的法律、法规所确定的有关权利。此项规定是对学前教育机构所享有的前述7项权利以外的合法权利的补充概括,有利于将来制定有关教育法律、法规进一步完善学前教育机构的办学自主权。

> **案例 4-2**
>
> **幼儿园保教秩序不得扰乱**②
>
> 一天,在幼儿园户外活动时间里,许多幼儿都在各种游戏设施上玩耍。带班老师几次告诉玩转椅的孩子,不要把腿伸到转椅下面,以免发生危险。但幼儿王某出于好奇,趁老师照顾其他小朋友时,把腿伸到转椅下面玩,致使一条腿骨折。出事后,幼儿园园长和有关教师很快将王某送到医院治疗,并垫付了费用。在幼儿住院治疗期间,幼儿园

---

① 杨颖秀.教育法学[M].北京:中国人民大学出版社,2012:162.
② 童宪明.幼儿教育法规与政策[M].上海:复旦大学出版社,2013:66—67.

每日都派老师在医院值班,照顾孩子,还买了许多营养品。王某伤愈出院后,其家长拿来许多票据让幼儿园报销,其中包括幼儿住院期间家长开的营养药品、保健药品等,还提出让幼儿园支付其误工费、营养费、陪床费以及精神损害赔偿金等。幼儿园未满足家长的全部要求。王某的家长遂多次纠集一些亲属到幼儿园大吵大闹,不但严重扰乱了幼儿园的工作秩序,而且也使得一些在园的幼儿受到惊吓,造成了很坏的影响。

【评析】

该案例反映了当前幼儿园工作中经常遇到的问题,即如何正确处理幼儿在园内的人身伤害的责任承担以及如何依法维护幼儿园自身合法权益的问题。

幼儿园作为对学龄前幼儿实施保育和教育的机构,最为重要的职责之一便是保护幼儿的人身安全和健康。同时,《幼儿园工作规程》第十五条特别强调:幼儿园教职工必须具有安全意识,掌握基本急救常识和防范、避险、逃生、自救的基本方法,在紧急情况下应当优先保护幼儿的人身安全。幼儿园应当把安全教育融入一日生活,并定期组织开展多种形式的安全教育和事故预防演练。

本案例中,幼儿园的教师已多次提醒幼儿注意安全,应当说履行了法定的安全教育职责。但由于幼儿有好奇心理以及年幼无知,偏要避开老师的视线尝试一下,结果导致了伤害后果的发生。应当说幼儿王某自身存在着未听从教师要求的错误,并且这个错误直接导致了事故的发生,因此受害一方应当承担一部分责任。此外,幼儿园的教师虽然在游戏时已提醒幼儿注意安全,但未能采取更加有效的措施防止事故的发生,也应承担管理、教育不周的责任。根据我国《民法典》第1165条所确立的侵权行为的"过错责任"原则,即"行为人因过错侵害他人民事权益造成损害的,应当承担侵权责任。"的规定,幼儿园方面也应承担一定的责任。据此,幼儿园在事故发生后支付了主要的医疗费用,并积极、及时地救治和照顾幼儿,可以说是已承担了主要的责任。对于受伤幼儿的家长无理要求幼儿园支付其他费用,幼儿园完全有权拒绝。家长认为事故发生在幼儿园,园方就要负全部责任是不符合法律规定的。我国《民法典》第1173条规定:被侵权人对同一损害的发生或者扩大有过错的,可以减轻侵权人的责任。可见,受伤幼儿的监护人也应承担一定的责任。

此外,当幼儿家长与幼儿园意见不一致时,家长往往用大吵大闹甚至殴打幼儿园工作人员、损坏园舍与设施等方法以达到目的。对此,幼儿园一定要学会以法律手段维护自身的合法权益,不允许任何人为达到自己的目的扰乱幼儿园正常的保教秩序。《幼儿园管理条例》第28条规定,干扰幼儿园正常工作秩序的单位或者个人,"由教育行政部门对直接责任人员给予警告、罚款的行政处罚,或者由教育行政部门建议有关部门对责任人员给予行政处分","情节严重,构成犯罪的,由司法机关依法追究刑事责任"。这些规定为维护幼儿园正常的保教秩序、维护幼儿园的合法权益提供了法律依据。

本案例中,对于王某的家长的行为,幼儿园还可以向当地的公安机关寻求法律保护。因为他们的行为已损害到其他未成年人的合法权益,破坏了幼儿园正常的保教秩序,公安机关可依据《治安管理处罚条例》第19条第1项的规定,对扰乱公共秩序,致使教学工作不能正常进行的,"处十五日以下拘留、二百元以下罚款或者警告"。总之,幼儿园应树立依法行政的观念,增强依法治教的意识,正确处理发生在保教工作中的各种问题,依法承担应当承担的责任,同时,禁止任何人以幼儿园工作中的疏漏为借口,或因与幼儿园不能达成一致意见,而对幼儿园的正常工作秩序进行破坏。幼儿园对此不能息事宁人,而应当通过正当的法律途径解决问题,以保护自身的合法权益。

二、学前教育机构的基本义务

权利与义务是相统一的,学前教育机构在享有权利的同时,必须履行相应的法定义务。学前教育机构的义务是指学前教育机构在保育教育活动中必须履行的法定义务,即依据法律规定,学前教育机构在保育教育活动中,必须做出一定行为,或不得做出一定行为的约束。任何法律义务的履行均以国家强制力为保障。规定学前教育机构履行法律义务的意义在于:一是为了保证学前教育机构实现其办园宗旨,实施保育教育活动的需要;二是为了保护幼儿和教师合法权益的需要,尤其是为了保障受教育者受教育权利的实现。依据《教育法》相关规定,学前教育机构应履行以下基本义务。

(一) 遵守法律、法规

遵守法律、法规的义务是基于《宪法》的规定,是宪法对一切公民和法人的一般要求。《宪法》第5条规定:"一切国家机关和武装力量、各政党和各社会团体、各企业事业组织都必须遵守宪法和法律。一切违反宪法和法律的行为,必须予以追究。""任何组织或者个人都不得有超越宪法和法律的特权。"学前教育机构作为实施保育教育活动的法人组织,遵守法律、法规是其必须履行的基本义务。这里所讲的学前教育机构的守法义务包含两个层面的意思:一是学前教育机构作为一般的社会组织所应履行的法律义务,如遵守宪法、刑法、民法、行政法、经济法等;二是学前教育机构作为特殊的教育组织所应履行的特定的法律义务,如遵守教育方面的法律法规,履行教育法所规定的法律义务。此外,学前教育机构自行制定的内部管理制度也必须符合现行的法律、法规的规定,不得与之相抵触,并不得超越本园的职权或授权的范围。

(二) 贯彻国家教育方针,执行国家保育教育标准,保证保育教育质量

国家的教育方针是教育机构培养人的方向,国家规定的保育教育标准是保证保育教育质量的依据。学前教育机构在实施保育教育的过程中,要始终坚持社会主义办学方向,贯彻《教育法》所规定的教育方针,按照《幼儿园工作规程》所规定的保育教育目标,面向全体幼儿,实施德、智、体、美等方面全面发展的教育,促进其身心和谐发展。要执行国家关于学前教育机构的保育教育标准,努力改善办园条件,加强育人环节,保证不断提高教育质量。履行此项法律义务,有利于保证学前教育机构的社会主义性质,克服当前出现的诸如"小学化""特长培养"等违背全面发展的教育方针的不良教育倾向。

(三) 维护受教育者、教师及其他员工的合法权益

受教育者、教师及其他员工都是教育法律关系的参加者,同样享有相应的权利。维护受

教育者、教师及其他员工的合法权益包括两项含义：第一，学前教育机构本身不得侵犯幼儿、教师及其他员工的合法权益。如不得拒绝合乎入学标准的幼儿入园，不得体罚虐待幼儿，不得克扣、拖欠教职工工资，不得在与教职工签订合同时收取保证金、押金等。第二，当学前教育机构以外的社会组织或个人侵犯幼儿、教师及其他员工的合法权益时，学前教育机构应以合法方式，采取积极措施保护幼儿、教师及其员工的合法权益，并积极协助有关部门查处违法行为的当事人。

（四）以适当方式为幼儿监护人了解幼儿的发展状况及其他有关情况提供便利

学前教育机构的受教育者是6(7)周岁以下的幼儿，属于完全无民事行为能力人，因而其权利的维护需要监护人的介入方可实现，这就要求学前教育机构应以适当方式为幼儿监护人了解幼儿的发展状况及其他有关情况提供便利。一方面，学前教育机构不得拒绝幼儿监护人了解幼儿在园情况的请求；另一方面，学前教育机构应当提供便利条件，帮助幼儿监护人了解幼儿在园情况。如以设立家长接待日、家长会、家园联系本、家长园地、家庭访问、家长咨询室、幼儿作品展、家长开放日等合法、正当的方式保障幼儿监护人了解幼儿在园情况的知情权。学前教育机构在履行此项义务时应特别注意避免侵犯受教育者的隐私权、名誉权等合法权益。

（五）遵照国家有关规定收取费用并公开收费项目

学前教育机构是公益性组织，收取费用必须具有法律依据。学前教育机构应当按照省、自治区、直辖市或市级教育行政部门会同有关物价部门制定收费项目和标准，按照成本分担的原则，公平、合理地确定本园的收费项目和标准，维护教育机构的公益性。

（六）依法接受监督

为了保证学前教育事业的社会主义方向，贯彻国家教育方针，执行国家保育教育标准，学前教育机构应自觉把保育教育工作和管理活动置于主管部门和社会的监督之下，接受并积极配合各级权力机关、行政机关依法进行的检查监督以及社会各界依法进行的监督，不得拒绝，更不得妨碍检查、监督工作的正常进行。

需要注意的是，《民办教育促进法》第5条规定："民办学校与公办学校具有同等的法律地位。"《关于幼儿教育改革与发展的指导意见》第7条也规定："社会力量举办的幼儿园，在审批注册、分类定级、教师培训、职称评定、表彰奖励等方面与公办幼儿园具有同等地位。"可见，民办学前教育机构与公办学前教育机构享有同等的权利，履行相同的义务。

> **案例 4-3**
>
> **丁丁晕倒送命，园方延误担责**[①]
>
> 丁丁今年3岁，是某幼儿园小班的小朋友，一天中午吃饭的时候，丁丁告诉老师他不想吃东西，老师忙起来就没有多问，由着丁丁没吃午饭就午睡了。下午小朋友们都在上游戏课的时候，丁丁忽然晕倒，老师急忙将他送至园医处治疗。园医对丁丁进行了常

---

① 周天枢，严凤英.幼儿园100个法律问题[M].广州：新世纪出版社，2010：49—51.

规处理后,未见其病情有所好转,有的老师便提议立即将丁丁送往医院治疗,可值班的老师却认为,丁丁不过是因为中午没吃饭的缘故而晕倒的,没什么大问题。双方一番讨论,结果延误了时间,致使丁丁没能得到及时的治疗,最后在送往医院的途中死亡。丁丁的家长得知情况后,要求幼儿园赔偿60万元,否则就带领亲戚在幼儿园不走,并声称要向媒体披露。面对这种情况。幼儿园该怎么办?园方是否要承担法律责任?要承担多少?

【评析】

本案涉及幼儿园在日常教育、保育活动中不履行法定义务所产生的法律责任问题。

幼儿园的法定义务是指按照法律、法规的规定,幼儿园在保育、教育活动中必须履行的做出一定行为或不做出一定行为的约束,即幼儿园作为法律关系主体所承担的某种必须履行的责任。法定义务由法律、法规确认或者直接规定,具有强制性。在保育、教育活动中,幼儿园对幼儿肩负有教育责任、管理责任和保护责任,这些责任具体体现在幼儿园的日常活动中,就要求幼儿园应根据法律、法规的规定,做出一定的行为,如要根据幼儿的身体状况安排适合幼儿的教育教学活动;或不做出一定行为,如不得对幼儿进行体罚或变相体罚。具体来说,其法定义务主要有如下几条。

(1) 遵守国家法律、法规。

(2) 贯彻国家的教育方针,按照教学常规进行教学。

(3) 外出活动时履行注意的义务,保证幼儿的安全。

(4) 了解并根据幼儿的发展和健康状况科学安排教育教学活动。

(5) 定期检查教育活动场所、安全设施,提供安全、卫生的学习环境。

(6) 不得体罚或者变相体罚幼儿。

(7) 在事故发生后应积极采取救助措施。

(8) 履行法律、法规规定的其他义务。

本案中值班教师的处理,很明显违背了第(7)条。此外,根据《学生伤害事故处理办法》第9条的规定,对于学生在校期间突发疾病或者受到伤害,学校发现,但未根据实际情况采取相应措施,导致不良后果加重的,学校应当依法承担相应的责任。同时该《办法》第15条规定:"发生学生伤害事故,学校应当及时救助受伤害学生,并应当及时告知未成年学生的监护人;有条件的,应当采取紧急救援等方式救助。"从法律上分析,应当履行的义务而没有履行,就要承担相应的法律责任。经法医鉴定,丁丁自身并无特定的疾病或体质,确定丁丁的死亡是由于其休克后未能得到及时、正确的治疗而导致的。事故发生后,当值老师误判病情,没有将孩子及时送诊,在事故发生后没有积极采取救助措施,也没有及时通知幼儿家长,未能履行其法定义务,是导致事故发生的主要因素,因此应承担主要责任。

《民法典》第1179条规定:侵害他人造成人身损害的,应当赔偿医疗费、护理费、交通费、营养费、住院伙食补助费等为治疗和康复支出的合理费用,以及因误工减少的收入。造成残疾的,还应当赔偿辅助器具费和残疾赔偿金;造成死亡的,还应当赔偿丧葬费和死亡赔偿金。由于教师的行为是履行职务的行为,所以对幼儿的民事赔偿责任应由幼儿园承担。具体赔偿数额应依据《最高人民法院关于审理人身损害赔偿案件适用法律若干问题的解释》处理。

不过,维护权益必须遵循合法渠道,事故发生后,当事人可依法协商解决,协商不成的,可向人民法院起诉,但不得无理取闹,扰乱幼儿园的教学秩序,否则一旦违反法律,可以追究有关人员的法律责任。

【建议】

(1) 幼儿园应清楚了解自己的法定义务,该履行的义务一定要认真履行。

(2) 幼儿园老师在日常的工作中,发现幼儿有任何异常现象,都要认真对待,绝不能掉以轻心,或凭主观推测,轻率处理。

(3) 家长也应了解幼儿园的法定义务,以便督促幼儿园切实履行,并在事故发生后冷静处理,依法维权。

学前教育机构应如何防止幼儿伤害事故的发生?

本章小结

学前教育机构的法律地位,主要是指其作为实施保育教育活动的法律主体在各种法律关系中所处的位置,主要体现为法律上的权利和义务。同其他法人相比,学前教育机构的法律地位具有公共性、公益性和多重性特征。

根据我国相关法律规定,国家、企事业组织、社会团体、其他社会组织及公民个人具有举办学前教育机构的主体资格,可依法举办学前教育机构。但以下组织和公民不得举办学前教育机构:不具有法人资格的社会组织;以营利为目的,被主管教育行政部门给予停办处罚的;限制民事行为能力或无民事行为能力者;被剥夺政治权利的或被判处有期徒刑以上刑罚正在服刑者。在我国境内设立学前教育机构必须具备以下四个实体要件:必须有组织机构和章程;必须有合格的保育、幼儿教育、医务及其他工作人员;必须有符合规定标准的且与保育、教育要求相适应的教育场所和设施、设备;必须有必备的办园资金和稳定的经费来源。在我国境内出资举办学前教育机构,并取得《教育法》上的合法地位,除了需要满足法律规定的基本条件外,还需要执行相应的设立审批程序。

学前教育机构的权利与义务是保障其法律地位的重要条件。学前教育机构享有的主要权利有按照章程自主管理权、组织实施保育教育权、招收学生权、学籍管理权、聘任并管理教师和其他职工权、管理和使用本单位设施与经费权、拒绝任何组织和个人对保教活动的非法干涉权等基本权利。学前教育机构应履行的主要义务有遵守法律、法规,贯彻国家教育方针,执行国家保育教育标准,保证保育教育质量,维护受教育者、教师及其他员工的合法权益,以适当方式为幼儿监护人了解幼儿的发展状况及其他有关情况提供便利,遵照国家有关规定收取费用并公开收费项目,依法接受监督等基本义务。

 思考与练习

1. 学前教育机构法律地位具有哪些特征?
2. 设立学前教育机构需要具备哪些基本条件?
3. 简述学前教育机构的基本权利。
4. 简述学前教育机构的基本义务。

第五章 学前教育机构中幼儿的权利与保护

学习目标

1. 了解幼儿的基本权利和义务。
2. 掌握保护幼儿权利的主体并了解其职责。
3. 掌握保护幼儿权利的原则。
4. 理解幼儿与幼儿园的法律关系。

 情境案例

警方取证找晶晶,园长依法可拒绝①

幼儿园大班的晶晶跟奶奶住,他们家所在的胡同只住了两户人。两天前,邻居家来的客人将一个装有手机和几千元现金的提包落在了停在门口的摩托车上,几分钟后想起来时,提包已经不见了。邻居向派出所报了案,并提出可能是晶晶的奶奶拿走了提包。由于事发当天。晶晶因病没有去幼儿园,留在家里跟奶奶在一起。负责办案的警察便希望通过询问晶晶来获得线索。不过,警察来到幼儿园要求找晶晶了解情况时,幼儿园园长却拒绝了他们的要求。

幼儿园园长的做法合法吗?

【评析】

本案涉及对幼儿法律保护的原则。

对幼儿法律权利保障的原则是我们学习、解释、适用保障幼儿权利法律规范的根本方针,特别是当法律缺少明确规定时,可以对法律适用起指导作用。在我国,对儿童权利的保护包含两方面:一方面国家根据儿童身心发展的需要及特点,将关于保护儿童权利的愿望与意志集中起来,以法律形式固定下来,从而转化为国家的意志,用以调整家庭、学校、社会各方面及公民个人同儿童权利保护之间的关系。另一方面,对儿童权利负有义务的组织和个人,必须严格执行和遵守国家法律关于儿童权利保护的各项规定,按照作为或不作为的要求,确保儿童权利法律保护的实现。为了保障幼儿身心全面发展,根据《儿童权利公约》及相关立法,对幼儿法律权利的保障应遵循以下基本原则:

(1) 儿童优先原则。
(2) 公平、平等,儿童不受任何歧视的原则。

---

① 周天枢,严凤英.幼儿园100个法律问题[M].广州:新世纪出版社,2010:4—6.有删改.

> (3) 保障儿童生存、生命和发展的原则。
> (4) 尊重儿童的原则。
> (5) 社会责任原则。
>
> 据此不难判断,本案中警察的要求是不适当的。根据儿童优先原则,要求成人或社会做决定时,应考虑到符合儿童的最大权益。一方面,未成年人生理和心理的不成熟性决定了他们不具备成熟的辨认能力,他们只可能回答那些与他们的年龄和智力状况相适应的问题。另一方面,作为办案人员的警察应考虑到儿童的身心承受能力,应防止为了追查案件而可能导致的对未成年人的不利影响或侵害。
>
> 同理,幼儿园园长拒绝警察的要求也是合法的。社会责任原则要求全社会通过在法律上承担义务,履行相关职责来实现对幼儿的保护。《未成年人保护法》明确规定了家庭、学校和社会对保护未成人所应承担的各种义务。幼儿园作为保育、教育机构,在保育、教育的过程中,除了要求本园的各类工作人员应当依法从教,尊重、保护幼儿的各项合法权益之外,还应特别注意在保教工作中防范社会上的其他人员(如家长、其他部门的人员等)可能对幼儿合法权益成的侵害。
>
> 【建议】
> (1) 幼儿园和家长要遵循儿童法律权利保障的原则,切实保护儿童。
> (2) 幼儿园和家长应防范社会上的其他人员可能对幼儿合法权益造成的侵害。

第一节 幼儿的法定权利与义务

改革开放以来,我国儿童权利保护已经纳入国家法制轨道。国家以《中华人民共和国宪法》为核心,制定了一系列有关儿童生存、保护与发展的法律以及相应的法规和政策措施,形成了较为完备的保护儿童权益的法律体系。但在现实生活中,已经制定的法律、法规尚未得到全面落实。人们对于相关的法律知识缺失,导致幼儿的权益无法得到全面的保障,幼儿被侵权事件频频发生。幼儿教师必须严格遵守法律,以保障幼儿权利的实现。了解幼儿的权利是幼儿教师保障幼儿权利的前提,教师只有明确幼儿所享有的各项法律权利,才能有效避免侵权现象的发生,真正做到依法育儿、依法施教、依法治园。

一、幼儿的法定权利

幼儿作为民事主体具有权利能力,依法享有法律法规规定的合法权益。幼儿是父母的希望、祖国的未来,尊重、保障幼儿的法定权利,是每一位幼儿教育工作者义不容辞的职责。根据我国现行的法律法规,幼儿的权利很多,本节仅将与幼儿园密切相关的一些权利和义务进行探讨,供幼教工作者参照。

(一)生命健康权

《民法典》规定:"公民享有生命权、身体权、健康权。"是指公民对自己的生命安全、身体组织、器官的完整和生理机能以及心理状态的健康所享有的权利,是公民享有的最基本的人权。

《儿童权利公约》第6条明确指出每个幼儿均有固有的生命权。生命权是自然人维护其生命安全利益的权力,主要表现为生命安全维护权,当他人非法侵害自身生命安全时,有权依法自卫和请求司法保护。凡致人死亡的非法行为均属侵害生命权的行为。《未成年人保护法》第16条规定:学校及其他教育机构不得使未成年人在危及人身安全、健康的校舍或园舍及其他教育教学设施中活动。

幼儿的生命健康权是幼儿得以发展的最基本的条件,任何人不得非法剥夺和侵害。我国《宪法》规定禁止虐待儿童。《国家教育委员会办公厅关于加强幼儿园安全工作的通知》指出:"学前儿童尚不具备自我保护的能力,成人对他们的安全负有全部责任,因此,幼儿园应把安全工作放在首位。"此外《未成年人保护法》第21条还规定:"学校幼儿园的教职员应当尊重未成年人的人格尊严,不得对未成年人学生和儿童实施体罚、变相或其他侮辱人格尊严的行为。"

幼儿园应不断完善管理制度,加强对幼教工作人员的职业教育。在师资培训中要加强儿童权利保护内容的教育与渗透,深化其保护幼儿权利的意识,使每个幼儿园教师不仅仅是幼儿的教育者、看护者,同时也是幼儿各种基本社会权利实现的保障者。其次在硬件设施上,尽量考虑到幼儿的特点,避免活动中可能造成的伤害事故。

(二)受教育权

《宪法》第46条规定:"中华人民共和国公民有受教育的权利和义务。"受教育权是指公民享有从国家接受文化教育的机会和获得受教育的物质帮助的权利。它是宪法赋予公民的一项基本人权,是公民所享有的并由国家保障实现的接受教育的权利,也是公民享受其他文化教育的前提和基础。

受教育权是法律赋予幼儿的一项非常重要的权利,也是幼儿顺利成长和发展所必需的基本权利,对于保障幼儿的健康发展有着非常重要的意义。具体而言,幼儿的受教育权分为受教育机会权、受教育条件权和受教育认可权。《教育法》第9条规定:"公民不分民族、种族、性别、职业、财产状况、宗教信仰等,依法享有平等的受教育的机会。"幼儿园要平等对待每个幼儿,不因性别、家庭经济状况、相貌和身体状况等歧视他们,不得因上述原因而拒绝其入园上学,切实保障幼儿的受教育权。《中华人民共和国未成年人保护法》还提出学校、父母或者其他监护人应当尊重未成年人接受教育的权利。家长在遇到对幼儿的不公平待遇时,要勇于维护儿童的合法权益。

知识链接 5-1 侵害幼儿受教育权的表现

一、对幼儿受教育机会权的侵害

受教育机会权是指个体有权通过学习和受教育获得生存与发展的机会,它是受教育权存在与发展的前提性与基础性权利,又细分为入学机会权、选学机会权、升学机会权等多项权利。《教育法》第9条规定:"公民不分民族、种族、性别、职业、财产状况、宗教信仰等,依法享有平等的受教育机会。"这为保护公民的受教育机会权提供了基本的法律保障。

当前,一些地方幼儿园由于其社会声望好等原因,报名入园人数严重超标,为了控制入园人数,这些幼儿园普遍采用考试择优选拔的方式,不仅对幼儿的选学机会权构成了一定的威胁,而且助长了家长盲目对孩子进行所谓潜能开发的风气。再者,幼儿园高收费的情况越来越普遍,已经超出了多数普通家庭能够承受的范围,一些普通的工薪阶层正在面临着因交不起费用,孩子无法入园的困境,对幼儿的入学机会权构成威胁的同时也在最基础的层面造成了受教育机会不平等的社会现实。另外,残疾儿童接受幼儿园教育的现状也不容乐观,调查显示,由于各种原因仍有近56%的学前残疾儿童不能入园接受教育,这种情况显然有违《教育法》和《残疾人教育条例》的精神,对残疾儿童的入学机会权同样构成了侵害。

二、对幼儿受教育条件权的侵害

受教育条件权指的是受教育者有要求教育机构举办者提供符合国家要求的教育设施、设备,保障教育教学正常运转的权利。它又具体包括教育条件的要求权和利用权。从该权利的内容、特点等来看,该权利的实现最主要的还是依赖教育机构举办者积极义务的履行。《教育法》充分肯定了受教育条件权,如第54条规定:"国家建立以财政拨款为主、其他多种渠道筹措教育经费为辅的体制,逐步增加对教育的投入,保证国家举办的学校教育经费的稳定来源。"

在以社会力量办园为主的体制下,学前教育当前政府对学前教育的投入过低,没能够积极地履行应尽的义务,根本无法满足学前教育事业的发展,间接地造成了幼儿教育质量低下的现实。再加上部分民办幼儿园多以营利为目的,办园水平参差不齐,在投入上抱着能省则省的原则,很难保证教育经费来源的稳定性,对幼儿的受教育条件要求权构成了一定的威胁,不利于幼儿的健康发展。另外,有些幼儿园盲目扩招,幼儿人数远远超过国家规定的班额数量,致使一些教育教学活动根本无法开展,甚至有些幼教机构为了增加赢利,将本应正常安排的艺术和体育类课程拿出来单独收费上课,不仅造成了教育过程的不平等现象,而且对幼儿的受教育条件利用权构成了侵权。

三、对幼儿受教育认可权的侵害

受教育认可权是指公民在受教育的过程中或完成了受教育行为后有获得公正评价的权利,同时如果是学历教育还应获得相关证书的结果性权利。具体包括获得公正评价权和获得学业学位证书权。《教育法》第43条规定"受教育者有在学业成绩和品行上获得公正评价"的权利,这是对幼儿受教育认可权中公正评价权的有力保障。

对幼儿获得公正评价权的侵害主要集中在品行的评价方面。幼儿在成人眼里常常有一些较为突出的"问题行为",如说谎、偷窃、攻击行为等,一些幼教工作者在不了解幼儿的心理特点、未弄清这些行为实质的情况下,就简单地给他们定性为"小偷""品质差""笨蛋"。有教育者根据个人喜好将幼儿分为三六九等区别对待,甚至对那些特立独行不听话的孩子有意识地在集体教育中把他们作为反面榜样进行恶性导向,使这些孩子被孤立和忽视,从而造成极为严重的不良影响。这样的定性和评价完全无视幼儿应该享有的获得公正评价的权利,显然有失公允。

(三) 名誉权

名誉权,是自然人或法人就其自身特征所表现出来的社会价值而获得社会公正评价的权利。它是人格权的一种。这些被维护的名誉是指具有人格尊严的名声,是人格的重要内容,受法律的保护。我国《民法典》第1024条规定:民事主体享有名誉权。任何组织或者个人不得以侮辱、诽谤等方式侵害他人的名誉权。名誉是对民事主体的品德、声望、才能、信用等的社会评价。

幼儿具有独立的人格,依法享有名誉权。任何侮辱、诽谤、捏造事实、散播流言蜚语损害幼儿名誉的行为,都是违法行为,同时伤害幼儿的人格尊严。

案例 5-1

小聪尿床无错,老师斥骂侵权[①]

幼儿小聪有遗尿的习惯,这引起保育员张某的反感。一天午睡醒来后,小聪又尿床了。张某不悦,大声斥骂:"你真是个窝囊废!你再尿床,就切掉你的小鸡鸡!"小朋友们哄堂大笑,小聪觉得无地自容,不肯再上幼儿园。小聪妈妈认为张某的行为伤了孩子的自尊心,损害了小聪的名誉权,应当赔礼道歉。而张某则认为:小孩子有什么名誉权!自己只是随口说了一句,没有那么严重。

【评析】

本案中的小聪因为遗尿而遭到了保育员的辱骂。幼儿遗尿是会增加保育员的工作量,但保育员不能因为这而对幼儿进行斥责,这样会伤害幼儿的自尊心。我国《宪法》第38条规定:"中华人民共和国公民的人格尊严不受侵犯。禁止用任何方法对公民进行侮辱、诽谤和诬告陷害。"《未成年人保护法》第5条规定,尊重未成年人的人格尊严。张某因为小聪是个幼儿而无视其人格尊严,在其同伴的面前辱骂小聪,造成对其名誉的贬损,侵犯了小聪的名誉权和人格尊严,给小聪造成了一定的精神伤害。依照《民法典》第995条的规定:人格权受到侵害的,受害人有权依照本法和其他法律的规定请求行为人承担民事责任。受害人的停止侵害、排除妨碍、消除危险、消除影响、恢复名誉、赔礼道歉请求权,不适用诉讼时效的规定。

同时,幼儿园要把好人员招聘关,招聘素质高、责任心强、耐心细心的人员从事保教工作。要使保教人员在观念上真正树立起尊重幼儿、保护幼儿的思想,不要讲粗俗语言,严守职业道德。

(四) 姓名权

在法律上,姓名的意义主要体现在两个方面:其一,姓名是自然人特定化的社会标志,特

[①] 周天枢,严凤英.幼儿园100个法律问题[M].广州:新世纪出版社,2010.1:16—17.

定的姓名代表特定的民事主体,从而姓名成为民事主体资格的外在表现;其二,姓名是自然人维持其个性所必不可少的要素,是自然人作为人所必须具备的人格利益。

姓名权是自然人依法享有的决定、变更和使用自己的姓名并得以排除他人干涉或非法使用的权力。此外,姓名包括户籍上的姓名,以及曾用名、艺名、笔名,但乳名原则上不属于姓名。

《民法典》第1012条规定:自然人享有姓名权,有权依法决定、使用、变更或者许可他人使用自己的姓名,但是不得违背公序良俗。1014条规定:任何组织或者个人不得以干涉、盗用、假冒等方式侵害他人的姓名权或者名称权。上述规定明确了权利主体依法享有的权利,任何不特定的人都负有不得侵害和不妨碍权利人行使权力的义务。幼儿的姓名由其监护人决定或变更。幼儿园应正确使用幼儿的姓名,不得任意改变其姓名。

(五) 肖像权[①]

肖像权是自然人对自己的肖像享有利益并排斥他人侵害的权利。肖像权所保护的客体是肖像上所体现的人格利益。它直接关系到自然人的人格尊严及其形象的社会评价,是自然人所享有的一项重要人权。

《民法典》第1018条规定:自然人享有肖像权,有权依法制作、使用、公开或者许可他人使用自己的肖像。第1019条规定:任何组织或者个人不得以丑化、污损,或者利用信息技术手段伪造等方式侵害他人的肖像权。未经肖像权人同意,不得制作、使用、公开肖像权人的肖像,但是法律另有规定的除外。未经肖像权人同意,肖像作品权利人不得以发表、复制、发行、出租、展览等方式使用或者公开肖像权人的肖像。幼儿的肖像权尤其监护人行使,幼儿园应切实维护其权益,未经同意不得将幼儿的肖像给厂商或报刊媒体做广告宣传之用,也不得非法毁损、玷污、丑化幼儿的肖像。

上海某幼儿园在为中班幼儿过集体生日时,拍了一组照片,效果相当好。一家蛋糕店老板恰好有机会看到这些照片,便选了两张做宣传广告之用。幼儿园感到这样的宣传对自己也是有利的,根本没有考虑到肖像权的问题,故非常乐意地奉送了两张幼儿照片。宣传画贴出后,孩子的父母即向店老板提出异议,店老板认为是幼儿园同意使用的,故自己不存在侵权之嫌。父母又向幼儿园提出侵权赔偿的交涉,幼儿园这才意识到自己的行为侵犯了幼儿的肖像权。最后双方通过协商解决了纠纷。

(六) 著作权

著作权也称版权,是指作者及其他著作权人对其创作的文学、艺术和科学等作品享有的权利。著作权包括人身权和财产权两大类。其中著作人身权的内涵包括了公开发表权、姓名表示权及禁止他人以扭曲、变更方式,利用著作损害著作人名誉的权利。著作财产权是无形的财产权,是基于人类智识所产生的权利,故属知识产权的一种。根据《中华人民共和国著作权法》(简称《著作权法》)第10条规定:"财产权包括作者对其作品依法所享有的使用和获得报酬的权利。"

我国公民,不论其民族、性别、职务、地位以及文化程度等,也不论其年龄大小,民事权利

[①] 黄宪明.幼儿教育法规与政策[M].上海:复旦大学出版社,2013:33.

能力是一律平等的。因此只要其作品符合著作权法的有关规定,即形成著作权,不能因幼儿尚未成年而剥夺其著作权。幼儿园如要发表幼儿作品,必须与其监护人协商,征得其同意,并按合同支付稿酬。

> **案例 5-2**
>
> **幼儿的作品也有著作权**①
>
> 某幼儿园幼儿李某很有绘画天赋,他的画多次在儿童画展上获奖。有家出版社计划出版《儿童优秀美术作品选》,经该幼儿园老师的推荐,使用了李某的作品。但出版印刷时,作品署名只有"××幼儿园供稿字样"。李某家长知道后,就找到出版社索要样书、稿酬及作者证明。出版社答复说,样书可以给,作者证明可以开,但选登李某的画得到了幼儿园的同意,稿酬已统一支付给了幼儿园。幼儿园则认为李某的画作得到了幼儿园老师的指导,又被推荐出版,对李某来说是一种荣耀,家长不应再索要稿酬。
>
> 【评析】
>
> 依据《著作权法》的规定,创作作品的公民就是该作品的作者。年龄的大小虽能影响人的行为能力但不能影响人的权利能力。由于李某为无民事行为能力人,故该权利由其监护人代为行使。幼儿园在未经作者监护人许可的情况下,将作品提供给出版社,且没有给作品署名,幼儿园和出版社共同侵犯了李某的著作权,理应将稿酬付给李某的家长。而且,如果家长追究,出版社和幼儿园还应承担赔偿责任。
>
> 现实中,由于幼儿年龄小,其著作权往往会被忽视。现在经常有出版物刊登幼儿创作的绘画作品及诗歌、童话等文学作品,因为这些作品多为幼儿园集中投稿,作者的姓名、地址常有遗漏。现在,家长的维权意识越来越强,所以,幼儿园老师在给孩子们投稿时,应及时征求家长的书面意见,写清楚孩子的姓名、地址,对稿酬更应该妥善处理,以避免不必要的纠纷。

(七)财产权

财产权是指财产所有人依法对自己的财产享有的占有、使用、收益和处分的权利。《宪法》第 13 条明确规定,公民的合法的私有财产不受侵犯。国家依照法律规定保护公民的私有财产权和继承权。幼儿在幼儿园学习期间,其财产应该得到幼儿园的管理和保护。如果幼儿园没有尽到保护职责致使其财产受到损害,应当承担相应的民事责任。如幼儿经常会把自己家中的玩具带进幼儿园,教师应依法进行处理或管理,不得任意损坏、没收、抵押、占有、使用等。

(八)宗教信仰权

宗教信仰自由是宪法赋予公民的一项基本权利。法律规定公民享有宗教信仰自由,即公民有依据内心的信念,自愿地信仰宗教的自由。

---

① 转引自:http://www.baby611.com/jiaoan/yjzl/jyzc/201005/0264280.html

《宪法》第 36 条规定:"中华人民共和国公民有宗教信仰自由。任何国家机关、社会团体和个人不得强制公民信仰宗教或者不信仰宗教,不得歧视信仰宗教的公民和不信仰宗教的公民。"联合国《儿童权利公约》第 30 条规定:宗教、语言等方面属于少数人或为土著居民的儿童享有自己的文化、信奉自己的宗教,或使用自己的语言的权利。幼儿园应该尊重幼儿不同的民族生活习惯和宗教信仰。保教人员不得以自己的意愿要求幼儿改变习俗,做有违于其民族生活习惯、宗教信仰的事情。

(九)游戏权

游戏与娱乐是幼儿的一项基本社会权利。《儿童权利公约》规定:"缔约国确认儿童有权享有休息和闲暇,从事与儿童年龄相宜的游戏和娱乐活动,以及自由参加文化生活和艺术活动。"

幼儿的游戏权是其他学习阶段无法比拟的,《幼儿园工作规程》指出:"游戏是对幼儿进行全面发展教育的重要形式。"要使学前儿童身心全面健康协调地发展,必须保障幼儿游戏的权利,使游戏真正成为学前儿童的基本活动。《幼儿园工作规程》还提出幼儿园"以游戏为基本活动",这就从教育行政立法的角度,切实保障了幼儿的游戏权。

二、幼儿的法定义务

幼儿的权利与义务是同时存在的,享受一定的权利就要履行一定的义务。但是幼儿是无民事行为能力人,又是无刑事责任人,与成人有相当大的不同,故在此简要阐述。《宪法》和《教育法》规定幼儿应履行以下义务:

遵守幼儿行为规范,尊敬师长,养成良好的思想品德和行为习惯;热爱祖国、热爱家乡,有民族的自豪感和自尊心;遵守幼儿园的作息制度和学习纪律的义务;遵守国家的法律、法规;爱护幼儿园公共设施,不蓄意破坏;等等。

幼儿的法定权利与成人的主要有哪些不同?

第二节 幼儿权利的保护

《儿童权利公约》明确指出:"儿童因身心尚未成熟,在其出生以前和以后均需要特殊的保护和照料,包括法律上的适当保护。"近年来,我国以《宪法》为核心,制定了一系列有关儿童生存、保护与发展的法律以及相应的法规和政策措施,形成了较为完备的法律体制。在司法与立法方面我国已经做了较为完善的工作,但仍然不能保障幼儿权利的充分实现。社会现实生活中有大量有法不依、有法难依的现象。从根本上来讲,立法与司法保障是一种政府职能与政府行为,但是儿童权利的保护涉及社会生活的各个方面,也是每一个公民的责任和义务。因此,保护幼儿的权利不应该仅仅是法律的责任,更是社会、幼儿园、家庭的责任。

一、保护幼儿权利的主体[①]

(一)家庭保护

家庭是以婚姻或血缘关系或收养关系为基础的一种社会生活组织形式。在社会这个庞大的有机体中,家庭只是一个"细胞",它不仅具有繁衍后代等功能,而且还有教育后代、保护后代的社会职责。家庭保护是通过父母或其他监护人对幼儿依法行使监护权,履行对幼儿进行抚养教育、保护和法律规定的其他义务而完成的。家庭中的其他成年人,有协助幼儿的监护人行使保护的责任。

父母或其他监护人要以健康的思想、文明的言行和正确的方法,教育影响幼儿,保护幼儿的合法权利,使其沿着健康的方向成长。为保护幼儿权利,幼儿监护人应重点做到以下几个方面。

第一,尊重幼儿接受学前教育的权利,不应剥夺幼儿接受教育的权利,不得使在幼儿园的幼儿辍学。

第二,关心幼儿的日常生活和在幼儿园的活动,不让幼儿接触不适合他们的视、听、读物,不带幼儿进入不适合、不安全的活动场所。

第三,教育幼儿遵守法纪,尊敬师长;要求讲真话、讲实话,不说谎话,不骗人。

第四,接受家长学校或幼教机构的指导,学习掌握教育幼儿的科学方法。

第五,对于重新组合的家庭或非婚生幼儿,继父母必须依法履行抚养、教育保护的权利,不得歧视、虐待、辱骂乃至遗弃幼儿。

案例 5-3

自己的孩子,一样不准打[②]

某镇幼儿园小班的凤凤今年只有4岁,从外地刚到本地幼儿园就读。因语言不通,常常沉默寡言,甚至连大小便也表达不清,经常拉在裤裆里。有一次幼儿园老师帮她清洗时,发现凤凤身上有皮下淤血、多处又青又紫,问她原因,她就是哭,什么也不说。后来老师通过凤凤的邻居了解到,原来凤凤的母亲因为嫌自己生的是女孩,觉得没有面子,又嫌凤凤做事笨、不爱说话,管教她就靠打骂。凤凤几乎每天都会遭到母亲的责打,严重的几次,竟打得凤凤浑身是伤。

【评析】

本案涉及对幼儿进行家庭暴力伤害的法律责任问题。

家庭暴力,是发生在家庭成员间的暴力伤害行为,是指行为人以殴打、捆绑、残害、强行限制人身自由或者其他手段,给其家庭成员的身体、精神等方面造成一定伤害后果的行为。对未成年人实施家庭暴力往往直接侵害了未成年人的身体健康、人身自由和人格尊严,显然与法律的规定相悖,是一种违法行为;经常、连续地对未成年人实施家庭

[①] 黄宪明.幼儿教育法规与政策[M].上海:复旦大学出版社,2013:156.
[②] 周天枢,严凤英.幼儿园100个法律问题[M].广州:新世纪出版社,2010:17.

暴力,且情节恶劣的,构成虐待罪,依法要承担刑事责任。

虐待罪是指对共同生活的家庭成员,经常以打骂、冻饿、禁闭、有病不医、强迫超体力劳动或者其他方法进行摧残、折磨等情节恶劣的行为。《宪法》规定,公民的人身权利不受侵犯。未成年人作为我国公民的一部分,作为独立的法律主体,同样享有这一权利,具体包括身体健康不受伤害、生命不得剥夺、人身自由不受限制和剥夺、人格尊严不受侵犯等几方面。

我国《未成年人保护法》第10条规定:"父母或者其他监护人应当创造良好、和睦的家庭环境,依法履行对未成年人的监护职责和抚养义务,禁止对未成年人实施家庭暴力,禁止虐待、遗弃未成年人,禁止溺婴和其他残害婴儿的行为,不得歧视女性未成年人或者有残疾的未成年人。"这是禁止对未成年人实施家庭暴力的法律依据,不管是谁,即使是未成年人的亲生父母,不管出于什么动机,亦不管是经常性、连续性的,还是偶尔的行为,凡对未成年人实施家庭暴力,均构成违法,视情节轻重,须承担相应的责任直至刑事责任。本案中凤凤母亲的行为已属违法行为,但是否构成虐待罪,则应视其情节是否恶劣。如果有证据证明其行为属于情节恶劣,即构成虐待罪。根据《刑法》第260条规定,虐待家庭成员,情节恶劣的,处二年以下有期徒刑、拘役或者管制。

同时,幼儿园可依据《未成年人保护法》第6条"对侵犯未成年人合法权益的行为,任何组织和个人都有权予以劝阻、制止或者向有关部门提出检举或者控告"的规定,对凤凤母亲的行为进行法律追究。

知识链接5-2 侵权纠纷的解决途径[①]

幼儿的合法权利受到侵犯后,监护人可以通过多种途径来解决,具体的方法有协商、调解、仲裁、复议、诉讼。当事人可以根据具体的侵权情况选择解决的途径。

1. 协商

幼儿的权利遭到侵害,其监护人可以根据我国法律的有关规定,向侵权人提出赔偿损失、赔礼道歉等合法请求。侵权方如认为合情合理合法,愿意接受对方提出的请求,并予履行,协商即告成功。

2. 调解

纠纷发生后,在有关组织和有关人员的主持下,依据国家的法律法规及相关政策,根据双方当事人的请求及实际情况,运用说服教育的方法,劝导纠纷双方当事人通过自愿协商解决纠纷。

主持调解人,可以是人民调解委员会,也可以是行政机关或司法机关,可以是当事人所在的单位、居委会、工会、妇联组织,也可以是接受委托的律师。

---

① 黄宪明.幼儿教育法规与政策[M].上海:复旦大学出版社,2013:9.

3. 仲裁

双方当事人在争议发生前,或争议发生后达成协议,自愿将争议交给仲裁庭做出裁决,并有义务执行仲裁裁决的方法。仲裁必须建立在自愿基础上,仲裁的范围有一定的限制。依据《中华人民共和国仲裁法》规定,婚姻、收养、监护、抚养、继承纠纷,以及依法应由行政机关处理的行政争议不能裁决。

4. 复议

这里主要指行政复议。幼儿监护人认为行政机关的具体行政行为侵犯了孩子的合法权益,可以向行政机关提出行政复议申请,行政机关依据《中华人民共和国行政复议法》受理复议申请,并做出行政复议决定。

5. 诉讼

简而言之,诉讼即上法院"打官司",当事人一方向法院提出有关的诉讼请求,由法院做出判决。从我国现行的法律制度来看,凡符合民事诉讼法、行政诉讼法和刑事诉讼法受案范围的,都可以通过诉讼途径解决侵权纠纷。根据案件的性质不同,诉讼分为民事诉讼、行政诉讼、刑事诉讼三大类。

6. 特殊情况的说明

如果幼儿受到监护人的虐待、拘禁、毒打等,造成一定的身体伤害及较坏的社会影响,那么儿童维权组织、街道、居委会、村委会、妇联、监护人所在的工作单位,应该对监护人进行批评教育,制止其不法侵权行为,及时纠正,并采取相应的措施对幼儿的伤害进行医治。如果其性质已经触犯刑律,那么就由监察机关提出公诉,追究监护人的刑事责任。

(二) 幼儿园保护

幼儿园是专门从事幼教工作的场所,也是保护幼儿受教育权的主要部门。幼儿工作者应当尊重幼儿的受教育权,关心爱护幼儿;应当尊重幼儿的人格尊严,不得实施体罚、变相体罚以及侮辱人格的行为。应为幼儿提供健康安全的活动器材和教育设施。幼儿园的保护具体内容有如下几个方面。

第一,幼儿教师应为人师表,以自身良好的言行影响和教育学生。对调皮、不听话的幼儿应当耐心教育,不得放任不管或任意剥夺其参加各项活动的权利。

第二,幼儿园要为幼儿提供合格、卫生的教学和生活设施,要保证幼儿活动、饮食的健康与安全,保证幼儿充足的休息时间。

第三,教师应尊重幼儿的合法权益,维护幼儿的合法权利,对于损害幼儿权利的行为,可以通过合法的途径来交涉处理。

第四,幼儿园应与家长密切联系并对家长进行家庭教育的指导,共同探讨教育幼儿的有效方法。

第五,对于残障幼儿,教师应采取保护性措施,帮助他们克服学习、生活、文体等活动方面的困难,教育其他幼儿要尊重他们、关心他们、爱护他们。

案例 5-4

保育保护，不等于监护①

一天，某幼儿园的老师组织该园中(2)班的小朋友在教室外上游戏课，游戏课活动场所的地板选用的都是防滑砖，任课老师也一直在旁边组织、观察小朋友们的活动。但突然间，意外还是发生了——张强小朋友在蹦跳时意外摔倒。老师马上将他送到医院检查，经医生诊断，张强右手骨折，医药费花去1800多元。

事后，张强的家长要求幼儿园承担全部的赔偿责任，理由是：虽然孩子摔倒属于意外，但毕竟事情发生在幼儿园内，幼儿园就是暂时或临时的监护人，在这段时间内幼儿园没照顾好孩子，理应承担医药费、营养费及家长误工费的赔偿。幼儿园则不同意家长的赔偿要求，认为幼儿和幼儿园之间并不存在监护关系。

幼儿与幼儿园之间到底是什么样的法律关系？张强父母的要求有没有道理呢？

【评析】

本案涉及幼儿与幼儿园之间监护法律关系的认定。

法律关系是指经过法律规范调整形成的法律主体之间的权利和义务关系。一些人认为，幼儿园与幼儿之间的法律关系是监护关系，其实不正确。《民法典》第27条规定，父母是未成年人的监护人。据此，幼儿的父母是其当然的法定的监护人，其监护人的资格从幼儿出生之时起当然取得，不需经过任何程序。就算父母把自己的孩子放进幼儿园，也不能理所当然就认为幼儿园就是幼儿的暂时或临时的监护人并应尽到监护人的全部职责。

幼儿与幼儿园之间的关系应是一种教育、管理和保护关系。《学生伤害事故处理办法》第7条规定："学校对未成年学生不承担监护职责，但法律有规定的或者学校依法接受委托承担相应监护职责的情形除外。"由此可见，幼儿园的身份是管理人，不是监护人，父母把幼儿送到幼儿园，并没有明确将监护职责委托给幼儿园。因此，认为幼儿入了幼儿园，幼儿园就成为幼儿的暂时或临时监护人的观点从法律的角度看是没有依据的。

不过，幼儿园虽不是幼儿的法定监护人，但在接收幼儿之后，就应依其职责承担相应的管理责任，当它未依法尽到管理责任导致幼儿伤害时，就应依法承担责任。

《最高人民法院关于审理人身损害赔偿案件适用法律若干问题的解释》第7条规定："对未成年人依法负有教育、管理、保护义务的学校、幼儿园或者其他教育机构，未尽职责范围内的相关义务致使未成年人遭受人身损害，或者未成年人致他人人身损害的，应当承担与其过错相应的赔偿责任。"

对本案的处理，应当按过错责任原则来确定幼儿园的责任。张强在幼儿园游戏课上意外摔伤，幼儿园对此并无过错，并且幼儿园在游戏场所的修建上也注意到了安全问

---

① 转引自：http://www.unjs.com/youjiao/yuanzhang/20080502165609_96241.html

题,同时老师在整个游戏活动中也始终在观察、组织,忠于职守,履行了注意、管理和保护的职责,因此无需承担责任。

【建议】

(1) 正确认识幼儿与幼儿园之间的法律关系,在一般情况下,家长或监护人没有明确地将监护职责委托给幼儿园时,幼儿园对幼儿不承担监护职责。但法律有规定的或者幼儿园依法接受委托承担相应监护职责的情形除外。

(2) 幼儿园为避免和减少事故的发生,应认真、全面、切实地履行对幼儿教育、管理和保护的职责。

(3) 家长不能认为把孩子送到幼儿园后就都是幼儿园的事,平时也应加强对幼儿的安全意识教育,做到防患于未然。

(三) 社会保护

社会,是以共同的物质生产为基础而相互联系的人们的总体,社会保护就是要给幼儿提供良好的条件、场所、环境,禁止他们参加一些不利于其成长的活动。具体包括以下内容。

第一,影视、文化、出版以及其他有关单位和人员,要为幼儿创作、出版、发行、展出、演出、播放适合幼儿特点,并有利于其身心健康的影视、录音、录像、书籍、报刊、图画、文艺节目和其他精神产品。凡提供精神产品的单位和个人,都应对其内容负责,有不适宜幼儿身心健康发展的,禁止提供。

第二,儿童乐园、公园等公共娱乐场所中为幼儿提供的设施环境,应符合幼儿的特点,保证安全健康,一些需在父母陪同下才可进行的活动项目,应有明显标志,并禁止幼儿单独参与。

第三,社区内的企事业单位要与幼儿园配合,为幼儿园的教育工作提供人力或物质上的帮助,并尽可能地降低收费或免费。

第四,各级工会、妇联、体协应把保护幼儿的健康成长列为经常性的工作,经常会同教育部门建立家庭教育指导机构,提供幼儿教育的咨询服务,提供家庭教育的各种指导。

第五,居民委员会、村民委员会应在有关政府的指导下,开展保护幼儿的活动,利用寒暑假,进行有益于身心健康的文体活动。

第六,公民有义务帮助有困难的幼儿,对于家庭暴力、虐待幼儿的行为,任何公民、组织均有义务向有关部门反映以保护幼儿的合法权益。

(四) 立法保护

无论是家庭、幼儿园还是社会的保护,都必须以法律为后盾、以法律为依据,否则将于法无据,不可能真正保护幼儿应有的权利。在我国的社会主义法治不断健全的今天,运用立法手段来保护幼儿的权利,已经开始启动。

1990年8月29日中国政府正式签署了联合国《儿童权利公约》。1992年3月2日全国人大批准了该公约,《儿童权利公约》于同年4月2日正式在中国生效。该公约规定18岁以下儿童的基本权利有四种,即生存权、发展权、保护权、参与权。

1991年9月4日,全国人大常委会通过了《中华人民共和国未成年人保护法》。该法第二、三、四章的有关于条款对幼儿的保护做出了专门的规定。1995年3月我国颁布的《中华人民共和国教育法》规定了学前教育的性质、任务,以及幼儿园的保育规范、卫生保障规范和幼儿保护规范。在《中华人民共和国残疾人保障法》中有相应条款对残疾幼儿的教育做了规定。

　　《幼儿园管理条例》和《残疾人教育条例》作为行政法规,对学前儿童的保护制定了相应的条款,1996年颁布实施的规章《幼儿园工作规程》也有相关的条款。

　　许多地方政府及地方人大,为了保护幼儿的合法权益也出台了不少地方性法规和规章。如1997年2月实施的《广州市幼儿教育管理规定》,1998年12月实行的《青岛市托幼管理条例》。

　　由此可见,随着国家法制工作的不断健全与完善,有关幼儿权利的保护的法规、章程也纷纷颁布实施,他们对幼儿合法权益的保护起了积极的作用。但是与发达国家相比,我国对幼儿的保护还存在一定的差距。美国、英国、澳大利亚等都有专门的《儿童法案》或《学前教育法》,详细规定了幼儿的法定权利及其保护措施,切实保障了幼儿的各项权利。因为我国尚没有如此的专门的法律,现有的一些规章条例的法规地位不高,仅属于行政法规或是地方性法规度,故希望人大或人大常委会能尽早制定幼儿保护的专门法律,切实保护幼儿的合法权利。

二、幼儿权利保护的基本原则

(一)非歧视原则

　　非歧视原则是保护儿童权利的一项基本原则,该原则在儿童权利保护的领域中处于首要和基础性的位置。非歧视原则在《儿童权利公约》中是这样规定的:

　　"缔约国应遵守本公约所载列的权利,并确保其管辖范围内的每一儿童均享受此种权利,不因儿童或其父母或法定监护人的种族、肤色、性别、语言、宗教、政治或其他见解、民族、族裔或社会出身、财产、伤残、出生或其他身份而有任何差别。

　　"缔约国应采取一切适当措施确保儿童得到保护,不受基于儿童父母、法定监护人或家庭成员的身份、活动、所表达的观点或信仰而加诸的一切形式的歧视或惩罚。"

　　相应地,在我国《未成年人保护法》第3条中规定:未成年人不分性别、民族、种族、家庭财产状况、宗教信仰等,依法平等地享有权利。

　　由这些法律法规可知,非歧视原则的基本内涵是权利的平等。即任何儿童的权利都是平等的,我们不应该因其国籍、宗教、性别、身份、语言或其他种族、文化、社会特性方面的差异而对其差别对待。显然,这一原则对儿童权利的保护不是一种理想保护而是一种最低限度原则的标准。更确切地讲,非歧视原则是这样一种理念:不歧视儿童,无差别尊重儿童,是儿童权利实现的最低限度的要求。

　　在非歧视原则的指导下,成人应努力保证儿童不因年幼而受到成人的歧视、剥夺、虐待、侮辱和其他不平等的待遇;不应该因为儿童年幼而使用讽刺、挖苦性的语言来侮辱儿童,更不应因儿童没有抵抗和还击的能力而将儿童作为成人发泄怨气和打击报复的对象。

(二)儿童优先原则

儿童期特别是儿童早期是儿童生理、心理发展的关键时期,也是儿童从不成熟逐步走向成熟的时期。为儿童成长提供必要的条件,给予儿童必需的保护、照顾和正确的教育,将使儿童获得良好的人生开端,为儿童一生的发展奠定良好基础。其次,早期投入对于开发人力资源、提高国民素质、提高经济和社会效益具有重要意义。国家对于儿童早期的投入,可以节省成年以后用于补偿教育、医疗保健、康复和社会保障等方面的费用,减轻国家的经济负担。因此,任何有远见的政府都应该把儿童放在最优先考虑的位置,在处理有关儿童的一切事务时,儿童的利益是第一位的,优先考虑儿童的利益,儿童的利益被得到最先的尊重与保护。

儿童优先原则具有我国的特色,是《儿童权利公约》的最大利益原则在我国的具体表现。在《中国儿童发展纲要(2010—2020年)》明确规定儿童发展优先原则,要求国家各部门,在制定法律法规、政策规划和配置公共资源等方面优先考虑儿童的利益和需求。再如,《未成年人保护法》第37条规定"任何人不得在中小学、幼儿园、托儿所的教室、寝室、活动室和其他未成年人集中活动的场所吸烟",第39条规定"任何组织和个人不得披露未成年人的个人隐私"等,均昭示未成年人权益在我国法律体系上的重要地位。它把儿童保护纳入了法制的轨道,使中国在保护儿童权益方面有了坚实的法律基础,进一步完善了这一领域的法律体系。并结合中国的具体情况,使儿童利益的保护范围进一步扩大化、具体化。

知识链接5-3　儿童最大利益原则[①]

第一,最大利益原则是具有本源性的、全面指导性的一项原则。最大利益,简言之,就是将儿童的利益最大化,包括国家在制定各项政策、处理涉及儿童事务中,均应以儿童的利益作为优先考虑。首先,从运用的角度分析,最大利益原则被理解为处理儿童事务的准则。其次,从立法的角度看,最大利益条款是保护儿童权利的纲领性条款。最后,也是最重要的,从该原则的意蕴和文化的视角探察,最大利益原则蕴涵着将儿童视为拥有权利的个体的理念。正如澳大利亚学者菲利普·奥斯通(Philip Alston)所指出的,"最大利益"标准超出了传统的权利保护的概念,开辟了新的保护儿童权利的发展方向和法理解释。这种非传统的概念和新的法理解释便是儿童作为权利个体的权利理念。同时,我们还注意到,要想对最大利益的内容做一个超文化的、全面的、确定的解释是不现实的,只有在不同的文化背景下,针对不同的具体情况,才能确定儿童保护的最大利益的标准。从理论上说,儿童的身体、精神、心智、道德和社会的发展是考虑儿童最大利益所要达到的目的。在具体的传统文化的环境中,考察儿童的最大利益标准既要考虑具体环境中儿童身心、道德、社会的全面发展,又要参照《儿童权利公约》的精神,毕竟,我们已经加入了这个公约,我们有责任履行缔约国的义务。

最大利益原则集中体现在《儿童权利公约》第3条,该条规定:"关于儿童的一切行动,不论是由公私社会福利机构、法院、行政当局或立法机构执行,均应以儿童的最大利益为一种

[①] 王雪梅.儿童权利保护基本原则评析[J].中国妇运,2007(3):87.

首要考虑。"根据本条规定,最大利益原则不是优先原则,也不是最大限度地考虑儿童的利益,而是把儿童的最大利益放在首要考虑的地位。我们还认为,不仅要在处理有关儿童的一切事务中优先考虑儿童的最大利益,在制定国家政策、社会政策中也要优先考虑儿童的最大利益,如关于法制建设问题,关于社会持续发展与环保问题,关于金融政策、教育政策、住房政策、商业政策等。优先考虑儿童的最大利益在涉及儿童的事务中对于保护儿童的利益具有全面的指导意义。

(三) 尊重儿童原则

对儿童的尊重包括尊重儿童的基本权利和基本自由,具体来说,就是要尊重儿童的人格尊严,尊重儿童的观点和意见,尊重儿童的身心发展规律和特点,以儿童的生存和健康发展为重。

《儿童权利公约》第 12 条是关于尊重儿童意见原则的规定,"缔约国应确保有主见能力的儿童有权对影响到其本人的一切事项自由发表自己的意见,对儿童的意见应按照其年龄和成熟程度给以适当的看待。为此目的,儿童特别应有机会在影响到儿童的任何司法和行政诉讼中,以符合国家法律的诉讼规则的方式,直接或通过代表或适当机构陈述意见"。在涉及儿童的事务时要先听取儿童的意见,发挥儿童的主观能动性,让儿童的意见得到应有的尊重,进而实现儿童享有的宪法规定的言论自由的权利。

尊重儿童的人格,既要尊重儿童的人格尊严,又要尊重儿童的隐私。所谓隐私,又称个人秘密,指个人生活中不愿为他人知悉的秘密,包括私生活、日记、照相簿、生活习惯、储蓄、财产状况、通讯秘密等。《儿童权利公约》第 16 条规定,"儿童的隐私、家庭、住宅或通信不受任意或非法干涉,其荣誉和名誉不受非法攻击。"该条规定对儿童隐私、家庭、住宅或通信自由予以特别保护,这就使儿童获得了积极维护个人人格尊严的权利的保障。

尊重儿童的基本权利,是指尊重所有儿童所享有生存和发展的权利,最大限度地确保儿童的生存和发展。正如《儿童权利公约》第 6 条明确规定了对儿童生存与发展权的尊重:"1. 缔约国应确认每个儿童均有固有的生命权。2. 缔约国应最大限度地确保儿童的生存和发展。"

 知识链接 5-4　隐私权主要内容及侵犯隐私权范畴

一、隐私权内容[①]

(一) 个人生活自由权

权利主体按照自己的意志从事或不从事某种与社会公共利益无关或无害的活动,不受他人干预、破坏或支配。

(二) 个人生活情报保密权

个人生活情报,包括所有的个人信息和资料。如身高、体重、女性三围、病历、身体缺陷、健康状况、生活经历、财产状况、婚恋、家庭、社会关系、爱好、信仰、心理特征等。权利主体有权禁止他人非法使用个人生活情报资料,例如,不许偷看公民身体的隐秘部分、日记等,未经

---

① 转引自:http://china.findlaw.cn/shpc/jingshensunhaipeichang/ysq/26739.html

他人同意不得强制披露其财产状况、社会关系以及过去和现在的其他不为外界知悉传播或公开的私事等。

（三）个人通讯秘密权

权利主体有权对个人信件、电报、电话、传真及谈论的内容加以保密，禁止他人非法窃听或窃取。隐私权制度的发展在很大程度上是与现代通讯的发达联系在一起的，信息处理及传输技术的飞速发展，使个人通讯的内容可以轻而易举地被窃听或窃取，因而，保障个人通讯的安全已成为隐私权的一项重要内容。

（四）个人隐私利用权

权利主体有权依法按自己的意志利用其隐私，以从事各种满足自身需要的活动。如利用个人的生活情报资料撰写自传、利用自身形象或形体供绘画或摄影的需要等。对这些活动不能非法干涉，但隐私的利用不得违反法律的强制性规定，不得有悖于公序良俗，即权利不得滥用。例如利用自己身体的隐私部位制作淫秽物品，即应认定为非法利用隐私，从而构成违法行为。

二、侵犯隐私权范畴[1]

我国《民法典》第四编在述及人格权益范围中包括了隐私权。根据我国国情及国外有关资料，下列行为可归入侵犯隐私权范畴。

未经公民许可，公开其姓名、肖像、住址和电话号码。

非法侵入、搜查他人住宅，或以其他方式破坏他人居住安宁。

非法跟踪他人，监视他人住所，安装窃听设备，私拍他人私生活镜头，窥探他人室内情况。

非法刺探他人财产状况或未经本人允许公布其财产状况。

私拆他人信件，偷看他人日记，刺探他人私人文件内容，以及将它们公开。

调查、刺探他人社会关系并非法公之于众。

干扰他人夫妻性生活或对其进行调查、公布。

将他人婚外性生活向社会公布。

泄露公民的个人材料或公之于众或扩大公开范围。

收集公民不愿向社会公开的纯属个人的情况。

（四）多重保护原则

国家、社会和家庭对儿童权利的保护承担了义不容辞的责任，如若没有国家、社会和家庭的多重保护，儿童权利的保护和实现只能是理想主义者的美好设想，所以，我们有必要将国家、社会和家庭的保护设立为儿童权利保护的一项基本原则。

我国社会正处于转型阶段，社会保障机制、教育机制等还不十分健全，因此对儿童这样一个弱势群体更需要依靠国家权力作为后盾，依靠社会力量的帮助和家庭的共同努力，才能实现对儿童的特别保护的目标。也正如《未成年人保护法》第6条所规定，保护未成年人，是国家机关、武装力量、政党、社会团体、企业事业组织、城乡基层群众性自治组织、未成年人的

---

[1] 转引自：http://www.lawtime.cn/info/sunhai/jsshyinsiq/2011030294199.html

监护人和其他成年公民的共同责任。

《儿童权利公约》第18条规定:"缔约国应尽其最大努力,确保父母双方对儿童的养育和发展负有共同责任的原则得到确认。父母或视具体情况而定的法定监护人对儿童的养育和发展负有首要责任。儿童的最大利益将是他们主要关心的事。"社会也同样需要承担相应的责任,包括为儿童提供满足儿童生长和发展所需要的物质和文化资料、信息等,并对儿童的社会化进程提供正确而合理的指导,而这些对于儿童权利的保护都极为重要。

多重责任原则确立为儿童权利保护的基本原则,是与儿童权利保护的要求相适应的,实际上也只有把它确立为基本原则,才能更好地保护儿童的权利。

幼儿教师应如何保障幼儿的权利?

第三节 幼儿与幼儿园的法律关系

幼儿园与入园幼儿的法律关系是确定幼儿园的权利与义务,以及处理幼儿园事故责任的基础。目前理论界对于这一问题存在着众多观点,无论在教育界还是法学界,均没有形成一个统一的答案。他们从不同的角度分析幼儿园与在园幼儿的法律关系,形成了各自观点。一般说来,主要有以下两种观点。

一、监护关系的观点

把幼儿与幼儿园之间的法律关系定性为监护关系一度是传统学术观点的主流,对学前教育理论的研究影响很大。关于监护责任是因何种原因由幼儿园承担,持监护关系观点的学者提出了不同的理由,他们的观点可分为三类:"监护转移说"、"监护代理说"和"委托监护说"。

持"监护转移说"的学者认为,依照法律,家长为学生的监护人,但当学生进入学校学习时,本属于家长的监护责任就此转移至学校,从而使学校成为监护责任的主体。"某个行为能力人或限制民事行为能力人在学校、幼儿园或精神病院学习、生活、治疗时致人损害,对此种情况一般不宜认定其父母、配偶等具有过错,因为父母、配偶等将未成年子女和精神病人送进幼儿园、学校或精神病院,实际上已将监护职责转移给上述单位,这些单位在特定的时间和区域内负有监护之责。"

少数学者认为,家长仍然在名义上是学生的监护人,但学校在法律上承担着监护学生的义务,学校相当于监护代理人。"学校与学生之间是以监护代理关系为基础的民事法律关系,学生家长是监护人,学校是监护代理人,而学生是第三人……学校以履行教育职责为主,同时履行监护人授权的其他管理事宜,所以说,学校只不过是代理监护人在履行某些监护职责而已。"

在坚持幼儿园是幼儿的监护人这一基础上,有学者认为,幼儿园是幼儿的委托监护人,这是基于幼儿在园接受教育这一事实上的委托。"教育及其他教育机构和教师对未成年人负有被委托监护的责任,对因管理失当等原因导致未成人受到伤害或者给他人造成损害的事故应承担一定的民事法律责任。"

然而,根据我国现行法律法规,如《民法典》中规定,未成年人的法定监护人首先应当由其父母担任,如父母死亡或者无监护能力的,由以下人员中有监护能力的人担任监护人:①祖父母、外祖父母;② 兄、姐。③其他愿意担任监护人的个人和组织,但是须经未成年人住所地的居民委员会、村民委员会或者民政部门同意。根据上述法律规定来看,把幼儿园确定为幼儿的监护人并承担相应的监护责任是没有法律依据的。《学生伤害事故处理办法》第7条也明确指出:"学校对未成年学生不承担监护职责,但法律有规定的或者学校依法接受委托承担相应监护职责的情形除外。"由此可见,幼儿园不能成为幼儿暂时或临时的监护人,因为幼儿的父母并没有明确将监护职责委托给幼儿园。事实上幼儿园也不能接受这种委托。

案例 5-5

父死母出走,姑妈也能监护①

在某汽车运输公司所属幼儿园就读的幼儿小浩,4岁时父亲在一次交通事故中死亡,其母因此而精神失常,时常离家出走寻夫。鉴于家庭的不幸,小浩的姑姑承担起了照顾小浩的任务,平时小浩上幼儿园的接送和家长会都是小浩的姑姑去的。幼儿园有什么事也都直接找小浩的姑姑商量。谁知有一天,小浩的母亲出去后竟再也没有回来,找了很长时间都没能找到……

在这种情况下,小浩的姑姑能否承担其监护人的义务?

【评析】

本案涉及的是当未成年人的父母死亡或无监护能力的,幼儿该由谁来监护的问题。《民法典》第27条规定:父母是未成年子女的监护人。未成年人的父母已经死亡或者没有监护能力的,由下列有监护能力的人按顺序担任监护人:①祖父母、外祖父母;②兄、姐;③其他愿意担任监护人的个人或者组织,但是须经未成年人住所地的居民委员会、村民委员会或者民政部门同意。本案中,小浩的父亲死亡,母亲离家出走,小浩事实上处在无人监护的状况中。根据《民法典》第27条的规定,幼儿小浩的监护人可以由幼儿的祖父母或外祖父母、或兄姐、或关系密切的其他亲属、朋友担任,只要他们愿意,都可以承担幼儿小浩的监护人。但对于监护顺序,要根据《民法典》第28条的规定确定。该条规定:无民事行为能力或者限制民事行为能力的成年人,由下列有监护能力的人按顺序担任监护人:①配偶;②父母、子女;③其他近亲属;④其他愿意担任监护人的个人或者组织,但是须经被监护人住所地的居民委员会、村民委员会或者民政部门同意。《民法典》第三十条还规定:依法具有监护资格的人之间可以协议确定监护人。协议确定监护人应当尊重被监护人的真实意愿。

---

① 周天枢,严凤英.幼儿园100个法律问题[M].广州:新世纪出版社,2010:29—30.

> 据此,小浩的姑姑作为与其关系密切的其他亲属,是可以有资格承担小浩的监护人,但必须是在小浩的祖父母或外祖父母无监护能力或者是经管协商的情况下。如果证明小浩的祖父母或外祖父母无监护能力,或者是经各方协商之后且在尊重小浩自身意见的基础上确定的,则小浩的姑姑就完全可以承担其监护人。

二、教育、管理和保护关系的观点

另一类观点认为幼儿园与幼儿的关系为教育、管理和保护关系。随着我国法律制度的完善及理论探讨的深入,监护关系的观点受到了越来越多的质疑。而《教育法》规定学校对学生负有教育、管理和保护责任,因此,教育、管理和保护关系这个提法是有法律依据的。

《幼儿园工作规程》第 3 条规定:"幼儿园的任务是实行保育与教育相结合的原则,对幼儿实施体、智、德、美诸方面全面发展的教育,促进其身心和谐发展"。第 42 条规定,保育员"在教师指导下,管理幼儿生活,并配合本班教师组织教育活动"。此外《幼儿园工作规程》第四章与第五章分别介绍了幼儿园的卫生保健以及幼儿园教育的基本要求。《幼儿园管理条例》第 19 条还规定:"幼儿园应当建立安全防护制度,严禁在幼儿园内设置威胁幼儿安全的危险建筑物和设施,严禁使用有毒有害物质制作教具、玩具。"《未成年人保护法》第 17 条规定:"学校应当全面贯彻国家的教育方针,实施素质教育。"第 22 条规定:"学校、幼儿园、托儿所不得在危及未成年人人身安全、健康的校舍和其他设施、场所中进行教育教学活动。学校、幼儿园安排未成年人参加集会、文化娱乐、社会实践等集体活动,应当有利于未成年人的健康成长,防止发生人身安全事故。"《最高人民法院关于审理人身损害健康赔偿案件适用法律若干问题的解释》第 7 条规定:"对未成年人依法负有教育、管理、保护义务的学校、幼儿园或者其他教育机构,未尽职责范围内的相关义务致使未成年人遭受人身损害,或者未成年人致他人人身损害的,应当承担与其过错相应的赔偿责任。"以上法律法规均说明了幼儿园对幼儿的关系为教育、管理和保护关系。

在我们看来,幼儿园与幼儿的关系,是教育、管理和保护的关系,但这并不意味着幼儿在幼儿园发生事故,幼儿园没有相应的责任。《民法典》第 1199 条规定:无民事行为能力人在幼儿园、学校或者其他教育机构学习、生活期间受到人身损害的,幼儿园、学校或者其他教育机构应当承担侵权责任;但是,能够证明尽到教育、管理职责的,不承担侵权责任。《最高人民法院关于审理人身损害健康赔偿案件适用法律若干问题的解释》第 7 条规定:"对未成年人依法负有教育、管理、保护义务的学校、幼儿园或者其他教育机构,未尽职责范围内的相关义务致使未成年人遭受人身损害,或者未成年人致他人人身损害的,应当承担与其过错相应的赔偿责任。"这一司法解释明确指出,幼儿园在赔偿问题上实行的是"过错推定原则",即不能证明没有过错应适当赔偿,能证明没有过错就不予赔偿。在司法实践中,法院也是以此为依据来做裁决的。

要正确认识幼儿与幼儿园之间的法律关系。在一般情况下,家长或监护人没有明确将监护职责委托给幼儿园时,幼儿园不承担监护职责,但法律有规定的或者幼儿园依法委托承担相应监护职责的情形除外。同时,幼儿园应认真、全面、切实地履行对幼儿教育、管理和保护的职责,切实保障幼儿的合法权利,避免和减少事故的发生。

案例 5-6

幼儿伤害：摔伤虽在园内，这事不怪园方[①]

一天,某幼儿园下课后,小朋友们由老师带着上厕所,准备离园。幼儿高伟跑进厕所时,见金鑫正在小便,便一把将金鑫推开,不料金鑫没站稳,摔倒在厕所的墙角。幼儿园老师赶忙把金鑫扶起,并对高伟进行了批评。金鑫当时只感到右腿很痛,待其父母把他接回家时,他的腿部更痛,并肿起一个大包。金鑫的父亲连夜将其送到医院检查,诊断结果为右腿骨折。共住院 20 天,花去医疗费 3800 多元,金鑫的父母因照顾金鑫而误工减少收入 1600 元。

这些责任、这些损失,到底该找谁呢？此案中,幼儿园应否承担民事责任？

【评析】

本案涉及的是幼儿在园里受到伤害该由谁承担法律责任的问题。

此案中,尽管金鑫的伤害是在在园期间造成的,但老师对高伟突然将金鑫推倒的情况根本无法预料,且经调查了解,幼儿园老师平时经常对幼儿进行安全教育,教育幼儿之间不要相互打闹等,所以很难认定在这一伤害事故中幼儿园存在过错,因此幼儿园对金鑫的伤害不应承担民事责任,该负责任的,应是高伟的父母。

因为在本案中金鑫所遭受的伤害完全是由高伟将其推倒造成的,但高伟尚属无民事行为能力人,根据无过错责任原则和《民法典》规定,无民事行为能力人、限制民事行为能力人造成他人损害的,由监护人承担民事责任。监护人尽了监护责任的,可以适当减轻他的民事责任。即只要无民事行为能力人、限制民事行为能力人造成他人损害的,不论监护人有无过错、是否尽了监护职责,都应承担民事责任。

这种责任可因监护人尽了监护责任而减轻,但却不能免除。因此,本案中不该由摔伤幼儿所在的幼儿园承担法律责任,全部民事责任应由高伟的父母承担。

知识链接 5-5　法律关系

法律关系是法律在调整人们行为的过程中形成的特殊的权利和义务关系。或者说,法律关系是指被法律规范所调整的权利和义务关系。法律关系是以法律为前提而产生的社会关系,没有法律的规定,就不可能形成相应的法律关系。法律关系是以国家强制力作为保障的社会关系,当法律关系受到破坏时,国家会动用强制力进行矫正或恢复。

法律关系由三要素构成,即法律关系的主体、法律关系的客体和法律关系的内容。

法律关系是根据法律规范建立的一种社会关系,这一命题至少说明三个问题。第一,法律规范是法律关系产生的前提。如果没有相应的法律规范存在,就不可能产生法律关系。第二,法律关系不同于法律规范调整或保护的社会关系本身。社会关系是一个庞大

[①] 周天枢,严凤英.幼儿园 100 个法律问题[M].广州:新世纪出版社,2010:39—40.

的体系,其中有些领域是法律所调整的(如政治关系、经济关系、行政管理关系等),也有些是不属于法律调整或法律不宜调整的(如友谊关系、爱情关系、政党社团的内部关系),还有些是法律所保护的对象,这些被保护的社会关系不属于法律关系本身(如刑法所保护的关系不等于刑事法律关系)。即使那些受法律法规调整的社会关系,也并不能完全视为法律关系。例如,民事关系(财产关系和身份关系)也只有经过民法的调整(即立法、执法和守法的运行机制)之后,才具有了法律的性质,成为一类法律关系(民事法律关系)。第三,法律关系是法律规范的实现形式,是法律规范的内容(行为模式及其后果)在现实社会生活中得到具体的贯彻。换言之,人们按照法律规范的要求行使权利、履行义务并由此而发生特定的法律上的联系,这既是一种法律关系,也是法律规范的实现状态。在此意义上,法律关系是人与人之间的合法(符合法律规范的)关系。这是它与其他社会关系的根本区别。

从实质上看,法律关系作为一定社会关系的特殊形式,正在于它体现国家的意志。这是因为,法律关系是根据法律规范有目的、有意识地建立的。所以,法律关系像法律规范一样必然体现国家的意志。在这个意义上,破坏了法律关系,其实也违背了国家意志。

但法律关系毕竟又不同于法律规范,它是现实的、特定的法律主体所参与的具体社会关系。因此,特定法律主体的意志对于法律关系的建立与实现也有一定的作用。有些法律关系的产生,不仅要通过法律规范所体现的国家意志,而且要通过法律关系参加者的个人意志表示一致(如多数民事法律关系)。也有很多法律关系的产生,往往基于行政命令而产生。总之,每一个具体的法律关系的产生、变更和消灭是否要通过它的参加者的意志表示,呈现出复杂的情况,不可一概而论。

法律关系是以法律上的权利、义务为纽带而形成的社会关系,它是法律规范(规则)"指示"(行为模式,法律权利和义务)的规定在事实社会关系中的体现。没有特定法律关系主体的实际法律权利和法律义务,就不可能有法律关系的存在。在此,法律权利和义务的内容是法律关系区别于其他社会关系(社团组织内部的关系)的重要标志。

幼儿与幼儿园的法律关系应如何确定?

本章小结

幼儿依法享有法律法规规定的合法权益。幼儿的权利主要包括生命健康权、受教育权、名誉权、姓名权、著作权、游戏权等权利。其中幼儿的生命健康权是其生存与发展的前提条件,在幼儿阶段处于首要地位,因此幼儿园应把安全工作放在首位。

在儿童权利的保护方面,国家、社会和家庭需要分别承担其各自的责任,片面地强调任何一方主体的责任,都难以全面地对儿童权利加以有效的保护,因此需要各方主体共同担负起自身的责任。此外,为使幼儿的权利得到切实保障,保护儿童的权利需要遵循非歧视原则、儿童优先原则、尊重儿童原则及多重责任原则。

幼儿与幼儿园的法律关系是确定幼儿园的权利与义务,以及处理幼儿园事故责任的基础。目前理论界对于这一问题存在着众多观点,相比较而言,幼儿与幼儿园的法律关系为教育、管理和保护关系具有法律依据且更具说服力。

 思考与练习

1. 简述幼儿的基本权利和义务是什么。
2. 试述保护幼儿权利的主体及其相关职责。
3. 简述幼儿权利保护的基本原则是什么。
4. 试论幼儿与幼儿园的法律关系是什么,并说明理由。

第六章 学前教育机构的保育与教育

学习目标

1. 了解幼儿教育的地位和作用。
2. 理解幼儿园教育工作的特点,掌握幼儿园教育工作的基本要求和原则。
3. 掌握并理解幼儿园保育工作的意义及基本要求。

情境案例

幼儿超前学习的代价不可忽视[①]

某市有一所名牌幼儿园,为了突出自己所谓的办园"特色",力求开设多种课程,随意将一些尚无定论或不适合幼儿的教育研究课题以课程和学习的形式拿到幼儿园,过早地让幼儿学习十分专门的知识、技能。除此之外,该园几乎每学年为幼儿更换一套教材及辅助读物或练习册,甚至还不时为幼儿推荐参考读物。同时,该幼儿园还要求教师每月要教会幼儿认多少个字、背会多少首诗,并以此作为考核幼儿教师教学成绩的唯一标准。

【评析】

该幼儿园的做法显然是不对的,甚至是违法的。《幼儿园管理条例》规定:幼儿园的保育和教育工作应当促进幼儿在体、智、德、美诸方面和谐发展。显然,智力的培养、知识的学习并不是幼儿园的主要任务。无论从生理技能还是心理发展来看,幼儿都无力承担繁多且专门的知识学习。过早、过多地向幼儿传输系统的知识,势必占用幼儿自主活动和游戏的时间与机会,限制了幼儿向自然学习、向社会学习、向同伴学习,妨碍了幼儿的和谐发展,造成了幼儿对学习的冷漠,长期下去对幼儿是有害无益的。

幼儿超前学习的代价不可忽视,幼儿园不应为迎合某些家长的要求而过分强调文化知识的传授。家长要遵循幼儿的认知发展规律,配合幼儿园做好学前教育,不要盲目攀比、跟风,一味要求孩子背诗、识字。

[①] 张乐天.学前教育政策与法规[M].北京:中央广播电视大学出版社,2011:111.

第一节 幼儿教育的地位和作用

幼儿教育主要指的是对3~6岁年龄阶段的幼儿所实施的教育。《关于当前发展学前教育的若干意见》中明确提出:"学前教育是终身学习的开端,是国民教育体系的重要组成部分,是重要的社会公益事业。"发展幼儿教育对于促进个体早期的身心全面健康发展、巩固和提高义务教育质量与效益、提高国民整体素质、促进社会公平具有重要意义。

一、幼儿教育的地位

幼儿教育在我国的教育事业或教育制度中占有重要的地位。《幼儿园工作规程》第2条明确规定:"幼儿园是对三周岁以上学龄前幼儿实施保育和教育的机构,幼儿园教育是基础教育的重要组成部分是学校教育制度的基础阶段。"因此我们认为,幼儿教育的地位主要体现在其是"学制的基础阶段""基础教育的重要组成部分"两个方面。

(一)幼儿教育是学制的基础阶段

1951年中央政务院发布的《关于改革学制的决定》,把幼儿教育纳入学制系统。1995年颁布的《教育法》规定:"国家实行学前教育、初等教育、中等教育、高等教育的学校教育制度。"由此可见,幼儿教育属于学校教育制度的一部分,且从幼儿教育的任务、幼儿教育对象的年龄来看,幼儿教育属于学校教育制度的起始阶段,从与学校教育制度中的其他阶段的关系上来说,是打基础的阶段。

(二)幼儿教育是基础教育的有机组成部分

基础教育,作为造就人才和提高国民素质的奠基工程,在世界各国面向21世纪的教育改革中占有重要地位。《幼儿园工作规程》明确提出,幼儿园"是基础教育的重要组成部分",这从法规的层面确定了幼儿教育属于基础教育的组成部分。

《幼儿园工作规程》规定:幼儿园的任务是实行保育与教育相结合的原则,对幼儿实施德、智、体、美等方面全面发展的教育,促进其身心和谐发展。由此看来,幼儿教育是在国家教育方针指导下,始终有着明确的培养目标,它强调遵循幼儿身心发展的规律,满足个体发展的需要,承担着为培养造就下一代新人打好基础的任务,在性质上属于基础教育。此外,《幼儿园工作规程》还明确规定"幼儿园是对三周岁以上学龄前幼儿实施保育和教育的机构",从幼儿教育对象的年龄来看,其属于基础教育。

 知识链接6-1 学校教育制度[①]

学校教育制度,亦称"学校系统",简称"学制",是指一个国家各级各类学校的体系。它规定各级各类学校的性质、任务、入学条件、学习年限以及它们之间的衔接和关系。

学校教育制度内容有幼儿园、小学、中学、各种专业学校、大学和业余学校等。不同国家在不同时期,学制有不同特点。中华人民共和国成立后,1951年10月,中央政务院颁布《关

---

① 转引自:http://www.pep.com.cn/pdysh/jszx/tbjxzy/3s/ckzl/201008/t20100824_715587.htm

于改革学制的决定》,对旧学制进行改革,规定中华人民共和国新学制。1958年9月,中共中央、国务院在《关于教育工作的指示》中,规定全国有三类主要学校:全日制学校,半工半读学校,各种形式的业余学校。

中国现行的学校系统分为以下几种。① 幼儿教育(幼儿园)。② 初等教育。主要指小学,招收6岁或7岁儿童入学,学习年限5年或6年。相当于小学教育程度的有成人业余初等教育。③ 中等教育。包括全日制中学、中等专业学校、职业学校、技工学校、农业中学及其他半工(农)半读中学、业余中学。全日制中学的学习年限一般为初中3年、高中3年。④ 高等教育。包括全日制大学(专门学院)、专科学校和各种形式的半工(农)半读大学、业余大学及研究生院。全日制大学的学习年限为4~5年,专科学校的学习年限为2~3年。1981年施行的《中华人民共和国学位条例》规定学士、硕士和博士三级学位制。硕士研究生学习年限为2~3年。博士研究生一般修业3年。

二、幼儿教育的作用

幼儿教育是人生发展的奠基性教育,是基础教育的基础、终身教育的开端,是国民教育体系的重要组成部分。发展幼儿教育对于促进儿童身心全面健康发展、普及义务教育、提高国民整体素质、实现全面建设小康社会的奋斗目标具有重要的意义。办好幼儿教育,关系亿万儿童的健康成长,关系千家万户的切身利益,关系国家和民族的未来,幼儿教育的作用不容忽视。在现实生活中,从世界各国日益加强幼儿教育的趋势来看,我们也可以深切感受到幼儿教育对幼儿个体发展的重要性。我们将从幼儿教育对个体的作用,对家庭、教育事业和社会的作用两个方面来说明幼儿教育的影响。

(一) 高质量的幼儿教育,有利于促进个体身心全面健康发展

从幼儿教育的任务来看,其最主要最直接的作用就是促进幼儿身心全面健康发展。国内外心理发展研究和脑科学的研究,也已经科学地论证了学前教育在婴幼儿的发展中的作用。我们将从幼儿教育对个体的认知的作用、对个体的身体的作用以及对个体社会性和人格品质的作用来说明幼儿教育对个体发展的影响。

1. 对个体社会性和人格品质的作用

《幼儿园教育指导纲要(试行)》中指出:"幼儿园的教育内容是全面的、启蒙性的,可以相对划分为健康、语言、社会、科学、艺术五个领域,也可作其他不同的划分。各领域的内容相互渗透,从不同的角度促进幼儿情感、态度、能力、知识、技能等方面的发展。"因此,幼儿教育的重要作用体现在对幼儿个体全方位、多层次身心健康的培养与锻炼。而个体的社会性与人格品质正是幼儿个体素质的核心组成部分,它是通过幼儿个体不断成长并逐渐融入社会的过程中逐步形成、发展并体现的。所以在学前期这个关键时期,婴幼儿在后天环境与教育的影响下,在与周围人的相互作用的过程中,逐渐形成和发展着最初也是最基本的对人、事、物的情感、态度,从而对其个体培养奠定着至为重要的人格品质与社会化基础。

对人类个体身心健康发展的研究与事实均表明,6岁前是人的行为习惯、情感、态度、性格雏形等基本形成的时期,并且这一时期幼儿的发展状况具有持续性影响。如果在这个时期里,幼儿因为更加有利的条件和适当的教育活动而获得益处,那么幼儿个体的身心发展将

会达到一个更为理想的高度。因此,幼儿时期所形成的社会性和人格品质在一定程度上影响着幼儿日后社会性、人格品质的发展方向、性质和水平。如果儿童在学前期形成了良好的社会性、人格品质,将有助于儿童积极地适应环境,顺利地适应社会生活,从而有助于他们的健康成长与成才。

高质量的学前教育对儿童社会性、人格的发展具有积极的促进作用,研究结果表明,学前期适宜的社会性教育能够有力地促进儿童社会交往能力、爱心、责任感、自控力、自信心和合作精神等社会性、人格品质的发展,接受了适宜社会性教育的儿童以上各方面发展水平都要显著高于没有接受过这一教育方案的儿童。而不良的学前教育则容易使儿童形成消极的社会性及人格品质,以至于日后出现各种人格缺陷甚至无法适应社会而报复社会并走向犯罪道路等。

综上所述,高质量的幼儿教育对幼儿个体社会性与人格品质的影响是巨大的,良好的幼儿教育在幼儿成长过程中也是必不可少的。

2. 对人的认知的作用

学前期是人的认知发展最为迅速、最重要的时期,在人的认识能力的发展中具有十分重要的奠基性作用。在这一时期内,幼儿的部分生理机能和心理机能开始进入其发展的萌芽或者关键期,这其中最重要的就是认知能力的发展;在这一时期内,幼儿个体对某些知识经验的学习或行为的形成比较容易,如果错过这一时期,在较晚的阶段上再来弥补则是很困难的,有时甚至是不可能的。例如幼儿学习口头语言的最佳年龄是2～3岁,学习书面语言的最佳年龄是4～5岁等。

幼儿教育是在幼儿学前期进行教育的一个过程。在这一时期,实施适应幼儿发展的、有目的的、有计划的教育,可以有效地促进幼儿认知发展,激发幼儿学习积极性,将幼儿教育与幼儿认知发展有效地连接起来,形成相互促进的良性关系。同时,美国著名的学前教育方案"开端计划(Head Start)"和"帕里学前教育方案"的研究均表明,早期良好的学前教育能使接受学前教育计划的社会处境不利儿童和非处境不利儿童比未接受的儿童在"在认知、语言和思维、操作等各方面能力发展得更好",并且"对这些儿童的认知、学习发展产生一直持续到其成年期的长期的、积极的影响。因此,幼儿如果能在这一时期接受高质量的幼儿教育,这必将为其个人日后成长与发展奠定良好的基础"。但幼儿所处这一时期又是一个复杂的、易变的、不确定的发展过程。高质量的幼儿教育可以促进幼儿个体认知能力的发展。反之,单调、贫乏的环境刺激和适宜的学前教育的缺乏,同样会造成儿童的认知方面的落后。因此在良好的外界环境下进行高质量的幼儿教育,提供丰富的环境刺激,最终才能有效地激发幼儿的认知欲望,从而促进幼儿形成良好的发展。

所以,我们必须把握好学前期这一在人的发展中占据了极其重要地位的教育时期,给儿童良好的教育,促进其认知能力的顺利发展。

3. 对幼儿身体的作用

学前期的幼儿正处于身体机能和组织器官迅速发展的一个时期,体质较为娇弱,对外界的适应能力和对疾病的抵抗能力都不强,而且幼儿自身并没有形成独立生活能力。因此,为了促进幼儿的生长发育,合理适宜的幼儿教育是必不可少的。

《幼儿园教育指导纲要(试行)》提出健康教育是幼儿园教育内容中的一个重要的部分。

旨在促进幼儿身体健康，使其在集体生活中情绪安定、愉快，培养幼儿良好的生活、卫生习惯以及基本的生活自理能力，帮助幼儿了解必要的安全保健知识，学习保护自己，激发幼儿参加体育活动的兴趣，促进其动作的协调、灵活性。幼儿园的保育和教育的首要目标是：促进幼儿身体正常发育和机能的协调发展，增强体质，培养良好的生活习惯、卫生习惯和参加体育活动的兴趣。幼儿园应把促进幼儿身体健康发展放在工作的首要位置。

《幼儿园工作规程》还提出，要为幼儿合理地安排一日生活作息制度，定期对幼儿进行健康检查，为避免幼儿受疾病的侵袭还制定了卫生保健制度，为幼儿提供合理的膳食，编制营养平衡的食谱，并积极开展体育锻炼。这些有目的有计划的保育工作在促进幼儿身体健康发展方面起到了巨大的作用。

综上，高质量的幼儿教育，通过科学安排幼儿的日常生活、预防疾病、平衡膳食、加强体育锻炼等措施，能够促进幼儿身体的健康成长，加强其身体的机能及对外界的适应能力、增强体质，并为幼儿的发展奠定良好的基础。

（二）高质量的幼儿教育对家庭、教育事业和社会的发展具有重要意义

1. 对社会的作用

人类已经迈入 21 世纪，以信息技术为标志的科技进步日新月异，知识经济蓬勃兴起，各国间的综合国力竞争日趋激烈。时代赋予教育以新的内容，而学前教育作为我国学制中最初的一环，与各级各类学校教育（小学、中学、职业技术教育、高等教育等）共同担负着为国家和社会培养社会主义建设者的任务。学前教育是学校教育的基础，受过托儿所、幼儿园教育的 6 岁儿童，在身体、智力、道德品质上和其他儿童已有显著差别，入学时起点不同，对学校教育质量和年轻一代的发展有很大的影响。学前教育为提高社会主义建设者的素质打下了最初的良好基础。

值得提出的是，近年西方的教育追踪研究表明，补偿性的学前教育在消除社会贫困、拥有高质量的家庭生活和产生社会经济效益方面的作用十分突出。美国几项长达 20～30 年的学前教育的追踪研究，如"开端计划"和"帕里学前教育方案"的研究均显示：以来自于家庭经济状况差、父母文化水平低的社会处境不利的儿童为对象的补偿性学前教育，能成功地打破消极的贫穷循环圈（即童年期的贫穷常常导致儿童学业失败，进而导致其成年期的贫穷，如失业、靠救济金生活等），使这些儿童因认知、语言、社会性等各方面能力发展得更好，而更有可能完成高中学业并获得工作上的成功，能够自立而不是依靠社会福利，更有可能组建家庭并对婚姻生活忠实，减少对特殊教育的需求，青少年犯罪、未成年怀孕的可能性更小。研究指出，高质量的学前教育计划不仅提高了参与其中的儿童及其家庭的生活水平，而且能为社会带来巨大的经济效益。学前教育的收益要大于其花费，在学前教育上的投入可以为国家日后节省庞大的社会教育费和社会福利费，也就是说，从长远看，学前教育能够产生巨大的社会经济效益。有关"帕里学前教育方案"的效益分析发现：对学前教育进行投资，其收益是投资的 3.5 倍；对高瞻学前教育方案的经费分析则表明：对学前教育每投入 1 美元，日后能够获得 7.16 美元的收益。这些研究结果对于我国在广大中西部贫困地区发展学前教育，改善其教育、社会经济状况具有重要的启示意义。[①]

---

① 庞丽娟,胡娟,洪秀敏.论学前教育的价值[J].学前教育研究,2003(5):23.

知识链接 6-2　开端计划

开端计划是美国联邦政府对处境不利儿童进行教育补偿,以追求教育公平、改善人群代际恶性循环的一个早期儿童项目。该计划自创始至今的 40 多年里,已经为 2200 多万名儿童提供了服务,在很大程度上减少了留级和接受特殊教育的儿童的数量,既赢得了贫困家庭的好评,又促进了社会的教育公平。在 1981 年出台的《开端计划法案》(Head Start Act)中规定,联邦政府每年至少应为开端计划项目拨款 10.7 亿美元。自该法案颁布实施以来,政府对开端计划项目的拨款数额逐年增加:1990 年为 15.52 亿美元;1999 年达到 46.58 亿美元,是 1990 年的 3 倍;到了 2005 年,拨款数额达到了 68.43 亿美元,是 1990 年的 4 倍。从人均来看,1992 年政府对每名儿童的投入是 3415 美元;2004 年达到了 7222 美元,是 1992 年的 2 倍。2007 年,美国国会参众两院高票通过了有效期为 5 年的开端计划新法案,该法案规定联邦政府应在 2008 年向开端计划提供 73.5 亿美元的资金支持,还增加了无家可归儿童、流动儿童、身体残疾儿童及非英语母语儿童参与开端计划项目的机会。开端计划不向家长收取费用,其经费 80% 来自联邦政府的拨款,其余主要来自社区。联邦政府的拨款自开端计划实施以来从未停止过且数额始终呈上升趋势。

政府拨款为开端计划项目的顺利开展提供了重要的支持,越来越多不同年龄、来自不同群体的学前儿童已经或正在从开端计划中受益。开端计划鼓励家长参与项目,推进了全社会对处境不利儿童及其家庭和社会环境的关注和支持。从另一方面讲,该计划也在很大程度上减轻了这类家庭的压力,使家长有时间和精力去进行自身的职业培训,获得更多的工作机会,在一定程度上缓和了社会矛盾,促进了社会公平。

2. 对家庭的作用

家庭是社会的基本单位,每一个幼儿都连接着一个或几个家庭。孩子能否健康成长是家长关注的焦点,也是决定家庭生活是否和谐幸福、影响家庭生活质量的一个关键因素。所以学前教育的质量更成为家长关注的核心。其次,学校中的学前教育可以弥补家庭学前教育的不足,它以其更强的专业性,对幼儿的发展阶段具有更强的针对性。因此,学前教育不仅是对家庭教育的一个补充,而且间接地为社会长远和稳定的发展做出了贡献。

此外,《幼儿园工作规程》规定幼儿教育的第二个主要任务是"幼儿园同时面向幼儿家长提供科学育儿指导"。幼儿的健康成长和发展离不开良好的家庭教育,父母是幼儿的第一任老师,对幼儿的性格和品行的发展有着深远的影响。然而,家长们并非都是懂得教育规律的专业人员,幼儿园通过家园共育为家长提供科学的育儿指导,帮助家长提高育儿水平,有利于增进家庭的和谐和幸福。

3. 对教育事业发展的作用

首先,学前教育是我国学制的第一阶段、是基础教育的开端,有着学校教育的基础地位的重要作用。例如在帮助幼儿做好上小学的准备这一教育环节中,学前教育能有效帮助幼儿适应小学生活,顺利进入小学。而在我国教育部和联合国儿童基金会历时 5 年进行的"幼小衔接研究"中,通过儿童入学前半年和入学后半年的连续实验研究发现,对学前儿童做好入学前准备,包括学习适应和社会适应方面的准备,能够使儿童入学后在身体、情感、社会性适应和学习适应等方面有良好的发展,从而顺利地实现由学前向小学的过渡。

其次,学前教育是终身教育的开端。它强调的是教育对于人的一生都应是一种持续不断的影响,而学前教育正是这个长期教育阶段的起始,是幼儿的成长、个性发展的基础时期。俗话说,良好的开端等于成功的一半,学前教育不仅注意幼儿身体健康,更重视早期教育对儿童一生的影响。所以,学前教育对基础教育乃至教育事业发展具有重大意义。

案例 6-1

维持正常教学秩序合理合法[①]

郑海是某幼儿园大班的小朋友。他平时非常顽皮,爱跟别人打架。不爱学习,是班上有名的"淘气鬼"。一天,在上识字课时,任课老师让他回答问题,他答不出,就故意学动物叫,声音怪里怪气,扰乱课堂秩序。任课老师批评他,他还做鬼脸,并顶撞老师。老师无奈,只好把他带出教室,交给其班主任对其批评教育。郑海小朋友的家长知道此事后,认为任课老师不应当在上课时将其带出教室,说老师这样做是违法的,侵犯了孩子的受教育权,要求幼儿园对此道歉。

幼儿园老师是否有权这样做?

【评析】

本案是一起关于幼儿园在教学活动中行使法定权利所引起的纠纷。

幼儿园的法定权利是指幼儿园在其教育、保育活动中依法享有的权利,即国家通过法律规定,对幼儿园作为法律关系主体做出或者不做出某种行为,以及要求他人做出或者不做出某种行为的许可和保障。幼儿园的法定权利以法律规定为前提,并受国家的保护。这些法定权利一旦受到侵害,权利享有者有权请求法律保护。

根据我国相关法律、法规的规定,幼儿园的法定权利主要有如下一些。

(1) 按照《幼儿园工作规程》和《幼儿管理条例》的要求,自主管理幼儿园的权利。

(2) 遵循教育、保育规律组织实施保育、教育活动的权利。

(3) 招收新生和进行学籍管理的权利。

(4) 聘任及管理教师及职工的权利。

(5) 对本单位的设施及经费进行管理和使用的权利。

(6) 拒绝对教育、保育活动进行非法干涉的权利。

(7) 法律、法规规定的其他权利。

本案中,郑海小朋友作为在园幼儿,确实有接受教育的权利。但他在课堂上不遵守纪律,扰乱课堂秩序,干扰了正常的教育、教学活动,影响到整个班级教学的正常进行,侵犯了其他幼儿接受教育的权利。在这种情况下,任课老师将他带出教室,是为了维持正常的教学秩序,也是为了保障其他幼儿的受教育权,因此是完全合理合法的。幼儿家长要求幼儿园道歉的说法没有法律依据,幼儿家长应当积极配合幼儿园共同做好对幼儿的教育的工作。

---

① 周天枢,严凤英.幼儿园100个法律问题[M].广州:新世纪出版社,2010:52—53.有删改.

> **想一想**
>
> 从学前教育政策与法规的角度,谈一谈如何发挥幼儿教育的作用?

第二节 幼儿园的教育工作

幼儿园是对三周岁以上学龄前儿童实施保育教育的机构,是学校教育制度的基础阶段。

一、幼儿园教育工作的特点[①]

与学校制度的其他阶段相比,幼儿园教育工作有以下特点。

(1) 幼儿园教育是非义务性的。也就是说,幼儿去幼儿园接受教育是自愿而非强迫接受的。

(2) 幼儿教育不以传授系统知识为主要目标。幼儿园有组织、有计划、有目的的教育在于使幼儿的体力、智力、品德和情感都得到发展,为幼儿升小学后较快地适应正式的学习生活打基础,而不以传授系统知识为主要目标。

(3) 在法律上,幼儿教育的对象虽然具有同成人一样的权利与能力,但他们无相应的行为能力和责任能力。按我国《民法典》规定,8岁以下儿童属完全无民事行为能力的公民,他们当然亦不对自己的行为承担相应的责任。因此,幼儿教育特别强调保育与教育相结合,一切教育活动都是在保育的前提下进行的。

二、幼儿园教育工作的原则

幼儿园教育工作的原则是指教师在向幼儿进行教育时必须遵循的行为准则。《幼儿园工作规程》根据幼儿园的教育目标、任务和幼儿身心发展的特点,并在总结了长期的幼儿教育实践经验的基础上,明确提出幼儿园教育工作必须坚持以下原则。

(1) 诸育互相渗透、有机结合的原则。即体、智、德、美诸方面的教育应互相渗透,有机结合。

(2) 注重个体差异、因材施教。遵循幼儿身心发展的规律,符合幼儿的年龄特点,注重个体差异,因材施教,引导幼儿个性健康发展。

(3) 面向全体、坚持正面教育原则。面向全体幼儿,热爱幼儿,坚持积极鼓励、启发幼儿的正面教育。

(4) 各种教育手段交互作用、渗透生活的原则。合理地综合组织各方面的教育内容,并渗透于幼儿一日生活的各项活动中,充分发挥各种教育手段的交互作用。

(5) 充分利用环境,幼儿活动主体性原则。创设与教育相适应的良好环境,为幼儿提供活动和表现能力的机会与条件。

(6) 以游戏为基本活动、寓教于活动的原则。即幼儿园的教育工作应以游戏为基本活动,以活动为形式把教育因素贯穿于各项活动之中。

---

① 孙葆森,刘惠容,王悦群.幼儿教育法规与政策概论[M].北京:北京师范大学出版社,2004:117.

案例 6-2

别为了安全,限制孩子的活动①

某幼儿园是一家公立幼儿园,日常管理工作比较规范。但是在一次组织幼儿春游时,还是发生了意外:该园幼儿乘坐的一辆包租的旅游车发生了车祸,导致2名幼儿受重伤。幼儿园由于存在过错,为此付出了高额的赔偿金。结果从那以后,为避免意外事件的再次发生,幼儿园决定减少幼儿的户外活动和游戏的时间,索性把幼儿整天闷在课室。

这种做法倒是保险了,可是否合法呢?

【评析】

本案涉及儿童法律权利的保障问题。

幼儿园应向幼儿提供规范、安全的学习条件和生活环境,不能因为担心出意外就限制或减少孩子们的户外活动时间。《儿童权利公约》规定,儿童应有时间休息和游戏,有同等的机会参加文化和艺术活动。幼儿园不得以安全为理由,减少和限制孩子们的活动。

【建议】

(1) 幼儿园应为幼儿提供规范、安全的室外活动环境。

(2) 幼儿园在组织户外活动时,应对幼儿进行必要的安全教育和能力培养训练。

三、幼儿园教育工作的基本要求

幼儿园教育工作的主要目标是发展幼儿的智力,增进幼儿对环境的基本认识,激发幼儿的认知兴趣和欲望,促使幼儿形成良好的社会性和人格品质,萌发他们初步的感受美和表现美的能力等。为达到以上目标,它的基本要求是科学、合理地安排和组织一日活动,有目地有计划地选择教育内容,科学、有效地组织教育活动,重视、加强与小学的衔接,推广、普及普通话的使用等。

(一)科学、合理地安排和组织一日生活

科学、合理地安排幼儿在园一日活动不仅有利于幼儿园各种活动的有序开展,更重要的是能够满足幼儿多方面的发展需要,帮助他们获得有益于身心发展的经验。

首先,幼儿园应建立良好的常规。《幼儿园工作规程》第27条规定:"幼儿园日常生活组织,要从实际出发,建立必要的合理的常规,坚持一贯性和灵活性的原则,培养幼儿的良好习惯和初步的生活自理能力。"《幼儿园教育指导纲要(试行)》指出,良好的常规可以"避免不必要的管理行为,逐步引导幼儿学习自我管理"。

其次,要精心组织、安排幼儿的一日活动。在活动的时间安排上,《幼儿园教育指导纲要(试行)》强调:"应有相对的稳定性与灵活性,既有利于形成秩序,又能满足幼儿的合理需要,

---

① 周天枢,严凤英.幼儿园100个法律问题[M].广州:新世纪出版社,2010:22—23,有删减.

照顾个体差异。"活动的组织、安排方面,《幼儿园工作规程》第 26 条规定:"幼儿一日活动的组织应动静交替,注重幼儿的直接感知、实际操作和亲身体验,保证幼儿愉快的、有益的自由活动。"《幼儿园教育指导纲要(试行)》还强调,应使"教师直接指导的活动和间接指导的活动相结合",除此之外还应"尽量减少必要的集体行动和过渡环节,减少和消除消极等待现象"。

(二)有目的、有计划地选择教育活动内容

《幼儿园工作规程》第 28 条明确规定:幼儿园应当为幼儿提供丰富多彩的教育活动。教育活动内容应当根据教育目标、幼儿的实际水平和兴趣确定,以循序渐进为原则,有计划地选择和组织。

教育内容是实现教育目标的载体,能有效实现教育目标的教育内容才是有价值的。因此,教师应依据《幼儿园工作规程》提出的保教目标和《幼儿园教育指导纲要(试行)》所述的健康、社会、科学、语言、艺术五大领域各领域目标,并结合本地、本园和本班的实际情况,灵活地选择教育内容。

教育内容的选择还应与幼儿身心发展相适宜,《幼儿园教育指导纲要(试行)》提出教育内容的选择应遵循以下原则:既符合幼儿的兴趣和现有经验,又有助于形成符合教育目标的新经验;既贴近幼儿的生活,又有助于拓展幼儿的经验;既体现内容的丰富性、时代性,又注重幼儿学习的必要性、妥当性以及与小学教育的衔接。

幼儿园各年龄阶段、各学期、各教育活动之间的内容需要衔接,托幼之间、幼小之间的教育内容也需要衔接。教育活动内容的衔接反映了事物发展的内在规律性以及幼儿身心发展的阶段性和连续性,同时也反映了知识经验之间的固有逻辑性。因此,教师在选择教育内容时要综合考虑多方面的因素,遵循由易到难、由浅入深、由近及远、循序渐进的原则。要多选择有利于幼儿长远发展的教育内容,为幼儿的终身学习和发展打好基础。①

总而言之,幼儿园教师在选择教育内容时,应遵循幼儿教育的目标,考虑幼儿的身心发展规律,并坚持循序渐进的原则。幼儿园不应该为了迎合家长的意愿,而选择一些违背幼儿身心发展规律的内容,只有适合幼儿的教育内容才是最好的。

 知识链接 6-3　幼儿园保教目标和五大领域各领域目标

《幼儿园工作规程》第 5 条规定,幼儿园保育和教育主要目标是:促进幼儿身体正常发育和机能的协调发展,增强体质,培养良好的生活习惯、卫生习惯和参加体育活动的兴趣;发展幼儿智力培养,正确运用感官和运用语言交往的基本能力,增进对环境的认识,培养有益的兴趣和求知欲望,培养初步的动手能力;萌发幼儿爱祖国、爱家乡、爱集体、爱劳动、爱科学的情感,培养诚实、自信、友爱、勇敢、勤学好问、爱护公物、克服困难、讲礼貌、守纪律等良好的品德行为和习惯,以及活泼开朗的性格;培养幼儿初步的感受美和表现美的情趣和能力。

《幼儿园教育指导纲要(试行)》提出,幼儿园的教育内容是全面的、启蒙性的,可以相对划分为健康、语言、社会、科学、艺术等五个领域,也可作其他不同的划分。各领域的内容相互渗透,从不同的角度促进幼儿情感、态度、能力、知识、技能等方面的发展。五大领域的目

---

① 章群弟.教育内容选择的依据[J].幼儿教育,2014(1):56.

标具体如下。

健康领域目标：身体健康，在集体生活中情绪安定、愉快；生活、卫生习惯良好，有基本的生活自理能力；知道必要的安全保健常识，学习保护自己；喜欢参加体育活动，动作协调、灵活。

语言领域目标：乐意与人交谈，讲话礼貌；注意倾听对方讲话，能理解日常用语；能清楚地说出自己想说的事；喜欢听故事、看图书；能听懂和会说普通话。

社会领域目标：能主动地参与各项活动，有自信心；乐意与人交往，学习互助、合作和分享，有同情心；理解并遵守日常生活中基本的社会行为规则；能努力做好力所能及的事，不怕困难，有初步的责任感；爱父母长辈、老师和同伴，爱集体、爱家乡、爱祖国。

科学领域目标：对周围的事物、现象感兴趣，有好奇心和求知欲；能运用各种感官，动手动脑，探究问题；能用适当的方式表达、交流探索的过程和结果；能从生活和游戏中感受事物的数量关系并体验到数学的重要和有趣；爱护动植物，关心周围环境，亲近大自然，珍惜自然资源，有初步的环保意识。

艺术领域目标：能初步感受并喜爱环境、生活和艺术中的美；喜欢参加艺术活动，并能大胆地表现自己的情感和体验；能用自己喜欢的方式进行艺术表现活动。

（三）科学、有效地组织教育活动

《幼儿园工作规程》指出："教育活动的组织应当灵活运用集体、小组和个别活动等形式，为每个幼儿提供充分参与的机会，满足幼儿多方面发展的需要，促进每个幼儿在不同水平上得到发展。"在《幼儿园教育指导纲要（试行）》中还提出了更为具体的要求，即"教育活动内容的组织应充分考虑幼儿的学习方式和特点，注重综合性、趣味性，寓教育于生活、游戏之中"。综合这两个文件，组织教育活动还需符合以下几种要求。

1. 以游戏为基本活动

喜欢游戏是幼儿的天性。高尔基说过："儿童通过游戏非常简单、非常容易地认识周围世界。"游戏是有益幼儿身心各方面发展、适宜幼儿身心发展特点的活动。《幼儿园管理条例》明确规定："幼儿园应当以游戏为基本活动形式。"《幼儿园教育指导纲要（试行）》总则第5条也提出："幼儿园教育应尊重幼儿的人格和权利，尊重幼儿身心发展的规律和学习特点，以游戏为基本活动，保教并重，关注个体差异，促进每个幼儿富有个性的发展。"游戏是幼儿早期学习的一种特有的方式，也是幼儿的主要活动。

《幼儿园工作规程》在第29条中对游戏的选择、游戏条件、游戏指导三个方面进行了详细规定，即"游戏是对幼儿进行全面发展教育的重要形式。应根据幼儿的年龄特点选择和指导游戏。应因地制宜地为幼儿创设游戏条件（时间、空间材料），游戏材料应强调多功能和可变性。应充分尊重幼儿选择游戏的意愿，鼓励幼儿制作玩具，根据幼儿的实际经验和兴趣，在游戏过程中给予适当指导，保持愉快的情绪，促进幼儿能力和个性的全面发展"。

为达到以游戏为基本活动的要求，幼儿园应做到以下几点。一是要以游戏的形式开展活动实施教育，完成特定的教育教学目标。如在组织活动中注意采用游戏形式与手段，促进教育效果的提高。二是注重游戏活动本身，以游戏为基本活动，注重开展幼儿自选自由的游戏活动，充分发挥游戏自主性特点，激发起幼儿内在的活动动机，产生积极体验，通过活动过程,身心得到发展和促进。① 三是要注重区域游戏的开展。幼儿园开展的区域游戏内容要广泛、形式多样,充分发挥幼儿的主体性,促进幼儿个性发展。

2. 因材施教,鼓励个性发展

苏霍姆林斯基曾经指出:"人的个性是一种由体力、智力、思想、情感、意志、情绪等炼成的最复杂的合金,不了解这一切就谈不上教育。"由于幼儿在遗传、环境、教育等方面千差万别,每个幼儿的知识水平、生活经验不尽相同,他们之间存在着较大的差异性。既然不同幼儿之间存在着较大的差异,这就决定了我们的教育应该正视、发现、尊重这个差异,并认真研究人的成长规律。创造一定的环境和条件,通过个性化教育,因材施教,让每一个体都能根据各自的特长、爱好,找到适合自己的发展方向。

《幼儿园工作规程》第 32 条规定:幼儿园应当充分尊重幼儿的个体差异,根据幼儿不同的心理发展水平,研究有效的活动形式和方法,注重培养幼儿良好的个性心理品质。教师应通过日常教学、生活观察、活动考察等途径,着力把握了解孩子们的不同特性及成因,做到对每个幼儿的个性特点都心中有数,发掘蕴藏在每个幼儿身上的潜能,从而帮助其按自己特定的方式发展自我、完善自我,形成相对稳定而独特的个性。其次,教师要提高自身的综合素质和能力,不断更新教育观念,运用现代化的教学方式和手段,进而提升个人魅力,以便在幼儿教学中达到因材施教的效果。

案例 6-3

侮辱和鼓励绝不是教育

2004 年 4 月 3 日,幼儿潘伟因上课离开座位被老师周俏罚站半天,椅子也被周俏拿走,周老师还强迫他下课也站着。后来因顽皮、与同学打闹等原因,潘伟又多次被老师罚站。期间周老师甚至把他调到教室第一排单独一个人坐,并说谁表现最差、最坏,谁就和他坐。

这种方式孤立、侮辱了潘伟,伤害了他的身心健康,致使潘伟不愿再来幼儿园上学。2004 年 10 月前后,潘伟开始出现精神方面异常,总是长时间吸气,神情委屈。睡梦中常常喊"罚站""我不是坏孩子",后来发展到语言混乱。直到最后在家中打父母、砸东西,再也不愿回到幼儿园上课。

家长了解情况后,于 2004 年 12 月将周老师告上法庭。

对幼儿园老师侮辱、孤立乃至体罚幼儿应如何处理?

【评析】

本案是一起幼儿园教师长期侮辱学生引起的幼儿伤害事故。近年来,在一些个别的学校、幼儿园,教师在组织与管理教学过程中,侮辱学生的情况时有发生。案中的周俏身为幼儿园老师,在面对孩子的不良表现时,采取侮辱、恐吓的方法,严重影响了孩子的身心健康发展,其实质是变相体罚,侵犯了潘伟的名誉权和人格尊严。《未成年人保

---

① 张燕.幼儿园如何实现以游戏为基本活动[J].学前教育研究,1994(3):22.

护法》第 18 条规定,学校应当关心、爱护学生,对品行有缺点、学习有困难的学生,应当耐心教育、帮助,不得歧视。第 21 条规定,学校、幼儿园、托儿所的教职员工应当尊重未成年人的人格尊严,不得对未成年人实施体罚、变相体罚或者其他侮辱人格尊严的行为。此外,在《义务教育法》《教师法》《学生伤害事故处理办法》和《幼儿园管理条例》等法律、法规中也都有关于严禁体罚和变相体罚幼儿的明确规定。

根据上述法律、法规和《教育行政处罚暂行实施办法》第 10 条的规定,教育单位或个人侮辱、体罚或变相体罚学生的,由教育行政部门对直接责任人员给予警告、1000 元以下的罚款;经教育不改的,由所在学校或者教育行政部门给予行政处分或解聘;情节严重,构成犯罪的,由司法机关依法追究刑事责任。

本案中,周俏对当事人潘伟的行为造成的影响较大,侵犯了其人格尊严,使其身心受到严重伤害。因此,法院判定的结果是:被告公开道歉,赔偿幼儿精神损失费 3000 元;行政记过处罚并罚款 1000 元;同时要求周俏所在幼儿园领导协助当地教育行政部门,关注周俏的表现,如今后还发生类似情况,应取消其教师资格。

【建议】

(1) 随着幼儿园发展的市场化,幼儿园数量不断增加,有关部门应进一步加强对幼儿园各项工作的管理。

(2) 幼儿园在聘任老师时应严格谨慎,除应要求其具有国家承认的相关学历与教师资格外,还应对其思想道德进行审核,教育每名教职工爱生敬业、为人师表,杜绝体罚幼儿现象的发生。

(3) 教师应以良好的师德要求自己,任何情况下,都不能责骂、恐吓幼儿。应摒弃简单、粗暴的教育方式,以诱导、亲切、善意的方式对待犯错误的孩子,使孩子的性格、人格在童年时期得以正常发展。

(4) 家长在发现幼儿有被老师体罚、侮辱等现象时,可与相关老师或领导沟通,要求园方立即采取措施。对于事实清楚、证据确凿的侵犯幼儿的行为,应注意保留证据,依法追究其法律责任。

3. 寓德育于各项活动之中

著名教育家陶行知先生曾指出:"6 岁以前是人格陶冶最重要的时期。这个时期培养得好,以后只需顺着他继续增高的培养下去,自然成为社会优良的分子。倘使培养得不好,那么,习惯成了不易改,倾向定了不易移,态度决了不易变。这些儿童升到学校里,教师须费九牛二虎之力去纠正他们已成的坏习惯、坏倾向、坏态度,真可算为事倍功半。"幼儿园应加强品德教育,为幼儿形成健全人格奠定良好的基础。

《幼儿园工作规程》第 31 条规定:"幼儿园的品德教育应以情感教育和培养良好行为习惯为主,注重潜移默化的影响,并贯穿于幼儿生活以及各项活动之中。"教师要捕捉各种教育契机,将幼儿良好的生活、卫生习惯的培养放在幼儿入园、离园、起床、盥洗、吃饭、睡觉、待人接物、整理日常用品等日常生活中,督促并指导他们付诸行动,反复练习,从而形成良好的行为习惯。此外,教师还要在教育活动、游戏活动中,潜移默化地将品德教育渗透其中。

(四) 重视、加强幼小衔接

幼小衔接是指幼儿园与小学两个阶段教育的平稳连接与过渡。幼小衔接工作做得好，不仅可以使即将升入一年级的适龄幼儿自然顺利地过渡到紧张的小学学习生活，使他们在小学里健康快乐地成长，而且对于促进幼儿的可持续发展、提高教育质量都具有重要意义。《幼儿园工作规程》第33条规定："幼儿园和小学应密切联系互相配合，注意两个阶段教育的相互衔接。"

做好幼小衔接，不仅是做好幼儿园与小学的知识衔接，更重要的是对幼儿能力、经验、学习习惯的培养。教师要激发幼儿强烈的入学欲望，培养幼儿良好的行为习惯和独立生活的能力，调动幼儿学习的主动性和积极性，促使幼儿形成规则意识。幼儿园可以通过多种形式的实践活动，让幼儿初步熟悉小学的环境，了解小学生的学习和活动情况，使幼儿萌发入小学的愿望，从而使幼儿能够很快地适应小学的学习环境。

在幼小衔接的过程中，家长起着重要的作用。幼儿园应通过开大班家长会、家长学校讲座，请专家向家长介绍如何做好幼小衔接工作。通过这些活动的开展来提高家长的认识，使家长了解幼儿园教育与小学教育的不同。幼儿园要帮助家长树立正确的幼小衔接观念，与家长进行有效的沟通与合作，让家长能够意识到幼儿的入学准备不仅是知识方面的准备，还包括身体和心理上的准备，通过家园合作，形成教育合力，为实现幼儿的平稳过渡奠定基础。

案例 6-4

幼儿园有开展家长工作的责任[①]

某幼儿园的部分家长提出：幼儿在幼儿园应多学点知识，至少每天要学1小时的语文和算术。当时，为了幼儿园的生源，园长便答应了，并要求大班老师借小学一年级的课本给大班上课。

幼儿入园后，园长觉得幼儿园学这些知识是不对的，便向家长们宣传幼儿园应按幼儿年龄特点对孩子进行教育，幼儿园应以游戏为基本活动，否则不利于孩子的身心健康。有些家长的工作做通了，便让孩子留下了，有个别家长想不通，把孩子送往了别的个体幼儿园。

【评析】

在幼儿园的工作中，家长工作是十分重要的一部分。《幼儿园工作规程》中专门用一章（即第九章"幼儿园、家庭和社区"）的篇幅把幼儿园的家长工作用法规的形式确定了下来。之所以这样重视家长工作，是因为，许多研究结果表明，幼儿教育不等于幼儿园教育，而应是家庭教育、幼儿园教育、社会教育三者有机组成的整体。其中，家庭、幼儿园对幼儿的发展有着更为直接的影响。幼儿园是教养机构，教师是受过专门训练的教育工作者，幼儿园必须主动与幼儿家庭配合，并有责任指导家长正确了解幼儿园保育和教育的内容、方法。在本案例中，幼儿家长提出应让幼儿多学点知识，是因为他们不

[①] 李志宇，谢志东.幼儿园法律问题案例评析[M].北京：知识出版社，2001:173.

了解幼儿园的性质,不了解幼儿期的孩子真正该学些什么。面对这种情况,幼儿园就有责任依据《幼儿园工作规程》的规定向家长进行解释和说明,而不应一味地迎合家长的不合理要求。这也同时说明,该幼儿园有自己的责任——对家长工作没有认识清楚,没有把家园配合教育放在重要地位,所以使自己陷入被动的工作局面。

在深化幼教改革的今天,希望广大幼儿园能真正认识到家长工作的重要性,使幼儿在家园共育的合力下更加健康、茁壮地成长。

(五)推广、普及普通话

《中华人民共和国国家通用语言文字法》规定普通话是国家通用语言。在中国现代化建设的历史进程中,大力推广、积极普及全国通用的普通话,有利于消除语言隔阂、促进社会交往,对社会经济、政治、文化建设和社会发展具有重要意义。我国是多民族、多语言、多方言的人口大国,推广、普及普通话有利于增进各民族、各地区的交流,有利于维护国家统一、增强中华民族凝聚力。正确规范地使用普通话有助于幼儿更好地跟其他人交流,获取更多的知识,为基础教育打好基础。因此我们倡导:"普及推广普通话,从娃娃抓起。"

《宪法》规定,国家应推广全国通用的普通话。《教育法》第12条规定:"国家通用语言文字为学校及其他教育机构的基本教育教学语言文字,学校及其他教育机构应当使用国家通用语言文字进行教育教学。"

有语言专家指出,幼儿期给幼儿创设一种什么样的语言环境,幼儿就会形成什么样的语言。幼儿园首先应该积极营造浓郁的普通话语言环境,让幼儿逐渐会听、会讲、爱讲;其次,幼儿园还可通过积极开展各类语言活动、游戏,让幼儿逐渐学会用普通话表述较完整、较连贯的句子;再次,幼儿园应充分利用一日生活各环节,激发幼儿语言交流的兴趣,让幼儿亲身体会到使用普通话的乐趣。

除了《幼儿园工作规程》所规定的幼儿园教育工作的法定原则外,幼儿园教育工作还应遵循哪些原则?

第三节 幼儿园的保育工作

一、保育工作的意义

幼儿园保育是指幼儿园教育者为幼儿的生存与发展提供必需的、良好的环境和条件,给予幼儿精心的照顾和养育,以保护和促进幼儿正常发育和良好发展,逐渐提高其独立生活的能力。保育工作是幼儿园的一项基本工作,它关系到幼儿的生长发育和身心健康。

狭义的理解,保育是对幼儿身体的保护和养育。广义的理解,保育是对幼儿身体的保护,对幼儿各种心理过程发展的促进和培养。①

(一)良好的保育工作,能促进幼儿身心健康发展

《幼儿园工作规程》第17条规定:"幼儿园必须切实做好幼儿生理和心理卫生保健工作。"这一规定的指导下,我们应该意识到幼儿园的保育工作不仅是对幼儿身体的保护,更是对幼儿各种心理过程发展的促进和培养。因此我们说良好的保育工作,有利于幼儿的身心健康发展。

学前儿童正处于生长发育迅速发展的重要时期,他们虽然已经具有人体的基本结构,但是各器官、各系统尚未发育完善,对外界环境及变化的影响更为敏感,基本没有自我保护的意识与能力,容易受到恶劣天气的影响与各传染病的袭击。幼儿阶段的这种特殊性,决定了成人必须对他们特别关注。因此幼儿园的工作人员,一方面需要对其进行精心照顾和保护,另一方面需要为他们创设良好的条件和环境,从而促进其身心健康发展。

《幼儿园工作规程》把"促进幼儿身体正常发育和技能的协调发展,增强体质,促进心理健康、培养良好的生活习惯、卫生习惯和参加体育活动的兴趣"放在了保育和教育的主要目标的首位。自从我国实行计划生育这一基本国策以来,独生子女日益增多,大量独生子女的出现不但使传统的家庭结构发生了根本变化,同时也引发了一系列社会问题。当前有些独生子女心理健康问题相当严重,如独立性差,依赖性强,意志薄弱,遇到苦难无所适从,容易受到打击和挫折。因此,培养幼儿良好的生活、卫生习惯,逐渐提高其独立生活的能力,引导幼儿形成良好的情绪和个性也是学前教育机构保育工作的重要任务。

(二)良好的保育工作,能提高幼儿园的办园质量

《幼儿园工作规程》明确提出,"幼儿园是对三周岁以上学龄前幼儿实施保育和教育的机构",幼儿园要"实行保育与教育相结合的原则"。这些规定,从根本上说明了保育工作是学前教育机构的重要工作内容。良好的保育工作,必然能够提高幼儿园的办园质量。

此外,由于幼儿园教育的对象是三周岁以上学龄前儿童,他们体质柔弱,各种器官功能不完善,加上缺乏生活经验,体力不足,自制能力、生活自理能力都很差。基于此,幼儿园必须把保护幼儿的生命和促进幼儿的健康放在工作的首位,幼儿园的保育理应在幼儿园工作中占有重要地位。保育工作的质量应成为衡量学前教育机构质量的一个重要指标,保育质量的提高必然提高幼儿园办园质量。

(三)良好的保育工作,有利于加强幼儿园与家长的沟通与合作

《幼儿园工作规程》明确指出,"实行保育与教育相结合的原则","保教并重"。但在实际工作中,保育工作的地位远远低于其理论地位。有很多家长对保育工作存有偏见,把保育工作当做一些微不足道的清洁卫生工作,不把"保育员"看做幼儿教师,只注重幼儿智力方面的发展,而忽视幼儿的生活、卫生习惯,以及自理能力和自我保护意识的培养。而改变这一现状最为有效的办法就是提高幼儿园保育工作的质量,使其朝着更专业、更科学的方向发展,进而引起家长对幼儿园保育工作的了解和重视。

幼儿园保育工作的良好发展离不开家长的联系与合作,只有当家长与幼儿园教养态度一致,才能使幼儿健康成长。《幼儿园工作规程》明确指出:"幼儿园应当主动与幼儿家庭沟

---

① 孙葆森,刘惠容,王悦群.幼儿教育法规与政策概论[M].北京:北京师范大学出版社,2004:213.

通合作,为家长提供科学育儿宣传指导,帮助家长创设良好的家庭教育环境,共同担负教育幼儿的任务。"可以通过"建立幼儿园与家长联系的制度,指导家长正确了解幼儿园保育和教育的内容和方法",从而更新家长的教育观念,使家长了解、重视幼儿园的保育工作。广大幼儿家长对如何保育、教育孩子并不一定具备专业的知识和经验。为了巩固幼儿园在保育方面的教育成果,幼儿园要在家长中广泛开展现代保育知识教育,通过家长学校、家长会、家园共育专栏、家访等多种形式向家长宣传幼儿卫生保健常识和心理健康知识,督促幼儿形成良好的生活习惯等,从而提高家长素质。幼儿园还可以通过和家长接触,了解和研究家长在家庭保育方面的好做法、好经验,不仅丰富自己,还可以在家长会上进行推广。这样协调一致地开展工作,既有利于促进幼儿的健康成长,也传播了精神文明,有利于提高全民的整体素质。因此我们认为,良好的保育工作,有利于加强幼儿园与家长的沟通与合作。

二、保育工作的基本要求

(一)完善并严格执行各项保育制度

1. 制定合理的一日生活制度

幼儿一日生活制度,是指对学前儿童在幼儿园内的生活和活动在内容和时间上进行的规定。1985年卫生部颁发的《托儿所、幼儿园卫生保健制度》(以下简称为《制度》)明确提出,"合理的生活制度是保证儿童身心健康的重要因素,要根据不同年龄的幼儿生理特点,合理地安排他们一天的生活内容","幼儿园应制定合理的幼儿一日生活作息制度"。

2012年卫生部颁发的《托儿所幼儿园卫生保健工作规范》(以下简称为《规范》)详细论述了幼儿一日生活安排的基本要求,具体如下。

① 托幼机构应当根据各年龄段儿童的生理、心理特点,结合本地区的季节变化和本托幼机构的实际情况,制定合理的生活制度。

② 合理安排儿童作息时间和睡眠、进餐、大小便、活动、游戏等各个生活环节的时间、顺序和次数,注意动静结合、集体活动与自由活动结合、室内活动与室外活动结合,不同形式的活动交替进行。

③ 保证儿童每日充足的户外活动时间。全日制儿童每日不少于2小时,寄宿制儿童不少于3小时,寒冷、炎热季节可酌情调整。

④ 根据儿童年龄特点和托幼机构服务形式合理安排每日进餐和睡眠时间。制定餐、点数,儿童正餐间隔时间3.5～4小时,进餐时间20～30分钟/餐,餐后安静活动或散步时间10～15分钟。3～6岁儿童午睡时间根据季节以2～2.5小时/日为宜,3岁以下儿童日间睡眠时间可适当延长。

⑤ 严格执行一日生活制度,卫生保健人员应当每日巡视,观察班级执行情况,发现问题及时予以纠正,以保证儿童在托幼机构内生活的规律性和稳定性。

具体而言,幼儿一日活动的组织还应注意以下几点。①

① 时间分配的结构,应包括有利于幼儿身心发展的全部活动,动静要交替、室内活动时间应平衡。

---

① 孙葆森,刘惠容,王悦群.幼儿教育法规与政策概论[M].北京:北京师范大学出版社,2004:179.

②有指导有组织的集体活动与自选活动,安静活动与运动性活动,集体活动与个人活动、小组活动,在时间分配上应有一定比例,要给幼儿一定的独自活动时间,以利独立性的发展。

③时间表应富有节奏和重复性,同时又有一贯性和灵活性,不要使幼儿产生生理、心理疲劳。

④尽可能减少时间上的等待和浪费。有些学前教育机构,存在幼儿睡眠不足,户外体育活动时间不足,言语刺激不足带来的听话、对话时间少的现象,应该引起重视,努力克服。

幼儿园在制定幼儿的生活作息制度时,要把有利于幼儿的身心发展、服务家长、服务社会放在首位,根据托幼机构自身的条件和各年龄班儿童的情况,充分考虑季节、地理环境、习俗、交通状况,做出实事求是的安排。① 合理的生活作息制度,能保证学前儿童在活动与休息、室内活动与户外活动、活动量大的活动与活动量小的活动间的总体平衡。同时,虽然其有一定的固定性,但是在具体执行中也应允许结合当地的具体情况做适当的调整。

2. 建立完善的健康检查制度

为了了解幼儿生长发育状况,及时防病治病,保障幼儿健康,幼儿园应建立健康检查制度。从《制度》及《规范》对"健康检查制度"这一方面的规定可知,幼儿园的健康检查应分为"儿童的健康检查"及"工作人员的健康检查"两个方面。

儿童的健康检查制度主要体现在入园检查、定期检查制度、晨检及全日健康检查三个方面。在入园检查方面,《制度》特别提出:"婴幼儿在入园(所)前必须进行全身体格检查。"对有传染病接触史的婴幼儿,要"经过检疫期,无症状方可入园(所)","同时要了解幼儿疾病史、传染病史、过敏史、家族史和生活习惯等"。《规范》对此做出了更为详细的规定,要求儿童入园前应当经医疗卫生机构进行健康检查,在幼儿入园时,幼儿园应检查儿童的"入园所健康检查表",以及幼儿的"0~6岁儿童保健手册""预防接种证"。在没有这几种证件的情况下,幼儿园应当向相关机构报告,并督促监护人带儿童去补证或补种,日后还要复验这些预防证。在定期体检方面,《幼儿园工作规程》第19条提出:"幼儿园应建立幼儿健康检查制度和幼儿健康卡或档案。每年体检一次,每半年测身高、视力,每季度量体重一次;注意幼儿口腔卫生,保护幼儿视力。"《规范》中还规定,"儿童离开园(所)3个月以上需重新按照入园(所)检查项目进行健康检查。"晨检及全日健康观察制度方面,《制度》规定,幼儿园要"认真做好一摸,有否发烧;二看,咽部、皮肤和精神;三问,饮食、睡眠、大小便情况;四查,有无携带不安全物品,发现问题及时处理。"《规范》还规定:"卫生保健人员每日深入班级巡视2次,发现患病、疑似传染病儿童应当尽快隔离并与家长联系,及时到医院诊治,并追访诊治结果。""如果接受家长委托喂药时,应当做好药品交接和登记,并请家长签字确认。"

"工作人员健康检查"主要分为"上岗检查"及"定期健康检查"两个方面。《托儿所幼儿园卫生保健管理办法》第14条规定:"托幼机构工作人员上岗前必须经县级以上人民政府卫生行政部门指定的医疗卫生机构进行健康检查,取得《托幼机构工作人员健康合格证》后方可上岗。""托幼机构应当组织在岗工作人员每年进行1次健康检查;在岗人员患有传染性疾病的,应当立即离岗治疗,治愈后方可上岗工作。"特别提出"精神病患者、有精神病史者不得

---

① 朱家雄.学前儿童卫生学(修订版)[M].上海:华东师范大学出版社,2006:7.

在托幼机构工作"。

3. 建立健全的卫生保健制度

《规范》规定:托幼机构卫生保健工作的主要任务是贯彻预防为主、保教结合的工作方针,为集体儿童创造良好的生活环境,预防控制传染病,降低常见病的发病率,培养健康的生活习惯,保障儿童的身心健康。相应地,《幼儿园工作规程》第20条规定:幼儿园应当建立卫生消毒、晨检、午检制度和病儿隔离制度,配合卫生部门做好计划免疫工作。幼儿园应当建立传染病预防和管理制度,制定突发传染病应急预案,认真做好疾病防控工作。幼儿园应当建立患病幼儿用药的委托交接制度,未经监护人委托或者同意,幼儿园不得给幼儿用药。幼儿园应当妥善管理药品,保证幼儿用药安全。幼儿园内禁止吸烟、饮酒。《幼儿园管理条例》第18条规定:"幼儿园应建立卫生保健制度,防止发生食物中毒和传染病的流行。"第20条还提出:"幼儿园发生食物中毒、传染病流行时,举办幼儿园的单位或者个人应当立即采取紧急救护措施,并及时报告当地教育行政部门或卫生行政部门。"《制度》与《规范》均对卫生消毒、疾病预防这个方面分别进行了详细规定,本书仅以《规范》为例进行简要说明。

《规范》强调"托幼机构应当建立传染病管理制度",当发现疑似传染病例时,应当"对患儿采取有效的隔离控制措施",并"及时追查儿童的患病情况和可能的病因,以做到传染病人的及时发现",还要对"物品和环境实施随时性消毒与终末消毒"。"卫生保健人员应当定期对儿童及其家长开展预防接种和传染病防治知识的健康教育,提高其防护能力和意识。传染病流行期间,加强对家长的宣传工作。"此外,《规范》还对各种常见疾病,提出了相应的预防与管理措施。如"对贫血、营养不良、肥胖等营养性疾病儿童进行登记管理,对中重度贫血和营养不良儿童进行专案管理,督促家长及时带患病儿童进行治疗和复诊"。

《规范》从环境卫生、个人卫生、预防性消毒三个方面对卫生与消毒提出要求。在"环境卫生"方面主要强调"托幼机构应当建立室内外环境卫生清扫和检查制度",保持环境和物品干净卫生;"个人卫生"方面特别提出"儿童日常生活用品专人专用",在日常生活中,要注重幼儿良好的卫生习惯的培养;幼儿园要进行"预防性消毒",凡是幼儿能接触到的与幼儿有关系的物品都应定期进行预防性消毒。

> **案例 6-5**
>
> **出现手足口病,园方瞒报不应该**[①]
>
> 自近年全国多地出现手足口病病例之后,刘女士就很担心她年仅三岁的女儿佳佳。昨天幼儿园的老师打电话来,说佳佳的口里有红点,怀疑是手足口病,张女士当天晚上就带女儿去了医院,结果确诊是手足口病,与佳佳同班的另外一名小朋友,也染上了手足口病。
>
> 原来,早些时候这个幼儿园就有一名学生得了手足口病,但幼儿园没有告知其他家长。园长说:"清明节放假后,我们的确有一名学生没回来上学,后来家长说是患了手足

[①] 周天枢,严凤英.幼儿园100个法律问题[M].广州:新世纪出版社,2010:89—90.

口病。我们随即通知了当地疾控中心和上级教育行政部门,并按疾控中心的防疫要求做好了各项消毒等工作。由于只发现一例,也就没有通知家长,以免引起恐慌。"但家长方面则认为,即使是做足了消毒措施,也应及时通知家长,如果及时通知了家长,他们就不会让孩子上学,孩子也就不会被感染,认为幼儿园瞒报了病情。园长很困惑:发现一名学生患上传染病没有告知其他家长,是不是瞒报?

【评析】

手足口病是由多种肠道疾病引起的常见传染病,以婴幼儿发病为主,易引起暴发或流行,自2008年起,手足口病纳入我国丙类传染病管理。根据《中华人民共和国传染病防治法》和《传染病信息报告管理规范》的有关规定,各级各类医疗机构要对病例进行报告,局部地区或集体单位发生流行或暴发时,应按照《突发公共卫生事件应急条例》《国家突发公共卫生事件应急预案》《突发公共卫生事件与传染病疫情监测信息报告管理办法》等有关规定,进行突发公共卫生事件信息报告。

国家卫生部和教育部联合发布的《托儿所幼儿园卫生保健管理办法》规定,要建立定期健康检查制度,并做好常见病的预防,发现问题及时处理及报告。

2006年卫生部、教育部制定了《学校和托幼机构传染病疫情报告工作规范(试行)》,其中规定了学校传染病疫情报告的内容及时限:(1) 在同一宿舍或者同一班级,1天内有3例或者连续3天内有多个学生(5例以上)患病,并有相似症状(如发热、皮疹、腹泻、呕吐、黄疸等)或者有共同用餐、饮水史时,学校疫情报告人应当在24小时内报出相关信息;(2) 当学校和托幼机构发现传染病或疑似传染病病人时,学校疫情报告人应当立即报出相关信息;(3) 个别学生出现不明原因的高热、呼吸急促或剧烈呕吐、腹泻等症状时,学校疫情报告人应当在24小时内报出相关信息;(4) 学校发生群体性不明原因疾病或者其他突发公共卫生事件时,学校疫情报告人应当在24小时内报出相关信息。

根据上述规定,幼儿园在预防传染性疾病方面的主要职责就是做好常见病的预防,发现问题及时处理或报告。本个案中,幼儿园在得知一名学生感染手足口病后,及时向当地疾控中心和上级教育行政部门报告了疫情,进而在其指导下,进行了全园消毒,行为并无不当,并不存在瞒报情况。至于是否要告知其他家长,目前尚无明确规定。但从最大限度保护幼儿的角度来看,及时通知家长也有利于家长配合园方提早做好各种预防工作。

【建议】

1. 幼儿园要有公共卫生安全意识,对于幼儿园的任何疫情都要按规定及时上报当地疾控中心和上级教育行政部门。

2. 在幼儿园的日常管理中,要按时完成计划免疫工作,预防传染病的发生,做好传染病的管理工作。

3. 在传染病高发季节,幼儿园要加强班级日常卫生管理,教师要经常开窗通风,保持室内空气新鲜等。

（二）建立安全防护和检查制度

幼儿年龄小,安全意识、自我保护意识技能较差,因此幼儿园应制定安全防护和检查制度,切实落实、保证幼儿的安全。《幼儿园工作规程》第12条要求:"幼儿园应当严格执行国家和地方幼儿园安全管理的相关规定,建立健全门卫、房屋、设备、消防、交通、食品、药物、幼儿接送交接、活动组织和幼儿就寝值守等安全防护和检查制度,建立安全责任制和应急预案。"

《幼儿园管理条例》第7条明确规定:"举办幼儿园必须将幼儿园设置在安全区域内,严禁在污染区和危险区内设置幼儿园。"第8条规定:"幼儿园的园舍和设施必须符合国家的卫生标准和安全标准。"第19条提出:"严禁在幼儿园内设置威胁幼儿安全的危险建筑物及设施,严禁使用有毒、有害物质制作教具、玩具。"第21条还规定:"幼儿园的园舍和设施有可能发生危险时,举办幼儿园的单位或个人应当采取措施,排除险情,防止事故发生。"第27、28条还规定凡"园舍、设施不符合国家卫生标准、安全标准,妨害幼儿身体健康或者威胁幼儿生命安全的""使用有毒、有害物质制作教具、玩具的""在幼儿园周围设置有危险、有污染或者影响幼儿园采光的建筑和设施的",将由教育行政部门或者由教育行政部门建议有关部门对责任人员给予行政处分,情节严重构成犯罪的,由司法机关依法追究刑事责任。

《制度》在幼儿园环境安全、药品管理、儿童接送制度等几个方面做了详细的规定。如,"要注意房屋、场地、家具、玩具、用具使用的安全,避免触电、砸伤、摔伤、烫(烧)伤等事故的发生";"药物必须妥善保管,吃药时要仔细核对,剧毒药品要有专人管理,并严禁放在班上。药物管理和服用应由医务人员负责";"建立健全儿童接送制度,不得丢失幼儿"等。

案例 6-6

教具铁钉生锈伤人,老师隐瞒违反规程[①]

幼儿园中班的小朋友进行分区活动,科学区的小朋友兴高采烈地玩沉浮实验,尝试着将老师给出的各种材料放进水中,观察其沉浮情况并用在给出的标记上打"√"的方式记录自己的观察结果。孩子们争抢着,突然陈华小朋友被其中的一种实验材料——一只生锈的铁钉划破了手,当班教师黄映急忙为他贴上止血贴。

事后,陈华的家长向幼儿园提出了索赔要求,理由是教师没有及时带孩子去医院进行防破伤风处理,也没有在离园时将真实情况告知家长,只是说孩子在自由活动时不小心划破了皮,使得家长在询问陈华得知具体情况后,不得不送孩子去医院处理。为此,他们向幼儿园索赔医疗费和误工费,还要求幼儿园对当班教师黄映进行行政处分。

面对家长的要求,幼儿园认为事件是因黄映违反《幼儿园工作规程》引起,家长应直接向其索赔医疗费和误工费;而黄映则认为幼儿只是被铁钉划破一下,家长是大惊小怪,本人及幼儿园都无需赔偿,更不应该对自己进行行政处分。

三方各执一词,这场纠纷到底应如何处理?

---

① 周天枢,严凤英.幼儿园100个法律问题[M].广州:新世纪出版社,2010:93—94.

【评析】

这是一起关于幼儿在幼儿园里做实验而发生伤害事故后法律责任的认定案件。

《民法典》第1199条规定:无民事行为能力人在幼儿园、学校或者其他教育机构学习、生活期间受到人身损害的,幼儿园、学校或者其他教育机构应当承担侵权责任;但是,能够证明尽到教育、管理职责的,不承担侵权责任。《最高人民法院关于审理人身损害赔偿案件适用法律若干问题的解释》第七条第一款规定:"对未成年人依法负有教育、管理、保护义务的学校、幼儿园或者其他教育机构,未尽职责范围内的相关义务致使未成年人遭受人身损害,或者未成年人致他人人身损害的,应当承担与其过错相应的赔偿责任。"《幼儿园管理条例》第十九条规定:"幼儿园应当建立安全防护制度,严禁在幼儿园内设置威胁幼儿安全的危险建筑物和设施,严禁使用有毒、有害物质制作教具、玩具。"《幼儿园工作规程》第13条规定,幼儿园的设备设施、装修装饰材料、用品用具和玩教具材料等,应当符合国家相关的安全质量标准和环保要求。第15条还规定,幼儿园应当把安全教育融入一日生活。

结合此案来看,虽然幼儿只是划伤,但教师黄映提供给幼儿使用的教具——生锈的铁钉,对幼儿来说是危险物品,容易造成对幼儿的伤害,教师在使用相关的教具前应认真检查其安全性,对于不符合安全规定的教具应及时维修、更换,消除安全隐患,并教育幼儿严格遵守操作规程。经调查了解,本案中的教师并没有履行上述职责,违反了国家对幼儿园教具的安全规定,出现幼儿争抢铁钉的现象,老师也没有及时制止,未尽到法定的管理和注意的义务,存在过错。同时,在孩子受伤后,教师黄映麻痹大意、草率处理,对家长有意隐瞒自己的失职,同样有过错。由于黄映是在执行职务时出现违反法律规定行为的,属职务行为,所以最终的赔偿责任应由幼儿园承担。至于对黄映本人,由于她的行为违反了《幼儿园管理条例》《幼儿园工作规程》等法规的有关规定,直接造成幼儿伤害,幼儿园可根据相关法规或规章制度对其进行相应的行政处分。

【建议】

(1) 幼儿园及教师应熟悉幼儿园教具、玩具设备的有关安全规定,并遵照执行。

(2) 幼儿园应建立、健全安全制度和卫生保健制度,并切实进行监督、执行。

(3) 加强教师对幼儿教育相关法律、法规的学习,提高教师的责任意识。

(三) 提供合理的营养膳食

合理充足的营养能够保证学前儿童的正常生长发育,维持身体的各种生理活动,提高机体的抵抗力和免疫功能。《幼儿园工作规程》第21规定:"供给膳食的幼儿园应为幼儿提供安全卫生的食品,编制营养平衡的幼儿食谱,定期计算和分析幼儿的进食量和营养摄取量保证幼儿合理膳食。"水是人体组织、体液的主要成分,在体内含量最高,是维持人体正常活动的重要物质,《幼儿园工作规程》还提出:"幼儿园应配备必要的设施设备,及时为幼儿提供安全卫生的饮用水。"

为确保幼儿能够获得充足的营养,《规范》规定:"托幼机构应当根据儿童生理需求,以《中国居民膳食指南》为指导,参考'中国居民膳食营养素参考摄入量(DRIs)'和各类食物每日参考摄入量(见表),制订儿童膳食计划。"《规范》还提出幼儿园"每季度进行1次膳食调查和营养评估",提供的"食物品种要多样化且合理搭配",要用适当的烹调方法,"减少营养素的损失","烹调食物注意色、香、味、形,提高儿童的进食兴趣"。

《制度》还从饮食管理、幼儿饮食、饮食卫生三方面对幼儿的饮食提出了要求。饮食管理方面,要求有专人负责,民主管理,建立伙委会,定期开会,研究伙食问题。伙食费要专款专用,精打细算,计划开支,合理使用;根据季节情况,制定代量食谱,每天根据出勤人数按人按量提供食物,不吃隔日剩饭菜;工作人员伙食和幼儿伙食严格分开,不允许侵占儿童伙食;要定期预算幼儿进食量、营养量,保证幼儿获得充足营养;儿童进餐时间不应少于20至30分钟,保证幼儿吃饱每餐饭。饮食卫生方面,制定合理的食谱,保证幼儿得到充足的营养;要注意调配花样,增加幼儿进食量,科学烹调,防止维生素的损失;少吃甜食,晚饭要尽量吃些炒菜;加强体弱儿饮食管理,根据病儿病情做病号饭。饮食卫生方面,要保持厨房的清洁,严格执行《中华人民共和国食品卫生法》;不买、不加工腐烂变质食物,买来的熟食要加热处理后再吃,水果要洗净削皮后再吃;搞好儿童进食卫生,饭前工作人员及儿童都要用肥皂、流动水洗手,饭桌要用肥皂水或碱水揩洗干净;要培养儿童不偏食、不吃零食的良好习惯;炊事员要坚持上灶前洗手,入厕所前脱工作服,便后用肥皂洗手,操作时不抽烟等。

表6-1 儿童各类食物每日参考摄入量

食物种类	1~3岁	3~6岁
谷类	100~150克	180~260克
蔬菜类	150~200克	200~250克
水果类	150~200克	150~300克
鱼虾类		40~50克
禽畜肉类	100克	30~40克
蛋类		60克
液态奶	350~500毫升	300~400毫升
大豆及豆制品	—	25克
烹调油	20~25克	25~30克

注:《中国孕期、哺乳期妇女和0~6岁儿童膳食指南》(中国营养学会妇幼分会,2010年)

(四) 积极开展体育活动,增强幼儿体质

《幼儿园管理条例》第13条规定:"幼儿园应当保障幼儿的身体健康。"《幼儿园工作规程》第5条规定,以"促进幼儿身体正常发育和机能的协调发展,增强体质,促进心理健康,培养良好的生活习惯、卫生习惯和参加体育活动的兴趣"作为幼儿园保育的主要目标。第18条更为详尽地说明了:"幼儿户外活动时间在正常情况下包括户外体育活动时间每天不得少于2小时,寄宿制幼儿园不得少于3小时,高寒、高温地区可酌情增减。"第23条还提出:"积极开展适合幼儿的体育活动……每日户外活动不得少于1小时。要充分利用日光、空气、水等自然因素,以及本地自然环境,有计划地锻炼幼儿肌体,增强身体的适应和抵抗能力。对体弱或有残疾的幼儿予以特殊照顾。"

《规范》在"体格锻炼"中对体格锻炼的原则、实施进行了如下规定："（1）托幼机构应当根据儿童的年龄及生理特点,每日有组织地开展各种形式的体格锻炼,掌握适宜的运动强度,保证运动量,提高儿童身体素质。（2）保证儿童室内外运动场地和运动器械的清洁、卫生、安全,做好场地布置和运动器械的准备。定期进行室内外安全隐患排查。（3）利用日光、空气、水和器械,有计划地进行儿童体格锻炼。做好运动前的准备工作。运动中注意观察儿童面色、精神状态、呼吸、出汗量和儿童对锻炼的反应,若有不良反应要及时采取措施或停止锻炼;加强运动中的保护,避免运动伤害。运动后注意观察儿童的精神、食欲、睡眠等状况。（4）全面了解儿童健康状况,患病儿童停止锻炼;病愈恢复期的儿童运动量要根据身体状况予以调整;体弱儿童的体格锻炼进程应当较健康儿童缓慢,时间缩短,并要对儿童运动反应进行仔细的观察。"

  想一想

如何提高幼儿园保育工作的质量？

  本章小结

幼儿教育是基础教育的有机组成部分,是终身教育的开端,是国民体系的重要组成部分。高质量的幼儿教育,对于促进个体早期的身心全面健康发展、巩固和提高义务教育质量与效益、提升国民素质、维持社会稳定和国家安全、增加社会经济效益具有重要的价值。

与我国学制中的其他教育阶段相比较而言,幼儿园的教育工有以下特点:幼儿园教育是非义务性的;不以传授知识为主要目标;在法律上,幼儿教育的对象虽然具有同成人一样的权利与能力,但无相应的行为能力和责任能力。幼儿园的教育工作应遵循以下原则:诸育互相渗透、有机结合的原则;注重个体差异、因材施教;面向全体、坚持正面教育原则;各种教育手段交互作用、渗透生活的原则;充分利用环境,幼儿活动主体性原则;以游戏为基本活动、寓教于活动的原则。

幼儿园应实行保育与教育相结合的原则,保教并重。良好的保育工作能够促进幼儿身心健康发展,能提高学前教育机构的质量,有利于加强家长对幼儿园保育工作的了解与重视,促进幼儿园与家长的沟通与合作。幼儿园的保育工作的基本要求包括完善并严格执行各项保育制度;建立安全防护和检查制度;提供合理的营养膳食;积极开展体育活动,增强幼儿体质。

思考与练习

1. 简述幼儿教育的地位。
2. 试述幼儿教育的作用,并说明理由。
3. 简述幼儿园教育工作的原则与特点。
4. 简述幼儿园保育工作的意义。
5. 试论幼儿园保育工作与教育工作的基本要求。

第七章 学前教育机构的工作人员

学习目标

1. 了解学前教育机构园长的职责。
2. 掌握学前教育机构教师的权利与义务。
3. 了解学前教育机构其他工作人员的职责。
4. 掌握学前教育机构工作人员的基本要求。

 情境案例

"消失"的假期①

李梅幼师毕业后,应聘到某幼儿园工作。该幼儿园每个周六、周日都不放假,没有暑假,寒假也只有一个星期的假。老师是一个人带一个班,从来没有时间进行业务学习。李梅和她的同事曾多次提出,老师应该享有一定的假期,也希望有一些学习的机会。园长却总以工作忙、要多为幼儿园家长着想等理由搪塞。无奈,李梅和同事们一起到当地教育行政部门反映情况,强烈要求幼儿园应考虑教师的权利和应享受的待遇。

该幼儿园的做法是否合理?幼儿园的教职员在工作中享有哪些劳动权利?

【评析】

教职员到幼儿园工作,就与幼儿园建立了一种劳动关系,所有一切活动都需遵守国家相关法律和合同的约定。作为劳动者,幼儿园教职员享有《中华人民共和国劳动法》(简称《劳动法》)第3条规定的基本劳动权利:① 取得劳动报酬权;② 休息休假权;③ 获得劳动安全卫生保护权;④ 接受职业技能培训权;⑤ 享受社会保险和福利权;⑥ 提请劳动争议处理权;⑦ 平等就业和选择职业权;⑧ 法律规定的其他劳动权。《劳动法》还规定,若用人单位因工作关系需占用劳动者的业余时间,可根据实际情况,适当安排劳动者加班,但必须征得劳动者的同意并支付加班费。具体到教师,《教师法》第7条也对教师权利做了具体规定。

在本案中,小李的园长借口幼儿园工作太忙,没办法安排老师休息和参加培训学习,这是不合理的,是违反《劳动法》和《教师法》的行为。幼儿园应安排教师在寒暑假期轮流值班和轮休,安排教职员参加在职培训和学习,这是《劳动法》和《教师法》规定劳动者享有的基本权利。小李找当地教育行政部门申请解决的要求是合理的。

---

① 周天枢,严凤英.幼儿园100个法律问题[M].广州:新世纪出版社,2010:127—128.有删改.

第一节 学前教育机构的园长

园长是学前教育机构的核心领导人,是学前教育机构最重要的责任者和指挥者,是"一个幼儿园的灵魂",在学前教育质量乃至学前教育发展中起到关键性作用。如果说学前教育机构是一个大家庭,那么园长就是首席家长,要有高度的责任心,要事无巨细地考虑这个家庭的生存和家庭成员的发展。

一、园长的地位和作用[①]

学前教育机构的园长是学前教育机构的最高行政负责人,负责学前教育机构的全面工作。园长的地位既赋予了其充分的权力,也对其工作提出了极大的挑战。园长的素质如何直接影响到全员工作的开展,关系到教师的积极性和孩子的成长,决定着学前教育机构的生存和发展。

园长和学前教育机构的法定代表人是两个不同的概念,二者的法律地位截然不同。学前教育机构的法定代表人是指依法代表学前教育机构行使民事权利、履行民事义务的自然人,通常是学前教育机构的举办者,实践中以注册登记为准。学前教育机构的园长通常由举办者来聘任或任命,园长与法定代表人可以是同一个人,也可以不是同一个人,但二者的法律地位不可混淆。如果把学前教育机构比作公司的话,学前教机构法定代表人是公司董事长,学前教育机构园长是公司总经理。

具体来说园长的地位和作用主要体现在三个方面。

(1)园长是学前教育机构的最高行政负责人。我国学前教育机构实行园长负责制,这就决定了园长的责任和职权是领导学前教育机构保育、教育和行政工作,对全体教职员工、幼儿负责。园长的工作包括教育事务管理和人员管理的所有方面。

(2)园长有一定管理权力,也应承担相应的责任。根据《教育法》的有关行政规定,我国幼儿园园长由举办者任命或聘任。非地方人民政府设置的学前教育机构园长应报当地教育行政部门备案。

经任命或聘任的园长,依法行使行政决策权、事务管理权和人事管理权等。园长要为学前教育机构的管理负责。园长应遵循学前教育政策法规,结合幼儿园的办园宗旨,形成教育教学的目的、目标,把重点放在满足幼儿、家长的需要上;保持精确的财政记录,使学前教育机构在一个可使用的预算内建立和运转;增强学前教育机构经费的预算和使用的透明度;通过参加有关的课程、团队工作、讨论会和讲座,继续发展专业化技能;聘任适当的教职员工;为教职员工提供在职培训等。

园长应当通过学习管理理论,分析本园的管理风格和本人的优势和劣势,不断提高自己的管理能力,实施"以人为本"的管理理念。园长每天可安排一定的时间进班,问候每个教职工,对他们的努力和成功加以肯定。

(3)园长是上级领导者与教职员工之间的桥梁。园长具有上下沟通的作用。园长既要

---

① 张乐天.学前教育政策与法规[M].北京:中央广播电视大学出版社,2011:133—134.

积极主动地贯彻上级的各种方针政策及有关法规,也要代表幼儿园向上级领导机关汇报情况,提出问题,反映教职员工的意见、建议等。因此,园长需要上情下达、下情上达,是上下之间沟通的纽带和桥梁。有效的沟通是现代幼儿园园长的重要作用之一。

 知识链接7-1　法定代表人①

法定代表人,指依法律或法人章程规定代表法人行使职权的负责人。我国法律实行单一法定代表人制,一般认为法人的正职行政负责人为其唯一法定代表人。法定代表人有以下几种特征:① 法人的法定代表人是由法律或法人的组织章程规定的;② 法人的法定代表人是代表法人行使职权的负责人;③ 法定代表人是代表法人进行民事活动的自然人。法定代表人只能是自然人,且该自然人只有代表法人从事民事活动和民事诉讼活动时才具有这种身份。

法定代表人的职责包括以下几个方面:① 企业法定代表人在国家法律、法规以及企业章程规定的职权范围内行使职权、履行义务,代表企业法人参加民事活动,对企业的生产经营和管理全面负责,并接受本企业全体成员和有关机关的监督;② 企业法定代表人可以委托他人代行职责;③ 企业法定代表人在委托他人代行职责时,应有书面委托,法律、法规规定必须由法定代表人行使的职责,不得委托他人代行;④ 企业法定代表人一般不得同时兼任另一企业法人的法定代表人,因特殊需要兼任的,只能在有隶属关系或联营、投资入股的企业兼任,并由企业主管部门或登记主管机关从严审核;⑤ 企业法人的法定代表人是代表企业行使职权的签字人;⑥ 法定代表人的签字应向登记主管机关备案,法定代表人签署的文件是代表企业法人的法律文书。

二、园长的任职资格

任职资格是指为了保证工作目标的实现,任职者必须具备的知识、技能、能力和个性等方面的要求。根据《幼儿园工作规程》及《全国幼儿园园长任职资格、职责和岗位要求(试行)》(1996)等相关法律法规,幼儿园园长应当符合如下任职条件。

(1) 拥护中国共产党的领导,热爱社会主义祖国,认真贯彻国家的教育方针,热爱幼儿教育事业。其基本含义包括以下几点。① 拥护党的领导、热爱祖国是每一个公民的神圣义务,幼儿园的发展离不开党的支持和引导,政府的支持和投入是幼儿教育发展的核心因素,作为幼儿园的领导,幼儿园园长更要拥护党、坚持党的正确思想方针和路线。② 认真贯彻国家的教育方针,是全体从事教育事业人的责任与使命,更是教育事业发展、国家繁荣昌盛的奠基之石。百年大计,育人为本,只有认真贯彻国家教育的方针,才能使幼儿教育事业紧紧跟上时代的步伐,同时也为幼儿健康的成长、幼儿园教育事业的发展提供了一个科学的依据与指导。为此,幼儿园园长必须时刻关注教育方针的变化,及时了解最新动态,从而使幼儿园在国家教育方针的领导下沿着正确的道路发展前进。③ 热爱幼儿教育事业,是成为一名幼儿教育工作者的立身之本。因此,园长作为幼儿园的领头人,更应该以身作

---

① 转引自:http://baike.sogou.com/v138883.htm?ch=ch.bk.innerlink

则,忠于教育事业,为其他教职工人员起到一个带头作用。

（2）示范性幼儿园和乡镇中心幼儿园园长应具备幼儿师范学校（含职业学校幼教专业）毕业及其以上学历,有五年以上幼儿教育工作经历,并具有小学、幼儿园高级教师职务。其他幼儿园园长应具备幼儿师范学校（含职业学校幼教专业）毕业及以上学历或高中毕业并获得幼儿园教师专业考试合格证书,有一定幼儿教育工作经历,并具有小学、幼儿园一级教师职务。其基本含义是：若想成为一名合格的幼儿园园长,首先应该在专业的幼儿师范学校进行系统化、专业化的学习并获得幼师资格证；其次还要有一定的教学实践经验,具有较高的专业素养,并能获得一级教师以上称号。这一规定旨在说明幼儿园园长必须是掌握幼儿教育规律、熟悉幼儿教育教学方法、了解幼儿园日常管理工作事务的专业性人才。

（3）获得幼儿园园长岗位培训合格证书。"幼儿园园长岗位培训合格证书"又称"幼儿园园长资格证""园长证",是园长上岗的唯一有效证书。目前,国家为提高幼儿园园长专业化水平,严把质量关,要求所有园所园长必须持证上岗。

（4）身体健康,能胜任工作。幼儿园园长责任重大,事事需要亲力亲为,并且幼儿园的事务繁杂,这就要求园长必须具有良好的身体、充足的时间与精力,只有这样,园长才能够胜任这一工作。

三、园长的主要职责

园长的主要职责是指园长这个岗位所要求的需要去完成的工作内容以及应当承担的责任范围。幼儿园实行园长负责制,园长主持、负责幼儿园的全面工作,《幼儿园工作规程》中指出幼儿园园长的主要职责如下。

（1）贯彻执行国家的有关法律、法规、方针、政策和地方的相关规定,负责建立并组织执行幼儿园的各项规章制度。这也就是说,幼儿园园长在管理工作中,首先应当全面贯彻落实国家关于"坚持教育为社会主义现代化建设服务、为人民服务,把立德、树人作为教育的根本任务,全面实施素质教育,培养德、智、体、美全面发展的社会主义建设者和接班人,努力办好人民满意的教育"的教育方针,对教师及幼儿进行全面指导；同时,应当在教育部门的相关规定下制定符合本幼儿园自身发展的相应条例规划及工作计划,保证将相关政策与法规落到实处。

（2）负责保育教育、卫生保健、安全保卫工作。园长作为幼儿园的管理者与负责人,起着统领全局、协调各方的重要作用。且保育教育工作、卫生保健工作、安全保卫工作作为幼儿园工作中最主要的三部分,这就要求幼儿园园长应在日常管理工作中着重领导、督促这三方面工作任务的施行与完成,从而确保幼儿园得到进一步发展与完善。

（3）负责按照有关规定聘任、调配教职工。指导、检查和评估教师以及其他工作人员的工作,并给予奖惩。《教育法》和《幼儿园管理条例》中明确规定,幼儿园实行聘任制,幼儿园园长有聘任和调配幼儿园的教师、医师、保健员、保育员和其他工作人员的责任。为加强教师队伍建设,提高教师专业素质,幼儿园园长不仅要对教师的教育教学工作进行相应的指导和监督,还应当以客观、公正、准确为原则适时对幼儿教师的政治思想、业务水平、工作态度和工作成绩进行考核。

（4）负责教职工的思想工作，组织业务学习，并为他们的学习、进修、教育研究创造必要的条件，关心和逐步改善工作人员的生活、工作条件，维护他们的合法权益。《教师法》中规定，教师享有业务学习、进修培训、获取报酬等权利。而幼儿园园长作为幼儿园的管理者与负责人，就应当维护其工作人员的相关权益，并尽可能地为其创造良好的工作、学习、生活环境。

（5）关心教职工的身心健康，维护他们的合法权益，改善他们的工作条件。教职工是幼儿园的核心资源，是关系幼儿园保育教育工作质量的关键力量，幼儿园园长应主动关心教职工的身心健康，注意维护教职工的合法权益，并在教学设施设备、图书资料、科学研究等方面改善教职工的工作条件。

（6）组织管理园舍、设备和经费。为规范幼儿园的教学基础设施、设备管理，发挥教育资源使用效益，促进教育事业的健康发展，幼儿园园长必须做好相应的组织管理工作。无论在幼儿园环境、卫生、硬件设施上，还是在幼儿园活动经费收入与开支上，幼儿园园长都应在管理过程中尽职尽责，以确保幼儿及幼儿园得到更好的发展与进步。

（7）组织和指导家长工作。家庭作为幼儿最早接触的社会文化环境，它对幼儿发展所起的作用，是其他任何因素所不可比拟的。因此，为了让幼儿能够得到更专业、更科学的学习环境，家长便成了幼儿园重要的合作伙伴。幼儿园园长作为幼儿园整体形象的代表，应当本着尊重、平等、合作的原则，争取家长的理解、支持和主动参与，并积极支持、帮助家长提高教育能力。

（8）负责与社区的联系和合作。《幼儿园教育指导纲要（试行）》在"总则"里提出："幼儿园应与家庭、社区密切合作，与小学衔接，综合利用各种教育资源，共同为幼儿的发展创造良好的条件。"幼儿园除了为在园幼儿提供保育和教育工作外，还可以通过对社区所提供的各种便利条件的充分利用，扩展幼儿生活和学习的空间，发挥出幼儿园的教育辐射功能。因此，幼儿园园长应当积极联系并与社区达成相关合作事宜，充分利用社区的教育资源，使幼儿园的教育功能最大化。

知识链接 7-2　园长负责制

园长负责制是指幼儿园在上级宏观领导下，以园长对园内工作全面负责为核心，同党支部保证监督、教职工民主管理有机结合，为实现幼儿园的工作目标，充分发挥领导职能的三位一体管理格局。园长负责制是一个结构概念，反映园内领导关系的结构方式，是个人负责与分方面制约关系的统一。园长负责制明确了园长对幼儿园工作具有最高行政权，在幼儿园处于中心地位。园长有决策权、用人权、用财权与奖惩权等。

实行园长负责制的目的是增强幼儿园的办园自主权，使幼儿园成为独立的办园实体。园长作为幼儿园的法人代表，对外代表幼儿园，对内统一指挥和领导全园工作，对上级承担起幼儿园管理的全部责任。园长要遵守有关法律规章，服从上级教育行政部门和直接隶属行政部门的领导，同时，必须接受幼儿园党组织和教代会的监督，充分调动全园教职工的积极性。

案例 7-1

面对制度与情面

某幼儿园新上任不久的某部门负责人A,业务能力强,工作热情、积极,经常加班加点地工作,并能主动配合园长完成幼儿园的各项工作,是园长的得力助手。有一天,园长提前到园检查教师上班的签到情况。这天正逢A担任行政值班(须提前30分钟到岗),行政值班者上班的时间已经过去了30分钟,A才到园。园长马上向A了解迟到的原因。园长一问,A才记起来今天是自己值班。因为这几天正忙着组织教师设计、制作玩教具,昨晚还在为这事加班,竟然把值班的事全给忘了。园长听了A的说明,首先肯定了A的工作热情,并诚恳地告诫她,作为领导,虽然工作繁忙,但不能顾此失彼,更不能以此作为迟到的理由,应防止类似事情的发生,同时,作为领导,还要带头严格执行幼儿园制定的各项规章制度。A听了园长的一席话,委屈的情绪慢慢消失,表示愿意按照幼儿园制定的教师职工考勤制度扣发奖金。每月一次的月终考核开始了,依据幼儿园考勤奖惩制度的有关规定,A迟到30分钟,要扣发当月考勤奖。园务会上,有的老师对扣发A奖金提出不同意见,并纷纷为A说情。他们认为,A迟到是幼儿园工作忙导致的。A平常加班加点拿不到加班费,迟到一次竟如此惩罚,未免太严了。不管怎么说,A也是幼儿园的领导成员,园长应该给A留一点面子,不扣或少扣奖金也在情理之中……园长沉思着,继续倾听大家的议论,等大家都充分发表完意见后,便组织到会的园务委员会成员重温了幼儿园考勤制度。

通过讨论,大家明确了制度制定和执行的目的、意义。这时,园长指出,如果找一个理由,A迟到就可以顺理成章,就可以不扣发A奖金,那幼儿园执行考勤制度将是一种怎样的局面呢?如果因为A是园长的好搭档,为了情面就可以妥协,那我们如何面对全园教职员工?通过再一次深入学习、讨论,到会人员提高了认识水平,统一了思想,原来持不同意见的老师都改变了看法,A也愉快地接受了扣发奖金的处理,并主动在全体教师会议上做了深刻的检讨。A的检讨刚结束,会场上就响起了热烈的掌声。教职工对园长严格执行制度十分满意,对A勇于承认错误表示钦佩。

【评析】

制定规章制度是科学管理幼儿园的重要保证。幼儿园的考勤奖惩制度是全体教职工参与制定的,是民主管理的产物,应该是全园教职工行为的准则。要使制度具有实际意义,真正成为有效的管理手段,就要重视制度的执行。案例中,园长对A的处罚,体现了园长执行制度的一贯性、一致性原则。园长没有因A是自己的好搭档,为情面而妥协,也没有因为A是自己身边的管理人员而搞特殊化。园长不讲情面,"一碗水端平",避免了执行制度过程中因人而异引起的不必要纷争,进一步强化了园内各级领导以身作则、带头严格执行各项规章制度的意识,也给全体教职工做出了表率,促使他们自觉遵守幼儿园的各项制度。

园长对A扣发奖金前后的处理,不是自己说了算,"草草收兵",而是充分思考、细致做工作。通过与 A 谈心,肯定她的才干和工作热情,同时向她指出执行制度发生偏差会造成的不良影响和后果,并对她提出真挚的期望,做到以情感人、以理服人。通过与持不同意见的教师共同学习、讨论,大家共同达到更高的认识境界。

这是一个成功的硬性管理和柔性管理相结合的管理案例。

四、园长的岗位要求

(一) 基本思想品德要求

(1) 坚持党的基本路线,贯彻党的教育方针,忠诚党的教育事业,努力学习建设有中国特色社会主义理论。加强职业道德修养,不断提高思想政治觉悟,做到既教书又育人,积极响应上级号召,争取在本职工作中切实起到先锋模范的表率作用。

(2) 热爱幼儿教育事业,热爱幼儿,认真履行职责,尊重、团结、依靠教职工。办事坚持原则,具有为全园师幼服务的意识。工作认真负责,以事业为重,不计个人得失,胸怀大目标,努力把幼儿园办强办好。

(3) 实事求是,公正廉洁,严于律己,以身作则,作风民主。具有良好的社会公德、高尚的职业道德、优良的家庭美德,自尊、自信、自立、自强。坚持教书育人、管理育人、服务育人,爱岗敬业,无私奉献。

(4) 敬业守职,努力学习,积极进取,勇于改革创新。注重学在人先,用科学的政治理论和先进的管理理论武装头脑,增强决策的科学性和创新性,坚持深入地调查研究,掌握第一手的校情民意,增强管理的针对性和实效性。在此基础上,还要努力探索教育教学规律,改进教育教学方法,提高教育教学质量和科研水平,争取促进教育教学质量的全面提高。

(二) 岗位专业要求

(1) 正确领会和掌握国家的教育方针、政策和法规的基本精神,熟悉幼儿教育法规和规章,坚持依法办园。

(2) 有一定的幼儿卫生学、心理学和教育学的基本理论,了解和掌握幼儿身心发展和教育的基本规律,有正确的教育观念。正确掌握国家幼儿园课程的主要内容和基本精神,并能组织实施。

(3) 有幼儿园科学管理的基本知识。

(三) 岗位能力要求

(1) 能根据党和国家的有关方针、政策和法规、规章结合本园实际制定本园发展规划和工作计划并组织实施。

(2) 有管理和指导保教工作的能力。能组织管理幼儿园卫生保健工作;指导教师制订适合幼儿发展水平的教育计划;正确评析保育教育工作;组织开展有效的教研工作,帮助保教人员提高业务水平,改进保教工作。

(3) 有一定的组织协调能力。能调动教职工的积极性,善于依靠和动员家长、社区等各方面的力量参与和支持幼儿园建设。

（4）有一定的撰写文稿和口语表达能力，能拟定工作计划、撰写工作经验和研究报告，并指导教师撰写文稿。

> **案例 7-2**
>
> **园长要成为教师和家长沟通的"桥梁"**[①]
>
> 何园长正在办公室里写工作报告，一位家长敲门而入。家长开门见山地责问园长："何园长，你们园老师怎么回事，罚我儿子半天不能玩！这么小的孩子不玩，那还能干啥？亏你们园还是一级一类园呢！"何园长一听，愣了，园里可从来没发生过这样的事情，其中是不是有误会呢？见家长正在气头上，何园长递给她一杯水，请她坐下，让她先消消气把事情原委说清楚。家长告诉园长："昨天，我接孩子回家，问孩子，今天玩得怎么样。孩子说：'老师让我半天不准玩。'何园长，我孩子也就3岁10个月，哪能半天不玩呢？"何园长说："我先了解了解情况，一定给您一个满意的答复。"于是，何园长找到了小二班王老师询问此事。王老师着急地向何园长解释："园长，是这样的，明明昨天淘气，我就对他说：'明明，你再淘气的话，老师可让你半天不准玩。'但我只是让他安静地待了一分钟，并没有真正让他半天不准玩。"保育员也向园长证实情况属实。何园长全明白了，小班孩子不能正确理解教师的话，时间观念也差，所以表达出来就引起了家长对老师的误会。何园长将事情的真相告诉了家长，并且向家长道歉。家长反而不好意思了，直说："看来我得去学学儿童心理学，谢谢何园长！"事后，何园长找来王老师，没有批评她，而是与她一道探讨教育的技巧，并建议她第二天主动向家长道歉。
>
> **【评析】**
>
> 这个案例涉及幼儿园园长工作、教师工作、家长工作的开展。案例中的何园长在解决问题时的表现是比较妥当的。
>
> 一方面，园长对待家长的态度和行为得当。当家长怒气冲冲地对教师工作发泄不满时，园长没有与家长针锋相对，避免了矛盾激化，也没有推卸责任，对家长爱理不理，而是先稳住局面，弄清情况，进而消除误会，并主动道歉。可见，园长对幼儿园的性质和任务认识得非常清楚，能够真正地把家长当做幼儿园服务的对象，积极主动地成为家长和教师沟通的桥梁。家长既是幼儿园服务的对象，又是幼儿园工作的合作者、监督者和评价者。家长到幼儿园不只是听幼儿园的要求、了解幼儿在园的表现的，还有权利对幼儿园工作发表意见、提出建议。园长和教师应虚心地接受家长的批评，听取家长的意见。同时，作为公益性服务机构，保教好幼儿、服务好家长是幼儿园的任务，其中保教好幼儿是基础、是主导，是设立幼儿园的根本目的，也是家长们最关心的。幼儿园也正是通过保教好幼儿为家长服务的。因此，当家长在保教工作方面有疑惑、有要求时，园长和教师要尽可能耐心细致地帮助家长，较好地发挥幼儿园的社会职能。然而，家长毕竟不是专业的教育人员，并不完全了解幼儿的心理发展规律、特点及在教育上相应的措施，教育观念可能不正确，再加上有些家长自身文化素养的限制，有时可能不大冷静，过

[①] 转引自：http://www.youjiao.com/e/20090729/4b8bcd3515597.shtml

于急躁、片面,提出的意见、要求可能不太合理。这时,园长和教师应理解包容家长,等待和帮助家长冷静下来,然后向家长摆事实讲道理,向他们介绍国家的教育方针,引导他们树立正确的教育观念,还可以有意识地为他们讲授相关的育儿知识等。如果家长提出的意见、要求合理可行,园长和教师就应积极地采纳,实施有效的改进措施。

另一方面,园长对教师的态度和行为正确。当家长反映教师工作的不足之处时,园长不是武断地否定教师,而是尊重、信任教师,深入实际,调查了解,给教师解释说明的机会,维护了教师的自尊心,使事情真相大白,同时又从中及时发现了教师教养工作中存在的问题。人是社会中的一员,生活在团体或组织中,都有被尊重、被承认的需要,这会直接影响人在团体组织中的工作积极性。满足教师被尊重、被理解的需要,充分调动教师的工作积极性,是幼儿园管理者必须重视的一个方面。

如何成为一名优秀的幼儿园园长?

第二节 学前教育机构中的教师

一、幼儿教师的法律地位[①]

在《教育法》和《教师法》未颁布前,"教师"是在学校及教育机构从事教育教学工作人员的总称。《教师法》和《教育法》的相继颁行,赋予"教师"特定的法律含义。法律意义上的"教师"是指履行教育教学职责的专业人员,承担着教书育人、培养社会主义事业建设者和接班人、提高民族素质的使命。对学前教育机构教师即幼儿教师的法律地位,要侧重从以下几个方面理解。

(一)幼儿教师是履行学前教育职责的专业人员

这是幼儿教师地位的本质特征,也是幼儿教师概念的内涵。这一内涵可以从两个方面来加以把握。① 履行教育、教书育人职责是幼儿教师的职业特征。只有直接承担教育工作职责的人,才具备幼儿教师的最基本的条件。学前教育机构中,不直接从事教育工作、未履行教育职责的行政管理人员、校办产业公司人员、教育辅助人员(包括后勤服务人员等),都不能认为是教师,而分属于教育职员或其他相应的专业技术职务系列。② 专业人员是教师的身份特征。同医生、律师等一样,教师是一种从事专门职业活动的专业人员,即教师必须具备专门规定的从事教育教学活动的资格,符合特定的要求。这里的"专业人员"包括三层含义:一是教师要达到符合规定的相应学历;二是教师要具备相应专业知识;三是教师要符合与其职业相称的其他有关规定,如语言表达能力、性格、身体健康状态等。对于本职工作不是教师,而临时到学校及学前机构承担一些课程的人员,不能视为教师。

---

① 孙葆森,刘惠容,王悦群.幼儿教育法规与政策概论[M].北京:北京师范大学出版社,2004:120—122.

(二)幼儿教师具有特定的权利义务

在法律上,幼儿教师具有两种身份,一方面,他们是普通公民;另一方面,他们是从事学前教育工作的专业人员。幼儿教师的权利和义务是基于特定的职业性质而产生和存在的,具有如下特点。① 幼儿教师的权利与义务在教育教学活动中产生并由教育法律规范所设定。幼儿教师的基本权利和义务既不同于宪法赋予每个公民的政治权利和义务,也不同于教师作为普通公民所具有的民事权利和义务。它是基于教育活动而产生,并由教育法律法规所设定的权利和义务,是一种职业特定的法律权利和职业特定的法定义务。② 幼儿教师的权利和义务与教师职务和职责紧密相连。它具有两层含义:一是教师的权利和义务始于其取得教师资格并在学校或其他教育机构任职,终于解聘,未取得教师资格而任职的,不具有此项基本权利和义务;二是教师的权利和义务是其履行教育教学职责的要求和基本保证。当教师以教育者身份出现时,其与职责相关的权利和义务从某种意义上说是代表国家和社会利益,带有一定的"公务"性质,是不能随意放弃的。如果教师随意放弃指导幼儿的学习和发展,实际上是没有履行教师的职责。③ 教师的权利和义务根本上由一定社会物质生活条件所决定,任何国家关于教师基本权利和义务的规定,都是该国当时的社会、经济发展水平和文化传统等所需要并能予以保证的权利和义务。随着社会的发展,必然会从法律上对教师的权利、义务产生新的要求,并通过制定或修改法律来加以实现。

二、幼儿教师的权利和义务

(一)幼儿教师的权利

权利,从一般意义上来说,有几层相关的含义。它与自由相关,因为权利在定义上表述为一种法律规定的作为或不作为的自由;权利也包含利益的获取和保障,也称为权益,即法律所保护的利益,故又称"法益"。基于以上对权利的理解,幼儿教师的权利指幼儿教师依法享有的自由与权益。一般来讲,幼儿教师的权利主要包括两类,一类是其作为公民享有《宪法》规定的公民的基本权利,如宗教信仰自由、人身与人格权、监督权、社会经济权利、社会文化权利等;另一类主要是对教师这一职业群体,除了作为公民应享有的权利以外的权利所做的特殊规定,教师享有的特殊权利是与其职业特点相联系的,是从事其他职业的人员所不能享有的。依据《教育法》《教师法》,我国幼儿教师具有以下基本权利。

1. 教师有进行保育教育活动、开展教育教学改革和实验的权利,这项权利简称教师的教育教学权,是幼儿教师的核心权利。其主要含义包括如下几点。① 幼儿教师有权依据本园课程的计划、工作量等具体要求,并结合本班的情况,因地制宜地开展教育活动。② 有权从本班幼儿实际情况出发,按照课程大纲的要求,确定其教育内容和进度,并灵活地执行,不断完善教学内容。③ 幼儿教师可以通过教学改革和实验去探索教学规律,寻找符合幼儿身心发展规律的教学形式、方法和内容等,从而提高教学质量。幼儿教师进行教育教学活动,开展教学改革和实验的权利不得被侵犯和非法剥夺。与此同时,为了保证教师享有这一权利,《教师法》还相应规定了各级人民政府、教育行政部门及有关部门、学校和其他教育机构应"提供符合国家安全标准的教育教学设施和设备","提供必需的图书、资料及其他教育教学用品","为教师在教育教学、科学研究中的创造性工作给以鼓励和帮助"。此外还需说明的是,不具备教师资格的人不得行使该权利,或具有教师资格尚未受聘或已辞聘,这一权利处于停顿状态,一旦受聘担任教师工作时,其权利才恢复正常状态。合法的解聘或待聘不等于侵犯教师的这一权利。

2. 教师从事科学研究、学术交流,参加专业的学术团体,在学术活动中充分发表意见,这项权利简称学术研究权。学术研究权是教师作为专业技术人员所享有的一项基本权利。其基本含义包括如下几点。① 教师在完成保教工作任务的前提下,有权从事科学研究、论文撰写、著书立说等创造性活动。教师可以依据幼儿教育的研究方法以及已有的研究结果确立自己的研究课题、研究方法。② 为了交流知识、经验、成果,共同分析讨论解决问题的办法,教师有参加相关的学术交流以及参加专业的学术团体并在其中兼任工作的权利。③ 教师有权在学术活动中发表自己的观点,开展学术争鸣。需强调的是,在教育教学活动过程中,教师要严格按照国家规定的教学大纲来开展活动,不得发表不利于幼儿身心健康发展且与教学内容无关的观点意见。

3. 指导学生的学习和发展,评定学生的品行和学业成绩,这是教师在教育过程中居于主导地位的基本权利。其基本含义包括如下几点。① 在保教过程中,教师有权依据幼儿的身心发展特点对幼儿进行适宜的指导从而协助幼儿主动、有效地学习。② 教师有权依据幼儿的行为表现以及所积累的作品对幼儿进行科学的、适当的评价,避免用划一的标准评价不同的幼儿。③ 教师有权运用正确的指导思想和科学的教育方法,促进幼儿的个性和能力得到充分发展。

4. 按时获取工资报酬,享受国家规定的福利待遇以及寒暑假期的带薪休假,这项权利简称报酬待遇权,是教师应当享有的一项维持自身和家庭生存和发展的基本的物质权益。其基本含义包括如下几点。① 教师有权要求与之形成人事关系的学前教育机构根据国家法律的规定和教师聘用合同的约定,按时、足额地支付工资报酬。所在学前教育机构及其主管部门根据法律的、教师聘用合同的规定,按时、足额支付教师基础工资、职务工资、课时报酬、奖金、教龄津贴、班主任津贴及其他各种津贴在内的工资报酬。教师的工资不得非法拖欠、克扣。② 教师有享受国家规定的医疗、住房、退休等各种福利待遇以及寒暑假期的带薪休假的权利。

5. 对幼儿园教育教学、管理工作和教育行政部门的工作提出意见和建议,通过教职工代表大会或者其他形式,参与学校的民主管理,这项权利简称民主管理权。其基本含义包括如下几点。① 教师有对幼儿园及教育行政部门的工作提出意见和建议的权利,这是公民的一项基本权利,宪法规定"公民对任何国家机关和国家工作人员,有提出批评和建议的权利"。② 教师可以通过教职工代表大会、工会组织等多种形式参与幼儿园的民主管理,讨论幼儿园发展、改革等方面的重大事项。

6. 参加进修或者其他方式的培训,这项权利简称进修培训权,进修培训权是教师不断接受教育、获得自我充实和提高的基本权利和必要手段。主要内容包括如下几点。① 教师有权参加进修和接受其他多种形式的培训,以提高教育理念和专业素养,从而保障教育教学的质量。② 教师有权参加达到法定学历标准和达到高一级学历水平的进修或以拓宽知识为主的继续教育培训等权利。

案例 7-3

幼儿园欠薪违法，老师可随时解约[①]

2004年4月，刘燕珍和许娜被聘在同一所幼儿园做老师，工资为每月800元，每月10日发上月工资。开始半年，情况良好，幼儿园基本上能按月发工资。从10月开始，幼儿园与对面新建的幼儿园之间的竞争十分激烈，生源有些流失，影响到幼儿园的效益。到年底，几个月未发工资了，园长只是每月给每人150元零用。教职工问起工资，园长回答很快就会发，但一直没下文。在久催未果的情况下，刘燕珍和同事要求与幼儿园解除劳动关系，并要求幼儿园补还所有拖欠的工资。他们这样做合法吗？教职员在什么情况下可与幼儿园解除劳动关系？

【评析】

本案涉及因幼儿园无法履行劳动合同导致发生纠纷的问题。

依据《劳动法》第32条规定："有下列情形之一的，劳动者可以随时通知用人单位解除劳动合同：① 在试用期内的；② 用人单位以暴力、威胁或者非法限制人身自由的手段强迫劳动的；③ 用人单位未按照劳动合同约定支付劳动报酬或者提供劳动条件的。"但是，《劳动法》第31条规定："劳动者解除劳动合同，应当提前三十日以书面形式通知用人单位。"

《违反和解除劳动合同的经济补偿办法》也规定，用人单位克扣或者无故拖欠劳动者工资的，除在规定的时间内全额支付劳动者工资报酬外，还需加发相当于工资报酬25%的经济补偿金。

在本案中，幼儿园与其教职员已协议好每月10日发放工资，就应该按协议履行。就算遇到困难，也不允许拖欠教职员的工资。这种拖欠工资的情况，属于《劳动法》第32条中的第③种情形，刘燕珍和她的同事可以与幼儿园协商解决。如果协商不成，可以通知幼儿园解除劳动合同，补还所有的拖欠工资，还可向幼儿园要求加发工资总额的25%的经济补偿金。

【建议】

(1) 教职员作为劳动者在与用人单位解除劳动合同时，应当全面了解解除劳动合同的相关规定，依法慎重行事，妥善保障自己的权益。

(2) 一旦因解除劳动合同而引发纠纷，幼儿园与教职工双方应尽量协商解决。

(二) 幼儿教师的义务

权利与义务之间是一种相互联系、不可互缺的关系。权利人在行使自己权利的同时必须承担一定的义务，而义务人在履行义务时也同时享有一定的权利。仅就教师的特定义务而言，教师的义务是指依照《教育法》《教师法》及相关法律法规，教师从事教育教学而必须承担的责任，表现为教师在教育教学活动中必须做出一定行为或不得做出一定行为的约

[①] 周天枢，严凤英.幼儿园100个法律问题[M].广州：新世纪出版社，2010：134—135.

束。要理解这一概念,我们同样必须明确两点:首先,教师的身份是一个普通的公民,应该承担《宪法》所规定的基本义务,例如维护国家统一与团结,遵守《宪法》和法律,保守国家秘密,爱护公共财产,遵守劳动纪律,遵守公共秩序,尊重社会公德,维护国家的安全、荣誉和利益,保卫祖国,抵抗侵略,依照法律服兵役和参加民兵组织,依照法律纳税等义务;其次,教师是一种特殊的职业,从事教师这一职业应该承担不同于其他职业的义务。我国《义务教育法》规定:"教师应当热爱社会主义教育事业,努力提高自己的思想、文化、业务水平,爱护学生,忠于职责。"《教师法》更为详尽地规定我国教师应该承担以下具体义务。

1. 遵守《宪法》、法律和职业道德,为人师表。其主要包括以下几个基本含义。① 每一个教师在自己的工作中,必须以《宪法》和其他法律法规为准则,正确行使《宪法》和法律赋予的公民的权利并履行相应的义务。在保教过程中,培养幼儿初步的法律意识,使每个幼儿都成为遵法守法的好公民。② 除了遵守法律的相关规定,教师还应该遵守职业道德。我国教师职业道德的基本要求是:爱国守法、爱岗敬业、关爱幼儿、严谨治学、团结协作、尊重家长、廉洁从教、为人师表、终身学习。③ 为人师表是对教师的特定要求。因为教师的一言一行都对幼儿产生潜移默化的影响,所以教师本人必须做出表率。为人师表对教师提出了多方面的要求,主要包括思想品质、政治素质、工作态度、钻研业务、生活作风、服饰打扮、言谈举止等方面。它要求教师时时、处处、事事严格要求自己,言行一致,表里一致,堪为幼儿和社会一切人的楷模和表率。

2. 贯彻国家的教育方针,遵守规章制度,执行幼儿园的教学计划,履行教师聘约,完成教育教学工作任务。这一义务包括以下几个含义。① 幼儿教师在工作中,必须贯彻《教育法》所规定的教育必须为社会主义现代化建设服务,必须与生产劳动相结合,培养德、智、体等方面全面发展的社会主义事业的建设者和接班人的教育方针。② 幼儿教师要遵守各级政府、教育行政部门以及学前教育机构制定的各项规章制度并执行保教工作计划,完成保教任务。③ 教师应依法履行教师聘约中约定的教育教学工作职责和完成规定的教育教学任务,否则将依法追究其责任。

3. 对幼儿进行国家法律法规所确定的基本原则的教育和爱国主义、民族团结的教育,法制教育以及思想品德、文化、科学技术教育,组织、带领幼儿开展有益的社会活动。这一义务包括以下几方面的含义。① 教师要对幼儿进行爱国主义、民族团结的教育,激发幼儿爱集体、爱家乡、爱祖国的情感,培养幼儿良好的思想品德的行为习惯。② 对幼儿进行文化、科学技术的启蒙教育,使幼儿感受到祖国文化的博大精深,激发幼儿好奇心和求知欲望。③ 带领幼儿参加有益的社会活动,培养幼儿学习互助、合作和分享、有同情心的良好品质。

4. 关心、爱护全体幼儿,尊重幼儿人格,促进幼儿在品德、智力、体质等方面全面发展。这一义务包括以下几个方面。① 关心、爱护全体幼儿是每一名幼儿教师的天职和美德,严禁虐待、歧视和变相体罚、侮辱幼儿人格等损害幼儿身心健康的行为。幼儿年龄小,缺乏自我保护能力,更需要教师的关心和爱护,教师要把保护幼儿的生命健康放在保教工作的首位。② 幼儿有自身的独立人格,他们像成人一样需要得到尊重。教师应不分性别、民族、种族,平等地对待每一个幼儿。尊重幼儿意味着要尊重幼儿的身心发展特点,尊重幼儿的个性特点,尊重幼儿的意愿和想法。在教育教学活动中,一切从幼儿出发,以幼儿为本。③ 对幼儿实施德、智、体、美各方面全面发展的教育,促进其身心和谐发展是幼儿教师最主要的任务之一。与此同时还应尊重幼儿的个性发展,坚持个性发展和全面发展相统一原则。

5. 制止有害于幼儿的行为或者其他侵犯幼儿合法权益的行为,批评和抵制有害于幼儿健康成长的现象。具体来讲,教师履行这项义务应该做到以下几点。① 教师主要负责制止在幼儿园工作和保教活动中,侵犯其所负责管理的幼儿合法权益的行为。② 保护幼儿的合法权益和身心健康,是全社会的责任,教师自然更有义务保护幼儿身心健康成长,有义务抵制和批评有害于幼儿身心健康成长的不良现象。

6. 不断提高思想政治觉悟和教育教学业务水平。教育教学工作是一项较强的专业性工作,为了更好地发展幼儿教育、提高国民素质,幼儿教师必须不断提高自身修养,同时不断学习专业知识,掌握教育教学规律以适应教育教学工作的需要。

三、幼儿教师的资格和任用

(一)幼儿教师的资格

1. 幼儿教师资格条件

《教师法》规定教师资格基本条件包括以下几个方面:必须是中国公民;遵守《宪法》和法律;热爱教育事业;具有良好的思想政治素质;具备规定的学历或者经国家教师资格考试合格;具有教育教学能力。

2. 幼儿教师资格认定的程序

依据《教师资格条例》第五章规定,申请认定幼儿教师资格的主要步骤为:① 申请人应当在规定的受理期限内提出申请,递交身份证明,学历证书或者教师资格考试合格证明,教育行政部门或者受委托的高等学校指定的医院出具的体格检查证明,户籍所在地的街道办事处、乡人民政府或者工作单位、所毕业的学校对其思想品德、有无犯罪记录等方面情况的鉴定及证明材料;② 教育行政部门或者受委托的高等学校对申请人的条件进行审查;③ 非师范院校毕业或者教师资格考试合格的公民申请认定幼儿园、小学或者其他教师资格的应当进行面试和试讲,考察其教育教学能力,根据实际情况和需要,教育行政部门或者受委托的高等学校可以要求申请人补修教育学、心理学等课程;④ 应当在受理期限终止之日起30日内做出是否颁发相应的教师资格证书的决定,并通知申请人认定结果。

3. 幼儿教师资格的丧失

根据《教师法》《教师资格条例》规定,有弄虚作假、骗取教师资格的,品行不良、侮辱学生,影响恶劣的,由县级以上人民政府教育行政部门撤销其教师资格。被撤销教师资格的,自撤销之日起5年内不得重新申请认定教师资格,其教师资格证书由县级以上人民政府教育部门收缴。参加教师资格考试有作弊行为的,其考试成绩作废,3年内不得再次参加教师资格考试。受到剥夺政治权利或者故意犯罪受有期徒刑以上刑事处罚的,不能取得教师资格;已经取得教师资格的,丧失教师资格。

(二)幼儿教师的任用

《教师法》第17条规定:"学校和其他教育机构应当逐步实行教师聘任制。教师的聘任应当遵循双方地位平等的原则,由学校和教师签订聘任合同,明确规定双方的权利、义务和责任。"《幼儿园管理条例》和《幼儿园工作规程》也明确规定:幼儿园实行聘任制,幼儿园教师由幼儿园园长聘任,也可由举办幼儿园的单位或个人聘任。

教师聘任制度是指聘任双方在平等自愿的基础上,由学校或教育行政部门根据教育教学需要设置的工作岗位,聘请具有教师资格的公民担任相应教师职务的一项制度。幼儿教师和学前教育机构通过聘任制度确立一种法律关系。根据《劳动法》《劳动合同法》的规定,这种聘任关系属于劳动合同关系。双方签订的聘任合同具有法律效力,对双方均有约束力。幼儿教师与学前教育机构均要按聘任合同履行义务。聘任制度包括招聘、续聘、解聘、辞聘等形式。实行聘任制有助于提高教师的责任感,并淘汰不具备任教能力的庸才,可以充分利用社会人力资源,减少人力资源的浪费,打破传统教师任用制度,增进各地区教学经验的传播,增加就业岗位。

 知识链接 7-3　劳动合同

根据《中华人民共和国劳动法》(简称《劳动法》)第 16 条规定,劳动合同是劳动者与用人单位之间确立劳动关系、明确双方权利和义务的协议。第 17 条还规定,订立和变更劳动合同,应当遵循平等自愿、协商一致的原则,不得违反法律、行政法规的规定。劳动合同依法订立即具有法律约束力,当事人必须履行劳动合同规定的义务。

《劳动法》第 18 条规定,下列劳动合同无效:违反法律、行政法规的劳动合同;采取欺诈、威胁等手段订立的劳动合同。无效的劳动合同,从订立的时候起,就没有法律约束力。确认劳动合同部分无效的,如果不影响其余部分的效力,其余部分仍然有效。劳动合同的无效,由劳动争议仲裁委员会或者人民法院确认。

《劳动法》第 19 条规定,劳动合同应当以书面形式订立,并具备以下条款:劳动合同期限;工作内容;劳动保护和劳动条件;劳动报酬;劳动纪律;劳动合同终止的条件;违反劳动合同的责任。劳动合同除前款规定的必备条款外,当事人可以协商约定其他内容。

《劳动法》第 25 条规定,劳动者有下列情形之一的,用人单位可以解除劳动合同:在试用期间被证明不符合录用条件的;严重违反劳动纪律或者用人单位规章制度的;严重失职,营私舞弊,对用人单位利益造成重大损害的;被依法追究刑事责任的。《劳动法》第 26 条还规定,有下列情形之一的,用人单位可以解除劳动合同,但是应当提前三十日以书面形式通知劳动者本人:劳动者患病或者非因工负伤,医疗期满后,不能从事原工作也不能从事由用人单位另行安排的工作的;劳动者不能胜任工作,经过培训或者调整工作岗位,仍不能胜任工作的;劳动合同订立时所依据的客观情况发生重大变化,致使原劳动合同无法履行,经当事人协商不能就变更劳动合同达成协议的。

《劳动法》第 27 条还规定,用人单位濒临破产进行法定整顿期间或者生产经营状况发生严重困难,确需裁减人员的,应当提前三十日向工会或者全体职工说明情况,听取工会或者职工的意见,经向劳动行政部门报告后,可以裁减人员。用人单位依据本条规定裁减人员,在六个月内录用人员的,应当优先录用被裁减的人员。第 28 条规定,用人单位依据《劳动法》第 24 条、第 26 条、第 27 条的规定解除劳动合同的,应当依照国家有关规定给予经济补偿。

《劳动法》第 32 条规定,有下列情形之一的,劳动者可以随时通知用人单位解除劳动合同:在试用期内的;用人单位以暴力、威胁或者非法限制人身自由的手段强迫劳动的;用人单位未按照劳动合同约定支付劳动报酬或者提供劳动条件的。

案例 7-4

就算资格老,合同也该签

某机关幼儿园聘用了一名原在某教育部门工作的退休职工刘某做幼儿园的工勤人员。他脾气倔,爱摆老资格,还总是指挥别人,再加上他儿子是教育局里的一位领导,因此人们都对他"礼让三分",不敢得罪。

幼儿园虽聘用刘某为工勤人员,但并没有签订劳动合同。平时他的工作想干就干,不想干就不干。新来的李园长决定改变这种不正常的管理状态,却为如何与刘某签订合同犯了难。

幼儿园究竟应该如何与教职员签订劳动合同?

【评析】

本案涉及幼儿园如何与每位劳动者签订劳动合同问题。

劳动合同是维护劳动者和用人单位合法权益的法律保障。对于幼儿园和教职员来说,签订一份完备、公平、合理的劳动合同是十分重要的。而且,幼儿园与教职员签订劳动合同时地位平等,应当在自愿的基础上协商一致。

社会生活千变万化,劳动合同的种类和当事人的情况也非常复杂,我国《劳动法》规定了签订劳动合同的必备条款,包括劳动合同期限、工作内容、劳动保护和劳动条件、劳动报酬、劳动纪律、劳动合同终止的条件、违反劳动合同的责任等,双方还可以协商约定劳动合同的补充条款。为了明确教职员的工作内容、职责范围和劳动纪律等,幼儿园应尽量详细、具体地在劳动合同中加以明确。

另外,幼儿园在与教职员签订劳动合同时,还应当注意避免以下做法:在与劳动者签订劳动合同时收取押金;扣押教职员的身份证件、学历证件或其他证明个人身份的证件;在劳动合同中限制职工结婚、生育等。这些做法都是不符合法律规定的,即使有约定,也是无效的。当然,个别条款无效,并不影响其他劳动合同条款的效力。

劳动合同到期后,幼儿园如不准备与教职员续签合同的,一般应提前一个月通知教职员。如果幼儿园在签订劳动合同后,需要变更合同内容,应与员工协商一致。如与员工意见无法达成一致,则不能变更合同。

本案中,该名工勤人员刘某之所以爱摆资格,指挥别人,不愿做分内之事,与幼儿园未与他签订劳动合同、职责未予明确有关。新来的园长如果要改变这种不正常现象,就应该先从签订劳动合同抓起,与他签订劳动合同,明确其工作职责和范围,避免其越权干预园内的其他工作,从而做好本职工作。

【建议】

(1) 幼儿园在聘用教职员时应签订书面的劳动合同,明确教职员的工作内容。

(2) 幼儿园应将工作岗位职责作为劳动合同的内容,便于加强幼儿园的依法管理,也有助于保障教职员的合法权益。

(3) 教职员在明确自己的岗位职责后,应努力完成自己的本职工作,不要越权。

四、幼儿园教师专业素质的基本要求

幼儿园教师是履行幼儿园教育工作职责的专业人员,需要经过严格的培养与培训,具有良好的职业道德,掌握系统的专业知识和专业技能。《幼儿园教师专业标准(试行)》依据《中华人民共和国教师法》,从专业理念与师德、专业知识、专业技能三个维度提出了教师专业素质的基本要求。它是幼儿园教师开展保教活动的基本规范,是引领幼儿园教师专业发展的基本准则,是幼儿园教师培养、准入、培训、考核等工作的重要依据。

(一)专业理念与师德要求

1. 职业理解与认识的基本要求

(1)贯彻党和国家教育方针政策,遵守教育法律法规。

(2)理解幼儿保教工作的意义,热爱学前教育事业,具有职业理想和敬业精神。

(3)认同幼儿园教师的专业性和独特性,注重自身专业发展。

(4)具有良好职业道德修养,为人师表。

(5)具有团队合作精神,积极开展协作与交流。

2. 对幼儿的态度与行为的基本要求

(1)关爱幼儿,重视幼儿身心健康,将保护幼儿生命安全放在首位。

(2)尊重幼儿人格,维护幼儿合法权益,平等对待每一个幼儿。不讽刺、挖苦、歧视幼儿,不体罚或变相体罚幼儿。

(3)信任幼儿,尊重个体差异,主动了解和满足有益于幼儿身心发展的不同需求。

(4)重视生活对幼儿健康成长的重要价值,积极创造条件,让幼儿拥有快乐的幼儿园生活。

3. 对幼儿保育和教育的态度与行为基本要求

(1)注重保教结合,培育幼儿良好的意志品质,帮助幼儿形成良好的行为习惯。

(2)注重保护幼儿的好奇心,培养幼儿的想象力,发掘幼儿的兴趣爱好。

(3)重视环境和游戏对幼儿发展的独特作用,创设富有教育意义的环境氛围,将游戏作为幼儿的主要活动。

(4)重视丰富幼儿多方面的直接经验,将探索、交往等实践活动作为幼儿最重要的学习方式。

(5)重视自身日常态度言行对幼儿发展的重要影响与作用。

(6)重视幼儿园、家庭和社区的合作,综合利用各种资源。

4. 个人修养与行为的基本要求

(1)富有爱心、责任心、耐心和细心。

(2)乐观向上、热情开朗,有亲和力。

(3)善于自我调节情绪,保持平和心态。

(4)勤于学习,不断进取。

(5)衣着整洁得体,语言规范健康,举止文明礼貌。

(二) 专业知识的基本要求

1. 幼儿发展知识

(1) 了解关于幼儿生存、发展和保护的有关法律法规及政策规定。

(2) 掌握不同年龄幼儿身心发展特点、规律和促进幼儿全面发展的策略与方法。

(3) 了解幼儿在发展水平、速度与优势领域等方面的个体差异,掌握对应的策略与方法。

(4) 了解幼儿发展中容易出现的问题与适宜的对策。

(5) 了解有特殊需要幼儿的身心发展特点及教育策略与方法。

2. 幼儿保育和教育知识

(1) 熟悉幼儿园教育的目标、任务、内容、要求和基本原则。

(2) 掌握幼儿园环境创设、一日生活安排、游戏与教育活动、保育和班级管理的知识与方法。

(3) 熟知幼儿园的安全应急预案,掌握意外事故和危险情况下幼儿安全防护与救助的基本方法。

(4) 掌握观察、谈话、记录等了解幼儿的基本方法。

(5) 了解0~3岁婴幼儿保教和幼小衔接的有关知识与基本方法。

3. 通识性知识

(1) 具有一定的自然科学和人文社会科学知识。

(2) 了解中国教育基本情况。

(3) 掌握幼儿园各领域教育的特点与基本知识。

(4) 具有相应的艺术欣赏与表现知识。

(5) 具有一定的现代信息技术知识。

(三) 专业能力的基本要求

1. 环境的创设与利用

(1) 建立良好的师幼关系,帮助幼儿建立良好的同伴关系,让幼儿感到温暖和愉悦。

(2) 建立班级秩序与规则,营造良好的班级氛围,让幼儿感受到安全、舒适。

(3) 创设有助于促进幼儿成长、学习、游戏的教育环境。

(4) 合理利用资源,为幼儿提供和制作适合的玩教具和学习材料,引发和支持幼儿的主动活动。

2. 一日生活的组织与保育

(1) 合理安排和组织一日生活的各个环节,将教育灵活地渗透到一日生活中。

(2) 科学照料幼儿日常生活,指导和协助保育员做好班级常规保育和卫生工作。

(3) 充分利用各种教育契机,对幼儿进行随机教育。

(4) 有效保护幼儿,及时处理幼儿的常见事故,危险情况优先救护幼儿。

3. 游戏活动的支持与引导

(1) 提供符合幼儿兴趣需要、年龄特点和发展目标的游戏条件。

(2) 充分利用与合理设计游戏活动空间,提供丰富、适宜的游戏材料,支持、引发和促进幼儿的游戏。

(3) 鼓励幼儿自主选择游戏内容、伙伴和材料,支持幼儿主动地、创造性地开展游戏,充分体验游戏的快乐和满足。

(4) 引导幼儿在游戏活动中获得身体、认知、语言和社会性等多方面的发展。

4. 教育活动的计划与实施

(1) 制订阶段性的教育活动计划和具体活动方案。

(2) 在教育活动中观察幼儿,根据幼儿的表现和需要,调整活动,给予适宜的指导。

(3) 在教育活动的设计和实施中体现趣味性、综合性和生活化,灵活运用各种组织形式和适宜的教育方式。

(4) 提供更多的操作探索、交流合作、表达表现的机会,支持和促进幼儿主动学习。

5. 激励与评价

(1) 关注幼儿日常表现,及时发现和赏识每个幼儿的点滴进步,注重激发和保护幼儿的积极性、自信心。

(2) 有效运用观察、谈话、家园联系、作品分析等多种方法,客观地、全面地了解和评价幼儿。

(3) 有效运用评价结果,指导下一步教育活动的开展。

6. 沟通与合作

(1) 使用符合幼儿年龄特点的语言进行保教工作。

(2) 善于倾听,和蔼可亲,与幼儿进行有效沟通。

(3) 与同事合作交流,分享经验和资源,共同发展。

(4) 与家长进行有效沟通合作,共同促进幼儿发展。

(5) 协助幼儿园与社区建立合作互助的良好关系。

7. 反思与发展

(1) 主动收集分析相关信息,不断进行反思,改进保教工作。

(2) 针对保教工作中的现实需要与问题,进行探索和研究。

(3) 制定专业发展规划,不断提高自身专业素质。

一名合格的幼儿园教师应该坚持如下理念。第一,幼儿为本。尊重幼儿权益,以幼儿为主体,充分调动和发挥幼儿的主动性;遵循幼儿身心发展特点和保教活动规律,提供适合的教育,保障幼儿快乐健康成长。第二,师德为先。热爱学前教育事业,具有职业理想,践行社会主义核心价值体系,履行教师职业道德规范。关爱幼儿,尊重幼儿人格,富有爱心、责任心、耐心和细心;为人师表,教书育人,自尊自律,做幼儿健康成长的启蒙者和引路人。第三,能力为重。把学前教育理论与保教实践相结合,突出保教实践能力;研究幼儿,遵循幼儿成长规律,提升保教工作专业化水平;坚持实践、反思、再实践、再反思,不断提高专业能力。第四,终身学习。学习先进学前教育理论,了解国内外学前教育改革与发展的经验和做法;优化知识结构,提高文化素养;具有终身学习与持续发展的意识和能力,做终身学习的典范。

五、幼儿园教师主要职责

1. 观察了解幼儿,依据国家规定的幼儿园课程标准,结合本班幼儿的具体情况,制订和执行教育工作计划,完成教育任务。

2. 严格执行幼儿园安全、卫生保健制度,指导并配合保育员管理本班幼儿生活和做好卫生保健工作。

3. 与家长保持经常联系,了解幼儿家庭的教育环境,商讨符合幼儿特点的教育措施,共同配合完成教育任务。

4. 参加业务学习和幼儿教育研究活动。

5. 定期向园长汇报,接受其检查和指导。

幼儿教师需要具备哪些能力?

第三节　学前教育机构其他工作人员

一、学前教育机构其他工作人员概述

《幼儿园工作规程》第38条明确规定,幼儿园按照国家相关规定设园长、副园长、教师、保育员、卫生保健人员、炊事员和其他工作人员等岗位,配足配齐教职工。《幼儿园工作规程》第七章"幼儿园的教职工"在总结我国幼教经验的基础上,根据当前幼教发展的趋势和对幼儿园的要求,对幼儿园园长、教师、保育员、医务人员、事务人员、炊事员和其他工作人员的编制、基本条件、资格、职责以及奖惩都做了具体明确的规定。本书中,学前教育机构其他工作人员是指在学前教育机构中不直接承担教育教学工作的人员,一般包括保育员、医务人员、事务人员、炊事员等。

为规范幼儿园办园行为,促进幼儿园教师队伍建设,满足幼儿在园生活、游戏和学习的需要,确保幼儿接受基本的、有质量的学前教育,促进幼儿健康成长,幼儿园应当按照服务类型、教职工与幼儿以及保教人员与幼儿的一定比例配备教职工,满足保教工作的基本需要。

学前教育机构工作人员应坚决拥护党的"一个中心,两个基本点"的基本路线;热爱幼儿教育事业、爱护幼儿,对幼儿充满热情、充满爱心;努力学习专业知识和技能,树立正确的教育观、儿童观和保教相结合的基本观念,提高文化和专业水平,不断汲取新知识、不断掌握新本领;品德良好、为人师表,忠于职责;保证个人身体健康,坚持定期的体检。

 知识链接7-4　幼儿园教职工配备标准

为贯彻落实《国家中长期教育改革和发展规划纲要(2010—2020年)》《国务院关于加强教师队伍建设的意见》和《教育部、中央编办、财政部、人力资源社会保障部关于加强幼儿园教师队伍建设的意见》,进一步规范各类幼儿园用人行为,教育部研究制定了《幼儿园教职工配备标准(暂行)》(2013年),规定了教职工与幼儿的比例、专任教师和保育员配备、其他人员配备。

一、教职工与幼儿的比例

幼儿园应当按照服务类型、教职工与幼儿以及保教人员与幼儿的一定比例配备教职工,满足保教工作的基本需要。不同服务类型幼儿园教职工与幼儿的配备比例见表7-1。

表7-1 不同服务类型幼儿园教职工与幼儿的配备比例

服务类型	全园教职工与幼儿比	全园保教人员与幼儿比
全日制	1∶5～1∶7	1∶7～1∶9
半日制	1∶8～1∶10	1∶11～1∶13

二、专任教师和保育员配备

幼儿园应根据服务类型、幼儿年龄和班级规模配备数量适宜的专任教师和保育员,使每位幼儿在一日生活、游戏和学习中都能得到成人适当的照顾、帮助和指导。此外,专任教师和保育员的岗位类别和数量增设要能满足本园发展和保教工作的需要,并确保在教师进修、支教、病事假等情况下有可供临时顶岗的保教人员。不同服务类型幼儿园各年龄班和混龄班班级规模、专任教师和保育员的配备标准见表7-2。

表7-2 幼儿园班级规模及专任教师和保育员配备标准

年龄班	班级规模(人)	全日制		半日制	
		专任教师	保育员	专任教师	保育员
小班(3～4岁)	20～25	2	1	2	有条件的应配备1名保育员
中班(4～5岁)	25～30	2	1	2	
大班(5～6岁)	30～35	2	1	2	
混龄班	<30	2	1	2～3	

三、其他人员配备

园长:6个班以下的幼儿园设1名,6～9个班的幼儿园不超过2名,10个班及以上的幼儿园可设3名。

卫生保健人员:根据《托儿所幼儿园卫生保健工作规范》配备。

炊事人员:幼儿园应根据餐点提供的实际需要和就餐幼儿人数配备适宜的炊事人员。每日三餐一点的幼儿园每40～45名幼儿配1名;少于三餐一点的幼儿园酌减;在园幼儿人数少于40名的供餐幼儿园(班)应配备1名专职炊事员。

财会人员:根据国家和地方有关财会工作规定配备。

安保人员:根据国家和地方有关安保工作规定配备。

幼儿园应根据实际需要配备数量适宜的教职工,积极实行一岗多责,提高用人效益。本标准为各级各类幼儿园的合格标准。各地可根据当地经济社会发展水平和学前教育发展的实际情况,制订适合本地的具体实施方案。

二、学前教育机构其他工作人员的任职资格

《幼儿园工作规程》不仅对幼儿园的工作人员提出了基本要求,还分别针对保育员、医务

人员等其他工作人员做了具体的规定。

(一) 保育员

保育员,是指在幼儿园或托儿所里负责照管幼儿卫生保健、生活管理的人员。保育员在幼儿的发展中扮演着照顾者、教育者等多种角色,对幼儿的身心健康、行为习惯以及个性、情感等各方面均产生着深刻的影响。因此,要想成为一名合格的保育工作者,就必须满足其相应的基本要求与任职资格。

1. 职业道德方面

一个保育工作者必须要遵守以下职业道德规范:爱岗敬业,热爱幼儿;为人师表,遵纪守法;积极进取,开拓创新;尊重家长,热情服务;文明礼貌,团结协作。正因为其所服务对象均为幼儿,认知能力差、自我独立能力弱,但又处在一个快速成长的年纪,所以这就对与幼儿朝夕相处的保育工作者提出了更高的要求。保育员良好的道德素质与高尚的职业情操对幼儿的成长起着不可估量的作用。

2. 职业素质方面

一个保育工作者必须满足如下规定:应具备高中毕业以上学历,受过幼儿保育职业培训,能履行幼儿保育员的职责;熟悉幼儿生理、心理教育等理论知识,能够处理幼儿常见病及常见传染病、常见意外事故等,了解幼儿相关法律文件,熟知幼儿园工作规程的相关知识及幼儿园饮食卫生条例等相关知识;在自身生理、心理情况上,要求保育工作者不可携有慢性传染病,不可有精神方面疾病,应拥有健康生理及心理,确保能为幼儿提供正常服务。

只有具有上述基本要求甚至更多,保育员才能真正履行好相应的职责,才能促进每一个幼儿健康的成长。

(二) 卫生保健人员

医务人员是指经过考核和卫生行政部门批准和承认,取得相应资格及执业证书的各级各类卫生技术人员。在幼儿园中,医务人员具有协助园长组织实施卫生保健方面的任务,对幼儿身体健康的成长、生长环境的塑造起着不可估量的作用。因此幼儿园的医务人员应当满足以下基本任职要求。

1. 思想道德方面

(1) 坚持四项基本原则,拥护党的路线、方针和政策,遵纪守法,有良好的思想素质和良好的职业操守,具有全局意识,服从组织调配,善于团结同事。

(2) 有强烈的事业心和责任感,热爱幼儿,爱岗敬业。工作踏实,廉洁奉公,乐于奉献。服务意识强,办事效率高,按时完成工作任务。

(3) 有履行本岗位职责需要的理论知识和专业水平,有良好的工作经验和能力。

2. 岗位要求方面

按《幼儿园工作规程》规定,幼儿园卫生保健人员除符合本规程第三十九条规定外,医师应当取得卫生行政部门颁发的《医师执业证书》;护士应当取得《护士执业证书》;保健员应当具有高中毕业以上学历,并经过当地妇幼保健机构组织的卫生保健专业知识培训。

在规模较大的幼儿园和寄宿制幼儿园的医务人员,一般指医生、医士和护士。规模较小的幼儿园的医务人员,通常是保健员。

幼儿园的医务人员服务的对象是幼儿,幼儿园的卫生保健、幼儿的计划免疫和疾病防治,直接关系着幼儿的身体健康。因此,对幼儿园医务人员在文化水平、专业知识的能力上,必须有严格要求,才能保证卫生保健工作的质量。

> **案例 7-5**
>
> **无证保育员渎职,园长、班主任同责**
>
> 某幼儿园急需一名保育员,经园长李珍同意,接收了无上岗证、未接受过幼儿保育职业培训的吴茗担任中(1)班的保育员。一天晚上,中(1)班班主任郭晴在寝室点燃蚊香用于驱蚊,交班时将此事告知了当晚值班的保育员吴茗。谁知吴茗单独值班至半夜时,竟然离开寝室长达45分钟。在此期间,蚊香将搭落在床沿边的棉被引燃,火势迅速向四周蔓延,引发火灾,致使3名幼儿在火灾中死亡,多名幼儿受重伤,酿成特大火灾事故。
>
> 事故发生后,保育员吴茗、班主任郭晴、园长李珍均被追究刑事责任,受到刑罚制裁。但郭晴和李珍认为,酿成惨祸的直接原因是吴茗玩忽职守,自己只是有一定过失,应该承担的是民事责任而不是刑事责任。
>
> 在这起事故中,涉案人员各应承担哪些法律责任呢?
>
> **【评析】**
>
> 本案涉及因老师失职引发火灾导致的幼儿伤害事故中,事故责任人的法律责任认定问题。根据对幼儿伤害事故过错责任的规定,此案中,幼儿园存在重大过错。造成这起严重的幼儿伤亡事故的原因是:班主任郭晴防火意识淡漠,在寝室内留下火种,造成安全隐患;保育员吴茗玩忽职守,导致酿成火灾;园长李珍等管理人员聘用不具有任职资格的保育员,对幼儿园的防火工作监管不力。由于几名事故责任人的过错,导致火灾发生,多名幼儿伤亡,所以幼儿园负全部责任。
>
> **【建议】**
>
> (1) 幼儿园应严格按照《幼儿园管理条例》和《幼儿园工作规程》规定聘用符合任职条件的工作人员,幼儿园的工作人员均应按《幼儿园工作规程》规定要求认真履行职责。
>
> (2) 保证幼儿园内走火通道畅通,教育幼儿防火和火灾逃生的方法;有条件时要进行消防逃生演习。
>
> (3) 消除各种火灾隐患,向教师、幼儿、家长宣传防火知识。
>
> (4) 幼儿园应配齐消防设备,维持其有效性,定期检查,落实责任人、检查人、维护人等。

三、学前教育机构其他工作人员的主要职责

(一) 幼儿园保育员的主要职责

1. 负责本班房舍、设备、环境的清洁卫生工作。做到每天小扫除,每周大扫除。定期清洗玩具教具、生活用品,采取湿式清扫方式清洁地面。厕所做到清洁通风、无异味,每日定时打扫,保持地面干燥。便器每次用后及时清洗干净。保持室内空气清新、阳光充足,为幼儿提供一个卫生、整洁、舒适的环境。

2. 在教师指导下,管理幼儿生活,并配合本班教师组织教育活动。要全心全意地看护、照料幼儿。主动与教师商议制定幼儿一日生活管理细则,并在教师的引导下向幼儿示范讲解基本要求,督促幼儿反复练习,从而使幼儿养成良好的生活、卫生习惯。同时要协助教师完成教育教学的任务,这要求保育员学习相关的教育学、儿童心理学等知识,提高自身的专业素养,树立正确的教育观念。此外还需在日常活动中多注意观察幼儿,了解幼儿的身心发展特点,学习一些配合教育教学活动的技巧,为提高保教质量打好坚实的基础。

3. 在医务人员和本班教师指导下,严格执行幼儿园安全、卫生保健制度。应仔细研读幼儿园安全、卫生保健制度,并在医务人员和本班教师指导下将各项工作贯彻落实。做好卫生消毒工作,定期接受预防儿童伤害相关知识和急救技能的培训,做好儿童安全工作,消除安全隐患,预防跌落、溺水、交通事故、烧(烫)伤、中毒、动物致伤等伤害的发生。

4. 妥善保管幼儿衣物和本班的设备、用具。这既是对物品的珍惜,也是对幼儿的无声教育。幼儿经常在保育员身边,保育员对物品、设备的爱护和摆放整齐,对幼儿具有潜移默化的作用。

(二)卫生保健人员的岗位要求[①]

按照《幼儿园工作规程》要求,卫生保健人员要对全园幼儿身体健康负责,做好以下五个方面的工作。

1. 协助园长组织实施有关卫生保健方面的法规、规章和制度,并监督执行。医务人员首先要协助园长做好宣传工作,落实《托儿所、幼儿园卫生保健制度》,提高全园工作人员认识水平。其次,要协助园长把卫生保健工作的要求落实到人,做到既有分工又有合作。第三,执行制度要严格,要做到制度的检查经常化。

2. 负责指导调配幼儿膳食,检查食品、饮水和环境卫生。食物是幼儿赖以生长、发展的基础。要帮助幼儿园的炊事员制定代量食谱。指导荤素搭配,科学烹调,保证提供的营养能够满足幼儿生长需要。

幼儿园里幼儿众多,加上他们身体柔弱,抵抗力差,食品、饮水的卫生和环境的卫生丝毫不能马虎。医务人员要指导炊事员严格执行《食品卫生法》,严格执行卫生消毒制度,防止食物中毒,防止传染病的流行。

3. 负责晨检、午检和健康观察,做好幼儿营养、生长发育的监测和评价;定期组织幼儿健康体检,做好幼儿健康档案管理。

4. 密切与当地卫生保健机构保持联系,协助做好疾病防治和计划免疫工作。卫生保健人员应该防患于未然,和地方卫生保健机构保持密切的联系,既能及时得到情报,又可以及时开展预防接种,防止和减少传染病的产生和蔓延,又可以及时开展接种预防,防止和减少传染病的产生和蔓延。

5. 向幼儿园教职工和家长进行卫生保健宣传和指导。普及卫生保健知识,是幼儿园工作的需要,也是整个社会精神文明建设的需要。不少幼儿园的医务人员,为了抓好这一工作,在幼儿园里,为全园同志、为家长举办专题讲座,出卫生保健专栏,召开家长会,进行家庭访问,通过多种形式宣传营养保健、防治疾病、培养幼儿生活卫生习惯方面的知识和想法,对

[①] 孙葆森,刘惠容,王悦群.幼儿教育法规与政策概论[M].北京:北京师范大学出版社,2004:146.

幼儿、家庭、幼儿园甚至对社会都有很好的作用。

6. 妥善管理医疗器械、消毒用具和药品。这首先要求医务人员要有高度的责任心,爱护和保管好公共财产。其次,工作作风要严谨,医务室的消毒用品和药品不能随意置放。特别是药品的乱放,容易造成错发、错吃,影响幼儿的健康。幼儿园要严禁此类事件的发生。

 知识链接7-5　某师范幼儿园保育员的主要工作

1. 晨间清洁卫生

(1) 每天在7点半开窗通风,冬季开窗15分钟。

(2) 检查幼儿的茶杯。准备保温桶的幼儿饮用水。桶可在前一天晚上放入开水,以使第二天有饮用的温开水。水温要符合幼儿安全,以滴在成人手背上不烫为好,如为过烫的开水,要开盖降温。

(3) 湿扫湿抹。先用清水将窗沿、桌面、玩具柜擦一遍,然后再用消毒液擦一遍,地面、走廊拖一遍。

(4) 最后整理。做到不零乱,杂物不乱放。

(5) 盥洗室的准备。为幼儿备好洗手的肥皂,检查一下幼儿擦手的毛巾是否齐全。

(6) 厕所的清洁卫生。先用清水冲洗一遍,然后用消毒液再刷一遍。

2. 晨间接待

(1) 配合老师做好接待工作。

(2) 做到穿戴整齐、仪表整洁、大方、热情接待。与家长做简短交谈,了解一下幼儿在家的情况。检查一下幼儿的口袋。

(3) 对患病的幼儿或情绪不好的幼儿要特别关照。

(4) 组织幼儿擦椅子,指导幼儿擦,但不要过多地干涉和要求。根据情况,不一定每天擦。

3. 幼儿户外活动中的保育护理

(1) 每日不少于2小时。

(2) 保育员注意观察每一位幼儿,注意活动器具的安全,幼儿衣服不宜穿得过多。照顾幼儿按顺序玩,不要拥挤和推打。

(3) 幼儿在户外活动中,保教人员要全神贯注,不得随意离开幼儿,也不要聚在一起聊天。

(4) 注意户外场地的安全。

(5) 做操时,保育员要关心幼儿的衣服、情绪。

(6) 负责做好活动后的整理和安全防护工作。

4. 大小便的培养

(1) 为幼儿准备敞开式、清洁卫生、安全、符合幼儿特点的盥洗和如厕设备。进食前或如厕前后必须用肥皂洗手。

(2) 组织幼儿盥洗时要维持好幼儿的秩序。

(3) 注意观察幼儿大小便情况,如有异常要及时记录或向保健老师汇报。

(4) 保教人员在处理完幼儿的大小便后要用肥皂洗手。

5. 盥洗

(1) 养成幼儿手脏、进食前、大小便后用肥皂洗手的习惯。洗手时教幼儿卷袖子或往上拉。

（2）教幼儿洗手时手心、手背、手指缝到手腕关节活动处都要洗。先用流水淋湿手心、手背等处,然后抹上肥皂,双手心须搓出肥皂泡后用流水冲洗干净,洗完双手后将小手在水池内甩三下,防止水滴在地上,用自己的毛巾擦干双手。小幼儿要帮助其拉下袖子。

（3）不会洗手的幼儿,由老师帮助洗。

（4）幼儿大便拉在身上或腹泻时,大便后先换下其弄脏的衣裤,然后用便纸擦干净,再给幼儿清洗屁股,洗屁股的盆要专用,每次用后消毒备用。洗屁股时由前往后洗,也可用水壶冲洗。

（5）给幼儿洗时,动作要轻柔,语言要和蔼可亲,不要留长指甲或戴容易擦破幼儿皮肤的戒指。对大便在身上的幼儿不能训斥或埋怨,以免增加幼儿的心理负担。

6. 早点的安排

（1）幼儿的早点工作由保教人员相互配合,各尽其责,老师负责组织幼儿有序地上厕所、洗手,保育员负责点心的准备。

（2）保育员做好点心前的桌面消毒。

（3）倒牛奶时,保育员必须到每个幼儿位子上去倒。一次不能倒得太多,以杯子的一半为好,并注意第二次添加。

幼儿园其他工作人员的地位和作用是什么？

案例 7-6

依法持证上岗,园长的规定有依据

某幼儿园教职员工工作效率低下,人浮于事。园长想改变这一状况,出台了一个规定:"无证者下岗,有证者竞争上岗。"这一来,不少人害怕下岗,要么跑去找园长说情,要么跑去考各种资格证。可也有人不相信:"园长不过随口说说吓唬人的,都是老员工了,哪能真这么较真,哪个园又能真的做得到……"那么幼儿园出台这一规定是否有法律、法规依据呢？

【评析】

本案例涉及幼教工作人员的从教资格问题。依据"提高幼儿教育质量、保证幼儿健康发展"的理念,《幼儿园管理条例》《幼儿园工作规程》和《教师资格条例》等法规对幼教人员从教资格有如下规定。

（1）不分岗位、职务,凡无卫生行政部门颁发的《健康证》者一律不得在幼教岗位工作。不能取得《健康证》,说明其身体不适合从事幼儿园工作,理应转岗从事其他工作。

（2）不同岗位、不同的职能和性质,也要求具备相应的从业资格。这在《幼儿园管理条例》第9条和《幼儿园工作规程》第39条至第40条中有详细的规定:园长必须有园长岗位培训合格证;教师必须具有《教师资格条例》规定的教师资格;医生必须具有医师资格;护士应当取得《护士执业证书》;保健员应当具备高中毕业以上学历,并受过幼儿保健职业培训;保育员应具备高中毕业以上学历,并受过幼儿保育职业培训。不具备上述任职资格条件的,属于不称职或者不合格的幼教人员,或者下岗、转岗,或者参加培训取得相应的资格后,才能从事幼教工作。由此可见,幼儿园所有人员都要依法持证上岗,这是有法律依据的。园长较真也不是跟谁过不去,完全是为了工作、为了孩子着想。

【建议】

(1) 各有关行政部门在对幼儿园进行的年检、考评、评估中要将"持证上岗"作为一项重要内容,对达不到要求的幼儿园要限期整改,经整改后仍不合要求者要坚决取缔。

(2) 幼儿园在招聘人员时,要把资格证作为聘用与不聘用的必要条件。同时要鼓励员工在职进修和继续教育。

(3) 幼儿园要主动向当地教育行政部门提出组织幼教人员进行相应资格培训和为符合条件人员办理证件的申请,为不符合条件的人员争取学习培训的机会,从而帮助其尽快取得相应的资格证书。

本章小结

幼儿园园长是学前教育机构的最高行政负责人,负责学前教育机构的全面工作。园长是上级领导与教职员工之间的桥梁,必须拥护党的领导、热爱祖国,具有一定的学历以及在一线工作的实践经验,并获得相应职称、园长岗位培训合格证书,有足够的时间和精力统领学前教育机构全局。

幼儿教师是履行学前教育职责的专业人员,具有该职业特有的权利和义务,对本班工作全面负责。幼儿园教师实行聘任制。国家规定幼儿教师必须具有《教师资格条例》规定的教师资格证,以及先进的专业理念、丰富的专业知识与较高的专业能力。

《幼儿园工作规程》和《幼儿园管理条例》规定,学前教育机构按照编制标准设园长、副园长、教师、保育员、医务人员、事务人员、炊事人员和其他工作人员。每个岗位的人员均需要具备相应的从业资格,其资格和职责必须符合政府和相关法律法规的相关规定。学前教育机构的工作人员均需拥护党的基本路线,热爱幼儿教育事业,爱护幼儿,努力学习专业知识和技能,提高文化和专业水平,品德良好,为人师表,忠于职责,身体健康。

思考与练习

1. 简述学前教育机构园长的职责和岗位要求。
2. 简述学前教育机构教师的权利及义务。
3. 简述学前教育机构教师专业发展的基本要求。
4. 试述学前教育机构不同岗位教职工的任职资格。
5. 试述学前教育机构工作人员的基本要求。

第八章　学前教育中的法律责任

> **学习目标**

1. 了解违反《教育法》《教师法》和《幼儿园管理条例》中的学前教育法律责任。
2. 增强教师的守法意识。
3. 提高依法维护教师和幼儿园合法权益的能力。

情境案例

幼儿摔伤，责任到底该谁负

3月的一天，大一班的老师带幼儿正在游戏，突然一个女孩摔倒了，老师立刻把她送到医务室，经医生诊断，认为可能会有头骨损伤。于是，老师赶紧将孩子送到了医院，并立刻与家长取得联系。医院确诊为轻微骨折。老师向家长道歉，表示自己没有照顾好孩子，当时家长没有说什么。

第二天，老师买了些营养品到家中探望孩子，家长对老师也没有埋怨，反而表示了对老师工作的理解。在孩子病休期间，老师经常看望，保健医按时带孩子到医院换药、检查。半个月后，孩子的伤情有了明显好转。此时，幼儿园、家长之间并没有发生矛盾。

然而事隔一个月后，家长一反常态地找到幼儿园索要误工费、陪护费、营养费。幼儿园做出了解释：此次幼儿受伤是老师履行职责中的意外事故，不是老师玩忽职守造成的。幼儿园对幼儿有教养职责，但不具有委托监护权，所以在幼儿园发生的幼儿伤害事故应按照过错原则赔偿，即有过错才给予赔偿。依据医院证明，医药费已由幼儿园承担，其他费用幼儿园不能给予赔偿。幼儿园从职业道德出发，派老师多次看望幼儿，并表示了歉意，也很尽心尽力了。家长听后心悦诚服，才了结了此事。

幼儿在幼儿园发生伤害事故，责任到底应该谁负？

【评析】

在此案例中，当家长提出过分的赔偿要求时，园长用法律武器维护了幼儿园的合法权益。如果老师们不具备这些法律常识，事情可能会越闹越大，甚至到对簿公堂的地步。因此，懂法知法，清晰了解法律责任的归属和界定，是幼儿教师必备的工作能力。

第一节　违反《中华人民共和国教育法》的相关法律责任

教育法律责任存在于各种教育法律之中,是教育实施的必要保证。关于学前教育中的法律责任,本书第一章第四节已从理论层面进行了详细阐述和分析,本章将主要从案例角度进行分析,以帮助读者更加深入理解和掌握学前教育中的法律责任。

违反《教育法》要承担的法律责任有三类:行政法律责任、民事法律责任和刑事法律责任。

一、行政法律责任

行政法律责任是指行政法律关系主体由于违反行政法律法规而承担的法律后果。承担法律责任的方式有行政处分、行政处罚和行政赔偿。

> **案例 8-1**
>
> **幼儿园发生食安事故被罚拒不执行　卫生局无奈申请法院强制执行**
>
> 2011年11月15日,陆续有儿童到苏州市吴中区木渎镇人民医院就诊。患儿全部就读于该镇同一家民办幼儿园且症状相似,都为发热、腹痛且伴有恶心、呕吐、腹泻。接到患儿家长反映的情况后,吴中区卫生局立即对该幼儿园食堂进行控制并开展调查工作。之后的几天,先后有170余名幼儿出现相同症状就医。
>
> 该区疾控部门出具的《一起食源性疾病爆发流行病学调查的报告》显示,这次事故是由厨师首先隐性感染,在烹饪过程中污染了厨房器具或食品,最终儿童摄入食物后发病。2012年5月15日,卫生局作出行政处罚决定书,对涉事幼儿园给予警告、没收违法所得900元,并处罚款1.5万元的行政处罚。
>
> **【评析】**
>
> 该幼儿园违反了《教育法》第45条:教育、体育、卫生行政部门和学校及其他教育机构应当完善体育、卫生保健设施,保护学生的身心健康。以及《未成年人保护法》第23条:教育行政等部门和学校、幼儿园、托儿所应当根据需要,制定应对各种灾害、传染性疾病、食物中毒、意外伤害等突发事件的预案,配备相应设施并进行必要的演练,增强未成年人的自我保护意识和能力。因此卫生局对幼儿园依法进行行政处罚。幼儿家长也可根据《教育法》第83条"违反本法规定,侵犯教师、受教育者、学校或者其他教育机构的合法权益,造成损失、损害的,应当依法承担民事责任",对该幼儿园发起民事诉讼,令其承担赔偿损失、赔礼道歉等民事法律责任。

二、民事法律责任

民事法律责任是指违反民事法律规范,无正当理由不履行民事义务或因侵害他人合法权益所应承担的法律责任。承担民事法律责任的主要方式有:停止侵害,排除妨碍,消除危险,返还财产,恢复原状,修理、重作、更换,赔偿损失,支付违约金,消除影响,恢复名誉,赔礼道歉共 10 种，可以单独使用，也可以合并使用。

案例 8-2①

多多在幼儿园户外体育活动时，在秋千上高兴地荡来荡去，几名小朋友也热心地从后面推他，可是忽然之间，秋千的一侧铁链发生断裂，多多从秋千上跌下，造成右腿骨折。

【评析】

多多从秋千上跌落受伤，是由于幼儿园的玩具年久失修，导致铁链断裂所致。幼儿园未及时更换已经陈旧老化的器械，形成事故隐患；组织活动时，教师又未及时发现隐患，所以发生事故。这种情况下，幼儿园必须承担相应的法律责任。《教育法》第 27 条、第 73 条，《未成年人保护法》第 16 条、第 52 条明确规定，幼儿园建筑物和其他设施要符合标准，保证幼儿在校内的人身安全。家长可根据《教育法》第 83 条：侵犯教师、受教育者、学校或者其他教育机构的合法权益，造成损失、损害的，应当依法承担民事责任，对该幼儿园发起民事诉讼，令其承担赔偿损失、赔礼道歉等民事法律责任。

案例 8-3②

洋洋和壮壮都是幼儿园大班的小朋友。一天，在幼儿园户外活动时，洋洋和壮壮都选择了跳绳，刚开始两人还各自跳各自的。可是没过多久，他俩就开始拿着跳绳，你打我我打你，练起了"武功"。忽然，意外就在一瞬间发生了，壮壮抡起跳绳时，一只手柄从手中脱落直飞出去，击中洋洋的眼部。

【评析】

幼儿对他人造成了伤害和损失，由谁来承担民事赔偿责任呢？根据《教育法》第 83 条和《民法典》规定，无民事行为能力（8 岁以下）和限制民事行为能力（8~18 岁）的人造成他人伤害的，由其监护人承担民事责任。此案中，作为壮壮的监护人，壮壮的父母理应承担赔偿责任。同时按照《民法典》第 1199 条规定：无民事行为能力人在幼儿园、学校或者其他教育机构学习、生活期间受到人身损害的，幼儿园、学校或者其他教育机构应当承担侵权责任；但是，能够证明尽到教育、管理职责的，不承担侵权责任。本案例中老师管理不够全面，导致伤害事故发生，幼儿园有过错，应适当给予赔偿。

三、刑事法律责任

刑事法律责任，是依据国家刑事法律规定，对犯罪分子依照刑事法律的规定追究的法律责任。刑事责任与行政责任不同之处在于：一是追究的违法行为不同，追究行政责任的是一

---

① 转引自：http://www.baby-edu.com/2009/0919/2181.html.
② 同上。

般违法行为,追究刑事责任的是犯罪行为;二是追究责任的机关不同,追究行政责任由国家特定的行政机关依照有关法律的规定决定,追究刑事责任由司法机关依照《刑法》的规定决定;三是承担法律责任的后果不同,追究刑事责任是最严厉的制裁,最高可以判处死刑。

> **案例 8-4**
>
> **无故持械到幼儿园闹事构成寻衅滋事罪获刑**[①]
>
> 2013年9月22日15时许,被告人林某携带一把柴刀窜到贺州市八步区里松镇某幼儿园,无故砸打幼儿园的铁门并翻墙进入园内,作为该园老师,被害人叶某某听到声响出来查看,被被告人林某用刀柄棍打伤。林某还用刀柄棍打碎了幼儿园的三个窗户的玻璃,后被闻讯赶来的刘某某等人制服。经鉴定,叶某某的损伤程度构成轻微伤,被损坏的物品价值人民币990元。
>
> 八步区法院认为,被告人林某在公共场所持凶器随意殴打他人并任意毁损他人财物,情节恶劣,其行为确已触犯《刑法》第293条之规定,构成寻衅滋事罪。被告人林某如实供述自己的罪行,依法可以从轻处罚。
>
> 【评析】
>
> 林某无故打砸幼儿园设施,伤害幼儿园工作人员,根据《教育法》第72条规定,结伙斗殴、寻衅滋事,扰乱学校及其他教育机构教育教学秩序或者破坏校舍、场地及其他财产,构成犯罪的,依法追究刑事责任。同时触犯《刑法》,构成寻衅滋事罪,依法承担刑事法律责任。

第二节 违反《中华人民共和国教师法》的相关法律责任

《教师法》的制定宗旨在于用法律来维护教师的合法权益,保障教师待遇和社会地位的不断提高;加强教师队伍的规范化管理,确保教师队伍整体素质不断优化和提高。对违反《教师法》行为的法律责任,依然从行政、民事和刑事三个方面举例说明。

一、行政法律责任

> **案例 8-5**[②]
>
> 据新闻媒体报道,2011年6月21日9时许,某县公安局城区分局接到报警,称该县某幼儿园女教师齐某某被一幼儿家长殴打,起因是该家长怀疑老师逼自己的孩子吃吐

[①] 转引自:http://www.gx.chinanews.com/2014/1611_0213/83098.html.
[②] 教育法法律法规案例分析[EB/OL]. http://wenku.baidu.com/link?url=_Xmb1XwH1FoAgeOniGn-yWYu2g-Gnsg7ZePuJfIfdxa_W13aLhzsQrlXl LV0y5kG2qnmSypbwbH1oI7tOcG8NpnElzn2P6ZrRpJDWEjDq8u. 有修改。

出来的饭菜。民警立即赶到案发地点,并将违法行为人许某传唤至分局进行询问,随后受害人齐老师也赶到。民警通过受害人了解了简要案情后,让齐老师先到医院进行检查治疗。经侦查,事实清楚,证据充分,公安机关依法对违法行为人许某行政拘留。

【评析】

《教师法》第35条规定:"侮辱、殴打教师的,根据不同情况,分别给予行政处分或者行政处罚;造成损害的,责令赔偿损失;情节严重,构成犯罪的,依法追究刑事责任。"因此,对于家长殴打教师的行为,若经公安机关法医鉴定,即使对教师的伤害尚未造成轻微伤,也应由公安机关根据《治安管理处罚法》的规定对家长处以行政处罚。同时,家长对教师进行殴打致伤,实际上已侵犯了教师的生命健康权,教师也可根据《民法典》的规定,要求家长给予赔偿及赔礼道歉。教师所受伤害已达到轻伤或以上的,则家长的行为已触犯《刑法》规定,司法机关可追究其刑事责任。

老师作为公民,是受到法律平等保护的,在人身权益受到不法侵害时,不必忍气吞声,而应勇敢地保留好受侵害的证据,采取法律途径维护自身合法权益,包括向公安部门提出控告,或向人民法院提起诉讼,追究加害人的法律责任。

案例 8-6[①]

丁某,女,23岁,2002年从某师范大学毕业后,应聘到一所民办学校,担任小学英语教师。学校地处市郊、实行封闭化管理,平时不能外出,而且教学任务很重,不过每月有3000元的收入,比公办学校的教师工资高很多,这使她很感欣慰。然而,随着寒假的到来,她才知道,学校有一个规定:寒暑假期间不上课,每人每月仅发150元的生活费。丁某很是不解,为什么公办教师可以带薪休假,而民办学校的教师就不可以呢?150元的生活费甚至低于当地最低生活标准。该学校违法吗?丁某该怎么办?

【评析】

该校的规定违法。丁某有权向学校所在地的教育行政机关提起申诉。《教师法》第2条规定:"本法适用于在各级各类学校和其他教育机构中专门从事教育教学工作的教师。"第7条规定:"教师享有按时获取工资报酬,享有国家规定的福利待遇以及寒暑假期的带薪休假。"《社会力量办学条例》第42条规定:"教育机构的教师和其他教育工作者的工资、社会保险和福利,由教育机构依法予以保障。"根据《教师法》第2条的规定,丁某在民办学校专门从事教育教学工作,因而属于《教师法》的适用范围,和公办学校教师一样受《教师法》的保护。《教师法》第7条明确赋予了教师寒暑假带薪休假的权利。这所学校在寒暑假期间给教师仅发生活费的做法是违反《教师法》规定的,丁某可向学校所在地教育行政部门提出申诉,由教育行政部门责令该学校改正。

[①] 教育法律法规案例分析[EB/OL]. http://wenku.baidu.com/link?url=_Xmb1XwH1FoAgeOniGn-yWYu2g-Gnsg7ZePuJfIfdxa_W13aLhzsQrlX1LV0y5kG2qnmSypbwbH1oI7tOcG8NpnElzn2P6ZrRpJDWEjDq8u. 有修改.

二、民事法律责任

> **案例 8-7**
>
> ### 幼儿园女教师撞伤男童　赔偿 5000 元[①]
>
> 6 岁男孩小非在广州市番禺区某幼儿园读大班。2002 年 3 月 22 日午饭后,调皮的小非与同学在幼儿园教室外走廊上追逐,被老师吴某看到。吴老师急忙喝止他们,并将小非拉住训示。然而拉扯之间,吴老师的膝盖碰撞到小非的阴部,她便用万花油为小非搽伤口。当时有其他老师提醒她用万花油不合适,她便改用热水止血。可是不久小非小便时大声叫疼,吴老师这才将小非送到当地医院做了消炎、清洗等简单处理。当天下午,幼儿园另一名老师送小非回到家,对其父母简单地讲述了事情经过,并反复强调现已没事。当晚,小非一撒尿便叫疼,小非爸妈感到孩子伤得不轻,连夜把他送到广州市儿童医院医治并实施了手术。那么小的男孩被撞伤了"要害",小非爸妈一直为此忧心忡忡。4 月,小非在父母和吴某的陪同下到医院对受伤部位进行全面检查,结果无大碍,小非父母终于舒了口气。但是,他们仍担心此事可能伤害到小非日后的生理健康,因此把幼儿园和老师告上法庭,要求他们赔偿医药费、精神抚慰金等共计 3 万余元。
>
> 番禺区法院经审理认为,家长将孩子送到幼儿园,幼儿园应尽监护及教育的义务,但是吴某训示小非的教育方法不当,并忽略了成年人与小孩之间的力量对比差异,将其误伤,应承担全部民事责任。此外,小非被伤阴部,他和家人确实受到一定的精神创伤,据此法院判决被告适当赔偿精神抚慰金 5000 元。
>
> **【评析】**
>
> 该案例中吴老师在训示小非的过程中行为不当,虽然不是故意体罚,但有对幼儿进行身体接触。根据《教师法》和相关民事法律,吴老师要承担民事赔偿责任。

三、刑事法律责任

> **案例 8-8**
>
> ### 浙江温岭教师强行揪幼童双耳
>
> 浙江温岭城西街道蓝孔雀幼儿园女教师颜某,因"一时好玩",在该园活动室里强行揪住一名幼童双耳向上提起,同时让另一名女教师用手机拍下,之后该视频被传到网上,一时间舆论哗然。在颜某的 QQ 空间里,被网友搜出的有关幼儿园的照片多达 702 张,不少是虐童的照片。其中一张图片说明为"活该",当有网友评论建议她"删掉这些照片"时,她回复称:"没事。"网上流传的用双手拎起幼童双耳照片,是今年 10 月上

[①] 教育法律法规案例分析[EB/OL]. http://wenku.baidu.com/link?url=_Xmb1XwH1FoAgeOniGn-yWYu2g-Gnsg7ZePuJfIfdxa_W13aLhzsQrlX1LV0y5kG2qnmSypbwbH1oI7tOcG8NpnElzn2P6ZrRpJDWEjDq8u. 有修改.

旬,颜某在实施该行为时,要求同事童某帮助拍摄的。

浙江省温岭市公安局已将涉及虐童的无证幼师颜某,因涉嫌寻衅滋事犯罪,刑事拘留,另一名参与拍照的女教师童某也因寻衅滋事被行政拘留七日。1个月后,温岭警方根据罪刑法定原则,认为涉案当事人颜艳红不构成犯罪,现依法撤销刑事案件,对其做出行政拘留十五日的处罚,羁押期限折抵行政拘留。

【评析】

根据《教师法》第37条,体罚学生,情节严重,构成犯罪的,依法追究刑事责任。颜某体罚、虐待幼儿,侮辱幼儿人格,其行为对幼儿身心造成极大伤害。但由于我国法律尚没有"虐童罪"的司法条款,无法对颜某定罪,因此只能对其进行行政拘留十五日的行政处罚。相信随着我国法律法规的完善,这类事件的当事人必将依法承担刑事法律责任。

案例8-9[①]

2012年9月,在广州市番禺区子惠康复服务中心接受自闭症康复的四龄童瑶瑶,因上体育课不配合运动,被女教师凌空吊起,甩在地上致重伤,进行颅脑手术三次,生命几乎不保。事发当天,教师许立欢涉嫌故意伤害罪被拘留。经番禺区法院公开审理,被告人许立欢犯故意伤害罪判刑6年6个月。

【评析】

教师许某违反《教师法》第37条,对瑶瑶身心造成严重伤害,并触犯刑法,构成故意伤害罪,依法承担刑事法律责任。

第三节 违反《幼儿园管理条例》的相关法律责任

《幼儿园管理条例》是为了加强幼儿园管理、促进学前教育事业发展而制定的行政法规。其第27条规定,具有下列情形之一的幼儿园,由教育行政部门视情节轻重,给予限期整顿、停止招生、停止办园的行政处罚:未经登记注册,擅自招收幼儿的;园舍、设施不符合国家卫生标准、安全标准,妨害幼儿身体健康或者威胁幼儿生命安全的;教育内容和方法违背幼儿教育规律,损害幼儿身心健康的。

第28条规定,具有下列情形之一的单位或者个人,由教育行政部门对直接责任人员给予警告、罚款的行政处罚,或者由教育行政部门建议有关部门对责任人员给予行政处分:体罚或变相体罚幼儿的;使用有毒、有害物质制作教具、玩具的;克扣、挪用幼儿园经费的;侵占、破坏幼儿园园舍、设备的;干扰幼儿园正常工作秩序的;在幼儿园周围设置有危险、有污染或者影响幼儿园采光

---

① 教育法律法规案例分析[EB/OL]. http://wenku.baidu.com/link?url=_Xmb1XwH1FoAgeOniGn-yWYu2g-Gnsg7ZePuJfIfdxa_W13aLhzsQrlX1LV0y5kG2qnmSypbwbH1oI7tOcG8NpnElzn2P6ZrRpJDWEjDq8u. 有修改.

的建设和设施的。前款所列情形,情节严重,构成犯罪的,由司法机关依法追究刑事责任。

因《幼儿园管理条例》属行政法规,其法律责任的承担也以行政法律责任的方式体现,情节严重的承担民事赔偿和刑事法律责任。以下列举几例加以说明,不再详细区分。

案例 8-10

民营幼儿园,经费管理须谨慎①

某幼儿园是一所由李某私人投资的民办幼儿园。某学期结束时进行了财务核算,结余经费 8 万元。李某想将这笔钱全拿去开一家美容店。但帮他管理幼儿园的郭园长却认为这样违反了幼儿园管理的相关规定,不主张他这么做。

钱是李某自己的钱,他到底可不可以这么做呢? 幼儿园的经费管理有哪些规定?

【评析】

本案中所涉及的幼儿园经费管理问题是不少民办幼儿园的出资人所困惑的。

民办幼儿园是民办教育事业的一部分,我国法律把民办教育事业定性为公益性事业,着重强调的是民办幼儿园的社会效益,而非经济效益。所以,民办幼儿园不能像一般企业那样,把营利作为最高宗旨和终极目的。

但是,为了保护民间投资教育的积极性,我国《民办教育促进法》规定民办学校的举办者可以自主选择设立非营利性或者营利性民办学校。但是,不得设立实施义务教育的营利性民办学校。非营利性民办学校的举办者不得取得办学收益,学校的办学结余全部用于办学。营利性民办学校的举办者可以取得办学收益,学校的办学结余依照公司法等有关法律、行政法规的规定处理。

据此,本案首先需要确认该幼儿园在设立时是设立非营利性幼儿园还是设立营利性幼儿园,如果当时设立的是非营利性幼儿园,那么办学结余需要全部用于办学,因此作为出资人的李某不可以提取用于开办美容院。如果当初是设立的营利性幼儿园,那么也需要按照幼儿园章程规定的办学结余处理办法进行合法合规分配,李某也不可以私自拿走全部的办学结余。

幼儿园经费管理中另一个常让人困惑的问题是保教费的收取。《幼儿园管理条例》第 24 条规定:"幼儿园可以依据本省、自治区、直辖市人民政府制定的收费标准,向幼儿家长收取保育费、教育费。"有了这样的规定,就更要求幼儿园务必加强财务管理,合理使用各项经费,任何单位和个人不得克扣、挪用幼儿园经费。《幼儿园工作规程》规定:"幼儿园收费按照国家和地方的有关规定执行。幼儿园实行收费公示制度,收费项目和标准向家长公示,接受社会监督,不得以任何名义收取与新生入园相挂钩的赞助费。幼儿园不得以培养幼儿某种专项技能、组织或参与竞赛等为由,另外收取费用;不得以营利为目的组织幼儿表演、竞赛等活动。"根据这些规定,公立幼儿园的收费标准应严格按上级教育行政部门会同物价部门制定的收费标准执行,不得另立名目乱收费。至于民办幼儿园,收费则有较大的灵活性:可参照公立幼儿园收费标准执行,也可根据自身具体

---

① 周天枢,严凤英.幼儿园 100 个法律问题[M].广州:新世纪出版社,2010:74.

情况制定收费项目和标准。《民办教育促进法》第38条规定:

"民办学校收取费用的项目和标准根据办学成本、市场需求等因素确定,向社会公示,并接受有关主管部门的监督。非营利性民办学校收费的具体办法,由省、自治区、直辖市人民政府制定;营利性民办学校的收费标准,实行市场调节,由学校自主决定。民办学校收取的费用应当主要用于教育教学活动、改善办学条件和保障教职工待遇"。

可见,民办幼儿园的收费标准可以自定,向社会公示,接受有关主管部门监督即可,这就在法律上给予民办幼儿园较大的自主经营的空间,充分调动民办幼儿园及其出资人的积极性,促进民办幼儿园向更高的层次发展。

【建议】

(1) 幼儿园应制定完备的内部经费管理制度,合理使用经费。

(2) 幼儿园收费项目和标准要公开,让家长有知情权。

案例 8-11

2008年11月至2013年10月期间,陕西省宋庆龄基金会下属枫韵幼儿园冒用医疗机构名义向4家医药批发企业分10次购入"病毒灵"56400瓶,于春秋换季期间给全园1000多名幼儿集体服用,造成幼儿出现小腿肌肉疼痛、夜间大量盗汗、后背瘙痒、肚子疼痛、食欲不振等异常反应。该幼儿园执行园长赵某、保健医生黄某因涉嫌非法行医罪被刑拘。

【评析】

该幼儿园不考虑"病毒灵"对幼儿身体可能造成的伤害,非法购买处方药"病毒灵"给幼儿服用,并怀有提高幼儿园出勤率、增加幼儿园收入的经济目的。这不但违反了《幼儿园管理条例》第28条,使用有毒、有害物质制作教具、玩具,而且触犯《刑法》第336条的规定,构成非法行医罪,依法承担刑事法律责任。

第四节 幼儿园伤害事故的法律责任

幼儿园伤害事故是指入园儿童在幼儿园期间和幼儿园组织幼儿离园集体活动而处于幼儿园管理范围内,所发生的人身伤害事故。类型主要有:设施伤害,由于幼儿园设施设备不安全、建筑物倒塌、火灾等原因引起的伤害;保育教育伤害,由教职员工在保育教育过程中引起的伤害;儿童自身伤害和园外活动伤害等。

要确定幼儿园伤害事故的法律责任,必须明确责任主体,一般包括两个方面,幼儿园和监护人。在责任归属的判定上遵循过错责任原则,即谁有过错谁负责、谁赔偿的法律原则。

一、幼儿园法律责任

幼儿园法律责任包括幼儿园过错引起的伤害赔偿责任和教职员工过错引起的伤害赔偿

责任。教职员工过错的先由幼儿园代替教职员工负赔偿责任,事后幼儿园对其进行行政处分或追偿。幼儿园法律责任分为完全责任、部分责任和免除责任三种情况。

案例 8-12

辉辉因为好动、淘气被老师罚站在小椅子上,结果不慎从小椅子上跌下摔伤,家长为此和幼儿园发生争执。幼儿园认为是辉辉自己摔伤的,而家长认为是由于教师对孩子进行体罚造成孩子受伤,幼儿园负有不可推卸的责任。

幼儿园应负完全责任吗?

【评析】

这种情况完全是幼儿园的责任,因为教师因故意行为造成幼儿伤害。《未成年人保护法》明确规定:"学校、幼儿园、托儿所的教职员对未成年幼儿和儿童实施体罚或者变相体罚,情节严重的,其所在单位或者上级行政机关给予行政处分。"《〈中华人民共和国义务教育法〉实施细则》第42条进一步指出:"对体罚幼儿情节严重,违反《中华人民共和国治安管理处罚条例》的,由公安机关给予行政处罚,构成犯罪的,依法追究刑事责任。"

案例 8-13

大伟在父母离婚后一直跟父亲薛某生活,不久薛某认识了张某,并同居。某日薛某与张某发生口角,第二天薛某送大伟去幼儿园时对带班老师说:"我跟张某吵架了,她是孩子后妈,如果张某来接孩子,不要让她领走,怕她打孩子。"中午张某突然来幼儿园接孩子,称带孩子出去玩。老师没有阻拦,让张某接走了孩子。老师后来不放心,去大伟家看望,发现大伟已被人勒死。

法院以故意杀人罪判处张某有期徒刑15年。薛某向法院提出诉讼,认为幼儿园对大伟的死有过错责任,要求幼儿园赔偿抢救费、丧葬费、精神损失费81368元。

幼儿园应承担过错责任吗?如果你是带班老师,你怎样回绝张某?

【评析】

本案中,张某作为直接加害人,对原告的损失负有主要赔偿责任。但孩子在园期间,幼儿园应承担维护幼儿人身合法权益的责任。薛某已明确告知幼儿园不要允许张某将孩子接走,而幼儿园老师当时没有表示异议,应视为接受了薛某的要求,因此负有不允许张某接走孩子的义务。但由于幼儿园的疏忽,让张某接走了孩子,是有过失的,应承担适当的赔偿责任。法院判决幼儿园赔偿薛某4500元。

案例 8-14

一天离园时间,东东和明明两名幼儿因争抢一支玩具手枪扭打起来,一天离园时间,东东和明明两名幼儿因争抢一支玩具手枪扭打起来,正在与其他家长沟通的老师文珊闻声立即走上前去阻止他们,并没收了玩具手枪,教育他们不能打架。待两名幼儿各自去玩其他玩具后,文珊继续接待来园的家长。此时东东心有不忿,突然跑到明明身后,用力将其推倒,造成明明额头被摔破,缝了四针。

事故发生后,明明的家长要求幼儿园和东东的家长共同承担赔偿责任。但幼儿园认为自己不存在过错,无须承担损害赔偿。而东东的家长则认为,孩子是在幼儿园将人推倒致伤,是教师文珊监管不力造成,应该由幼儿园负全责。

这起伤害事故的法律责任,究竟应该由哪一方来承担呢?

【评析】

根据《学生伤害事故处理办法》第 8 条规定:"学生伤害事故的责任,应当根据相关当事人的行为与损害后果之间的因果关系依法确定。因学校、学生或者其他相关当事人的过错造成的学生伤害事故,相关当事人应当根据其行为过错程度的比例及其与损害后果之间的因果关系承担相应的责任。当事人的行为是损害后果发生的主要原因,应当承担主要责任;当事人的行为是损害后果发生的非主要原因,承担相应的责任。"该《办法》第 10 条规定,"学生行为具有危险性,学校、教师已经告诫、纠正,但学生不听劝阻、拒不改正的"造成学生伤害事故,学生或者未成年学生监护人应承担相应责任。此事件中,东东的行为与明明受损害的后果之间有直接的因果关系,东东是伤害事故的责任者。教师文珊在发现东东和明明之间发生纠纷打闹时,及时劝阻幼儿间的不当行为并进行了教育,尽到了管理教育职责,东东事后报复伤人是她无法预见和制止的突发行为,故教师和园方在此事件中已履行了相应职责,行为并无不当,并无过错,故无需负任何法律责任。这起幼儿间的伤害应由致害人承担责任,但造成伤害发生的幼儿东东是无民事行为能力人,所以应由东东的监护人承担民事损害赔偿责任。

二、监护人法律责任

监护,是为监督和保护无民事行为能力人和限制民事行为能力人的合法权益而设立保护人的一种民事法律制度。监护人设定方式有如下三种。

(一)法定监护

《民法典》第 26 条规定,父母是未成年子女的监护人。父母对子女享有亲权,是当然的第一顺位监护人。未成年人的父母死亡,依次由祖父母和外祖父母,兄、姐,关系密切的亲属或朋友,父、母单位和未成年人住所地的居委会或村委会、民政部门担任监护人。幼儿园不是幼儿的法定监护人。

(二)指定监护

指定监护是指有法定监护资格的人之间对监护人有争议时,由监护权利机关指定的监护。从《民法典》的规定看,指定监护实际上是法定监护的延伸,仍属法定监护范畴。指定监护只是在法定监护人有争议时才产生。所谓争议,指未成年人父母以外的监护人争抢担任监护人或互相推诿都不愿意担任监护人。《民法典》规定的指定监护的权利机关,是被监护人父、母单位以及住所地的居委会或村委会。幼儿园显然不是幼儿的指定监护人。

（三）委托监护

委托监护是由合同设立的监护人，委托监护属意定监护。委托监护可以是全权委任，也可以是限权委任。委托监护不论是全权委托或限权委托，委托人仍要对被监护人的侵权行为承担民事责任，但另有约定的除外；被委托人只有在确有过错时，才负担连带赔偿责任。即法定或指定监护人对被监护人应承担的民事责任，不因委托发生移转，被委托监护人只承担过错连带赔偿责任，其在尽到监护之责而无过错时，被监护人之行为如依法律仍须由监护人负责时，则由法定监护人承担。幼儿入园时，家长未将监护职责委托给幼儿园或教师。即使有委托，需要承担民事责任时，如果幼儿园或教师有过错，应当承担相应责任；如无过错，则应当由幼儿的监护人承担，而不是幼儿园或教师。

因此，发生幼儿园伤害事故，幼儿园或教师应依据事故的原因、情节承担相应的过错责任，如果幼儿园和教师无过错，纯属幼儿自身原因造成伤害的，其监护人应承担完全责任。

值得指出的是，对于任何一方都无过错而造成的伤害事故，根据《民法通则》第132条规定：当事人对造成损害都没有过错的，可以根据实际情况，由当事人分担民事责任。

> **案例 8-15**
>
> 户外体育活动时，A 小朋友定点投掷沙包，打在了突然跑过来的 B 小朋友身上，反弹到 C 小朋友眼睛上，造成伤害。C 小朋友的赔偿责任应该谁负？
>
> 【评析】
>
> 这一事故中，若教师在活动设计、组织和幼儿园场地安排等方面都无过错，而 A 和 B 幼儿均为正常活动，也无过错行为。应由当事人，即幼儿园、幼儿 A、幼儿 B 分别承担赔偿责任。

本章小结

本章分别从《教育法》《教师法》《幼儿园管理条例》三个法律文件角度，主要以案例形式分析和探讨了相关的法律责任问题，对学前教育中的法律责任，尤其是幼儿园经常发生的伤害事故的责任人及相关责任进行了梳理，从理论和实践层面提供了具有实践意义的指导。

思考与练习

1. 违反《教育法》要承担的法律责任有哪几类？
2. 违反《教师法》要承担的法律责任有哪几类？
3. 监护人设定方式有哪几种？
4. 教师维护自己合法权益的法律依据和渠道有哪些？

附　　录

幼儿园管理条例

中华人民共和国国家教育委员会令第 4 号

1989 年 9 月 11 日发布

第一章　总则

第一条　为了加强幼儿园的管理,促进幼儿教育事业的发展,制定本条例。

第二条　本条例适用于招收三周岁以上学龄前幼儿,对其进行保育和教育的幼儿园。

第三条　幼儿园的保育和教育工作应当促进幼儿在体、智、德、美诸方面和谐发展。

第四条　地方各级人民政府应当根据本地区社会经济发展状况,制定幼儿园的发展规划。

幼儿园的设置应当与当地居民人口相适应。

乡、镇、市辖区和不设区的市的幼儿园的发展规划,应当包括幼儿园设置的布局方案。

第五条　地方各级人民政府可以依据本条例举办幼儿园,并鼓励和支持企业事业单位、社会团体、居民委员会、村民委员会和公民举办幼儿园或捐资助园。

第六条　幼儿园的管理实行地方负责、分级管理和各有关部门分工负责的原则。

国家教育委员会主管全国的幼儿园管理工作;地方各级人民政府的教育行政部门,主管本行政辖区内的幼儿园管理工作。

第二章　举办幼儿园的基本条件和审批程序

第七条　举办幼儿园必须将幼儿园设置在安全区域内。严禁在污染区和危险区内设置幼儿园。

第八条　举办幼儿园必须具有与保育、教育的要求相适应的园舍和设施。幼儿园的园舍和设施必须符合国家的卫生标准和安全标准。

第九条　举办幼儿园应当具有符合下列条件的保育、幼儿教育、医务和其他工作人员:

(一) 幼儿园园长、教师应当具有幼儿师范学校(包括职业学校幼儿教育专业)毕业程度,或者经教育行政部门考核合格。

(二) 医师应当具有医学院校毕业程度,医士和护士应当具有中等卫生学校毕业程度,或者取得卫生行政部门的资格认可。

(三) 保健员应当具有高中毕业程度,并受过幼儿保健培训。

（四）保育员应当具有初中毕业程度，并受过幼儿保育职业培训。

慢性传染病、精神病患者，不得在幼儿园工作。

第十条　举办幼儿园的单位或者个人必须具有进行保育、教育以及维修或扩建、改建幼儿园的园舍与设施的经费来源。

第十一条　国家实行幼儿园登记注册制度，未经登记注册，任何单位和个人不得举办幼儿园。

第十二条　城市幼儿园的举办、停办，由所在区、不设区的市的人民政府教育行政部门登记注册。

农村幼儿园的举办、停办，由所在乡、镇人民政府登记注册，并报县人民政府教育行政部门备案。

第三章　幼儿园的保育和教育工作

第十三条　幼儿园应当贯彻保育与教育相结合的原则，创设与幼儿的教育和发展相适应的和谐环境，引导幼儿个性的健康发展。

幼儿园应当保障幼儿的身体健康，培养幼儿的良好生活、卫生习惯；促进幼儿的智力发展；培养幼儿热爱祖国的情感以及良好的品德行为。

第十四条　幼儿园的招生、编班应当符合教育行政部门的规定。

第十五条　幼儿园应当使用全国通用的普通话。招收少数民族为主的幼儿园，可以使用本民族通用的语言。

第十六条　幼儿园应当以游戏为基本活动形式。

幼儿园可以根据本园的实际，安排和选择教育内容与方法，但不得进行违背幼儿教育规律，有损于幼儿身心健康的活动。

第十七条　严禁体罚和变相体罚幼儿。

第十八条　幼儿园应当建立卫生保健制度，防止发生食物中毒和传染病的流行。

第十九条　幼儿园应当建立安全防护制度，严禁在幼儿园内设置威胁幼儿安全的危险建筑物和设施，严禁使用有毒、有害物质制作教具、玩具。

第二十条　幼儿园发生食物中毒、传染病流行时，举办幼儿园的单位或者个人应当立即采取紧急救护措施，并及时报告当地教育行政部门或卫生行政部门。

第二十一条　幼儿园的园舍和设施有可能发生危险时，举办幼儿园的单位或个人应当采取措施，排除险情，防止事故发生。

第四章　幼儿园的行政事务

第二十二条　各级教育行政部门应当负责监督、评估和指导幼儿园的保育、教育工作，组织培训幼儿园的师资，审定、考核幼儿园教师的资格，并协助卫生行政部门检查和指导幼儿园的卫生保健工作，会同建设行政部门制定幼儿园园舍、设施的标准。

第二十三条　幼儿园园长负责幼儿园的工作。

幼儿园园长由举办幼儿园的单位或个人聘任，并向幼儿园的登记注册机关备案。

幼儿园的教师、医师、保健员、保育员和其他工作人员，由幼儿园园长聘任，也可由举办幼儿园的单位或个人聘任。

第二十四条 幼儿园可以依据本省、自治区、直辖市人民政府制定的收费标准,向幼儿家长收取保育费、教育费。

幼儿园应当加强财务管理,合理使用各项经费,任何单位和个人不得克扣、挪用幼儿园经费。

第二十五条 任何单位和个人,不得侵占和破坏幼儿园园舍和设施,不得在幼儿园周围设置有危险、有污染或影响幼儿园采光的建筑和设施,不得干扰幼儿园正常的工作秩序。

第五章 奖励与处罚

第二十六条 凡具备下列条件之一的单位或者个人,由教育行政部门和有关部门予以奖励:

(一)改善幼儿园的办园条件成绩显著的;

(二)保育、教育工作成绩显著的;

(三)幼儿园管理工作成绩显著的。

第二十七条 违反本条例,具有下列情形之一的幼儿园,由教育行政部门视情节轻重,给予限期整顿、停止招生、停止办园的行政处罚:

(一)未经登记注册,擅自招收幼儿的;

(二)园舍、设施不符合国家卫生标准、安全标准,妨害幼儿身体健康或者威胁幼儿生命安全的;

(三)教育内容和方法违背幼儿教育规律,损害幼儿身心健康的。

第二十八条 违反本条例,具有下列情形之一的单位或者个人,由教育行政部门对直接责任人员给予警告、罚款的行政处罚,或者由教育行政部门建议有关部门对责任人员给予行政处分:

(一)体罚或变相体罚幼儿的;

(二)使用有毒、有害物质制作教具、玩具的;

(三)克扣、挪用幼儿园经费的;

(四)侵占、破坏幼儿园园舍、设备的;

(五)干扰幼儿园正常工作秩序的;

(六)在幼儿园周围设置有危险、有污染或者影响幼儿园采光的建设和设施的。

前款所列情形,情节严重,构成犯罪的,由司法机关依法追究刑事责任。

第二十九条 当事人对行政处罚不服的,可以在接到处罚通知之日起十五日内,向作出处罚决定的机关的上一级机关申请复议,对复议决定不服的,可在接到复议决定之日起十五日内,向人民法院提起诉讼。当事人逾期不申请复议或者不向人民法院提起诉讼又不履行处罚决定的,由作出处罚决定的机关申请人民法院强制执行。

第六章 附则

第三十条 省、自治区、直辖市人民政府可根据本条例制定实施办法。

第三十一条 本条例由国家教育委员会解释。

第三十二条 本条例自一九九〇年二月一日起施行。

幼儿园工作规程

中华人民共和国教育部令第 39 号
2016 年修订版

第一章　总则

第一条　为了加强幼儿园的科学管理,规范办园行为,提高保育和教育质量,促进幼儿身心健康,依据《中华人民共和国教育法》等法律法规,制定本规程。

第二条　幼儿园是对 3 周岁以上学龄前幼儿实施保育和教育的机构。幼儿园教育是基础教育的重要组成部分,是学校教育制度的基础阶段。

第三条　幼儿园的任务是:贯彻国家的教育方针,按照保育与教育相结合的原则,遵循幼儿身心发展特点和规律,实施德、智、体、美等方面全面发展的教育,促进幼儿身心和谐发展。

幼儿园同时面向幼儿家长提供科学育儿指导。

第四条　幼儿园适龄幼儿一般为 3 周岁至 6 周岁。

幼儿园一般为三年制。

第五条　幼儿园保育和教育的主要目标是:

(一)促进幼儿身体正常发育和机能的协调发展,增强体质,促进心理健康,培养良好的生活习惯、卫生习惯和参加体育活动的兴趣。

(二)发展幼儿智力,培养正确运用感官和运用语言交往的基本能力,增进对环境的认识,培养有益的兴趣和求知欲望,培养初步的动手探究能力。

(三)萌发幼儿爱祖国、爱家乡、爱集体、爱劳动、爱科学的情感,培养诚实、自信、友爱、勇敢、勤学、好问、爱护公物、克服困难、讲礼貌、守纪律等良好的品德行为和习惯,以及活泼开朗的性格。

(四)培养幼儿初步感受美和表现美的情趣和能力。

第六条　幼儿园教职工应当尊重、爱护幼儿,严禁虐待、歧视、体罚和变相体罚、侮辱幼儿人格等损害幼儿身心健康的行为。

第七条　幼儿园可分为全日制、半日制、定时制、季节制和寄宿制等。上述形式可分别设置,也可混合设置。

第二章　幼儿入园和编班

第八条　幼儿园每年秋季招生。平时如有缺额,可随时补招。

幼儿园对烈士子女、家中无人照顾的残疾人子女、孤儿、家庭经济困难幼儿、具有接受普通教育能力的残疾儿童等入园,按照国家和地方的有关规定予以照顾。

第九条　企业、事业单位和机关、团体、部队设置的幼儿园,除招收本单位工作人员的子女外,应当积极创造条件向社会开放,招收附近居民子女入园。

第十条　幼儿入园前,应当按照卫生部门制定的卫生保健制度进行健康检查,合格者方可入园。

幼儿入园除进行健康检查外,禁止任何形式的考试或测查。

第十一条　幼儿园规模应当有利于幼儿身心健康,便于管理,一般不超过360人。

幼儿园每班幼儿人数一般为:小班(3周岁至4周岁)25人,中班(4周岁至5周岁)30人,大班(5周岁至6周岁)35人,混合班30人。寄宿制幼儿园每班幼儿人数酌减。

幼儿园可以按年龄分别编班,也可以混合编班。

第三章　幼儿园的安全

第十二条　幼儿园应当严格执行国家和地方幼儿园安全管理的相关规定,建立健全门卫、房屋、设备、消防、交通、食品、药物、幼儿接送交接、活动组织和幼儿就寝值守等安全防护和检查制度,建立安全责任制和应急预案。

第十三条　幼儿园的园舍应当符合国家和地方的建设标准,以及相关安全、卫生等方面的规范,定期检查维护,保障安全。幼儿园不得设置在污染区和危险区,不得使用危房。

幼儿园的设备设施、装修装饰材料、用品用具和玩教具材料等,应当符合国家相关的安全质量标准和环保要求。

入园幼儿应当由监护人或者其委托的成年人接送。

第十四条　幼儿园应当严格执行国家有关食品药品安全的法律法规,保障饮食饮水卫生安全。

第十五条　幼儿园教职工必须具有安全意识,掌握基本急救常识和防范、避险、逃生、自救的基本方法,在紧急情况下应当优先保护幼儿的人身安全。

幼儿园应当把安全教育融入一日生活,并定期组织开展多种形式的安全教育和事故预防演练。

幼儿园应当结合幼儿年龄特点和接受能力开展反家庭暴力教育,发现幼儿遭受或者疑似遭受家庭暴力的,应当依法及时向公安机关报案。

第十六条　幼儿园应当投保校方责任险。

第四章　幼儿园的卫生保健

第十七条　幼儿园必须切实做好幼儿生理和心理卫生保健工作。

幼儿园应当严格执行《托儿所幼儿园卫生保健管理办法》以及其他有关卫生保健的法规、规章和制度。

第十八条　幼儿园应当制定合理的幼儿一日生活作息制度。正餐间隔时间为3.5—4小时。在正常情况下,幼儿户外活动时间(包括户外体育活动时间)每天不得少于2小时,寄宿制幼儿园不得少于3小时;高寒、高温地区可酌情增减。

第十九条　幼儿园应当建立幼儿健康检查制度和幼儿健康卡或档案。每年体检一次,每半年测身高、视力一次,每季度量体重一次;注意幼儿口腔卫生,保护幼儿视力。

幼儿园对幼儿健康发展状况定期进行分析、评价,及时向家长反馈结果。

幼儿园应当关注幼儿心理健康,注重满足幼儿的发展需要,保持幼儿积极的情绪状态,让幼儿感受到尊重和接纳。

第二十条　幼儿园应当建立卫生消毒、晨检、午检制度和病儿隔离制度,配合卫生部门做好计划免疫工作。

幼儿园应当建立传染病预防和管理制度,制订突发传染病应急预案,认真做好疾病防控工作。

幼儿园应当建立患病幼儿用药的委托交接制度,未经监护人委托或者同意,幼儿园不得给幼儿用药。幼儿园应当妥善管理药品,保证幼儿用药安全。

幼儿园内禁止吸烟、饮酒。

第二十一条　供给膳食的幼儿园应当为幼儿提供安全卫生的食品,编制营养平衡的幼儿食谱,定期计算和分析幼儿的进食量和营养素摄取量,保证幼儿合理膳食。

幼儿园应当每周向家长公示幼儿食谱,并按照相关规定进行食品留样。

第二十二条　幼儿园应当配备必要的设备设施,及时为幼儿提供安全卫生的饮用水。

幼儿园应当培养幼儿良好的大小便习惯,不得限制幼儿便溺的次数、时间等。

第二十三条　幼儿园应当积极开展适合幼儿的体育活动,充分利用日光、空气、水等自然因素以及本地自然环境,有计划地锻炼幼儿肌体,增强身体的适应和抵抗能力。正常情况下,每日户外体育活动不得少于1小时。

幼儿园在开展体育活动时,应当对体弱或有残疾的幼儿予以特殊照顾。

第二十四条　幼儿园夏季要做好防暑降温工作,冬季要做好防寒保暖工作,防止中暑和冻伤。

第五章　幼儿园的教育

第二十五条　幼儿园教育应当贯彻以下原则和要求:

(一)德、智、体、美等方面的教育应当互相渗透,有机结合。

(二)遵循幼儿身心发展规律,符合幼儿年龄特点,注重个体差异,因人施教,引导幼儿个性健康发展。

(三)面向全体幼儿,热爱幼儿,坚持积极鼓励、启发引导的正面教育。

(四)综合组织健康、语言、社会、科学、艺术各领域的教育内容,渗透于幼儿一日生活的各项活动中,充分发挥各种教育手段的交互作用。

(五)以游戏为基本活动,寓教育于各项活动之中。

(六)创设与教育相适应的良好环境,为幼儿提供活动和表现能力的机会与条件。

第二十六条　幼儿一日活动的组织应当动静交替,注重幼儿的直接感知、实际操作和亲身体验,保证幼儿愉快的、有益的自由活动。

第二十七条　幼儿园日常生活组织,应当从实际出发,建立必要、合理的常规,坚持一贯性和灵活性相结合,培养幼儿的良好习惯和初步的生活自理能力。

第二十八条　幼儿园应当为幼儿提供丰富多样的教育活动。

教育活动内容应当根据教育目标、幼儿的实际水平和兴趣确定,以循序渐进为原则,有计划地选择和组织。

教育活动的组织应当灵活地运用集体、小组和个别活动等形式,为每个幼儿提供充分参与的机会,满足幼儿多方面发展的需要,促进每个幼儿在不同水平上得到发展。

教育活动的过程应注重支持幼儿的主动探索、操作实践、合作交流和表达表现,不应片面追求活动结果。

第二十九条　幼儿园应当将游戏作为对幼儿进行全面发展教育的重要形式。

幼儿园应当因地制宜创设游戏条件,提供丰富、适宜的游戏材料,保证充足的游戏时间,开展多种游戏。

幼儿园应当根据幼儿的年龄特点指导游戏,鼓励和支持幼儿根据自身兴趣、需要和经验水平,自主选择游戏内容、游戏材料和伙伴,使幼儿在游戏过程中获得积极的情绪情感,促进幼儿能力和个性的全面发展。

第二十条　幼儿园应当将环境作为重要的教育资源,合理利用室内外环境,创设开放的、多样的区域活动空间,提供适合幼儿年龄特点的丰富的玩具、操作材料和幼儿读物,支持幼儿自主选择和主动学习,激发幼儿学习的兴趣与探究的愿望。

幼儿园应当营造尊重、接纳和关爱的氛围,建立良好的同伴和师生关系。

幼儿园应当充分利用家庭和社区的有利条件,丰富和拓展幼儿园的教育资源。

第二十一条　幼儿园的品德教育应当以情感教育和培养良好行为习惯为主,注重潜移默化的影响,并贯穿于幼儿生活以及各项活动之中。

第二十二条　幼儿园应当充分尊重幼儿的个体差异,根据幼儿不同的心理发展水平,研究有效的活动形式和方法,注重培养幼儿良好的个性心理品质。

幼儿园应当为在园残疾儿童提供更多的帮助和指导。

第二十二条　幼儿园和小学应当密切联系,互相配合,注意两个阶段教育的相互衔接。

幼儿园不得提前教授小学教育内容,不得开展任何违背幼儿身心发展规律的活动。

第六章　幼儿园的园舍、设备

第三十四条　幼儿园应当按照国家的相关规定设活动室、寝室、卫生间、保健室、综合活动室、厨房和办公用房等,并达到相应的建设标准。有条件的幼儿园应当优先扩大幼儿游戏和活动空间。

寄宿制幼儿园应当增设隔离室、浴室和教职工值班室等。

第二十五条　幼儿园应当有与其规模相适应的户外活动场地,配备必要的游戏和体育活动设施,创造条件开辟沙地、水池、种植园地等,并根据幼儿活动的需要绿化、美化园地。

第二十六条　幼儿园应当配备适合幼儿特点的桌椅、玩具架、盥洗卫生用具,以及必要的玩教具、图书和乐器等。

玩教具应当具有教育意义并符合安全、卫生要求。幼儿园应当因地制宜,就地取材,自制玩教具。

第二十七条　幼儿园的建筑规划面积、建筑设计和功能要求,以及设施设备、玩教具配备,按照国家和地方的相关规定执行。

第七章 幼儿园的教职工

第三十八条 幼儿园按照国家相关规定设园长、副园长、教师、保育员、卫生保健人员、炊事员和其他工作人员等岗位,配足配齐教职工。

第三十九条 幼儿园教职工应当贯彻国家教育方针,具有良好品德,热爱教育事业,尊重和爱护幼儿,具有专业知识和技能以及相应的文化和专业素养,为人师表,忠于职责,身心健康。

幼儿园教职工患传染病期间暂停在幼儿园的工作。有犯罪、吸毒记录和精神病史者不得在幼儿园工作。

第四十条 幼儿园园长应当符合本规程第三十九条规定,并应当具有《教师资格条例》规定的教师资格、具备大专以上学历、有三年以上幼儿园工作经历和一定的组织管理能力,并取得幼儿园园长岗位培训合格证书。

幼儿园园长由举办者任命或者聘任,并报当地主管的教育行政部门备案。

幼儿园园长负责幼儿园的全面工作,主要职责如下:

(一)贯彻执行国家的有关法律、法规、方针、政策和地方的相关规定,负责建立并组织执行幼儿园的各项规章制度;

(二)负责保育教育、卫生保健、安全保卫工作;

(三)负责按照有关规定聘任、调配教职工,指导、检查和评估教师以及其他工作人员的工作,并给予奖惩;

(四)负责教职工的思想工作,组织业务学习,并为他们的学习、进修、教育研究创造必要的条件;

(五)关心教职工的身心健康,维护他们的合法权益,改善他们的工作条件;

(六)组织管理园舍、设备和经费;

(七)组织和指导家长工作;

(八)负责与社区的联系和合作。

第四十一条 幼儿园教师必须具有《教师资格条例》规定的幼儿园教师资格,并符合本规程第三十九条规定。

幼儿园教师实行聘任制。

幼儿园教师对本班工作全面负责,其主要职责如下:

(一)观察了解幼儿,依据国家有关规定,结合本班幼儿的发展水平和兴趣需要,制订和执行教育工作计划,合理安排幼儿一日生活;

(二)创设良好的教育环境,合理组织教育内容,提供丰富的玩具和游戏材料,开展适宜的教育活动;

(三)严格执行幼儿园安全、卫生保健制度,指导并配合保育员管理本班幼儿生活,做好卫生保健工作;

(四)与家长保持经常联系,了解幼儿家庭的教育环境,商讨符合幼儿特点的教育措施,相互配合共同完成教育任务;

(五)参加业务学习和保育教育研究活动;

（六）定期总结评估保教工作实效，接受园长的指导和检查。

第四十二条　幼儿园保育员应当符合本规程第三十九条规定，并应当具备高中毕业以上学历，受过幼儿保育职业培训。

幼儿园保育员的主要职责如下：

（一）负责本班房舍、设备、环境的清洁卫生和消毒工作；

（二）在教师指导下，科学照料和管理幼儿生活，并配合本班教师组织教育活动；

（三）在卫生保健人员和本班教师指导下，严格执行幼儿园安全、卫生保健制度；

（四）妥善保管幼儿衣物和本班的设备、用具。

第四十三条　幼儿园卫生保健人员除符合本规程第三十九条规定外，医师应当取得卫生行政部门颁发的《医师执业证书》；护士应当取得《护士执业证书》；保健员应当具有高中毕业以上学历，并经过当地妇幼保健机构组织的卫生保健专业知识培训。

幼儿园卫生保健人员对全园幼儿身体健康负责，其主要职责如下：

（一）协助园长组织实施有关卫生保健方面的法规、规章和制度，并监督执行；

（二）负责指导调配幼儿膳食，检查食品、饮水和环境卫生；

（三）负责晨检、午检和健康观察，做好幼儿营养、生长发育的监测和评价；定期组织幼儿健康体检，做好幼儿健康档案管理；

（四）密切与当地卫生保健机构的联系，协助做好疾病防控和计划免疫工作；

（五）向幼儿园教职工和家长进行卫生保健宣传和指导。

（六）妥善管理医疗器械、消毒用具和药品。

第四十四条　幼儿园其他工作人员的资格和职责，按照国家和地方的有关规定执行。

第四十五条　对认真履行职责、成绩优良的幼儿园教职工，应当按照有关规定给予奖励。

对不履行职责的幼儿园教职工，应当视情节轻重，依法依规给予相应处分。

第八章　幼儿园的经费

第四十六条　幼儿园的经费由举办者依法筹措，保障有必备的办园资金和稳定的经费来源。

按照国家和地方相关规定接受财政扶持的提供普惠性服务的国有企事业单位办园、集体办园和民办园等幼儿园，应当接受财务、审计等有关部门的监督检查。

第四十七条　幼儿园收费按照国家和地方的有关规定执行。

幼儿园实行收费公示制度，收费项目和标准向家长公示，接受社会监督，不得以任何名义收取与新生入园相挂钩的赞助费。

幼儿园不得以培养幼儿某种专项技能、组织或参与竞赛等为由，另外收取费用；不得以营利为目的组织幼儿表演、竞赛等活动。

第四十八条　幼儿园的经费应当按照规定的使用范围合理开支，坚持专款专用，不得挪作他用。

第四十九条　幼儿园举办者筹措的经费，应当保证保育和教育的需要，有一定比例用于改善办园条件和开展教职工培训。

第五十条　幼儿膳食费应当实行民主管理制度,保证全部用于幼儿膳食,每月向家长公布账目。

第五十一条　幼儿园应当建立经费预算和决算审核制度,经费预算和决算应当提交园务委员会审议,并接受财务和审计部门的监督检查。

幼儿园应当依法建立资产配置、使用、处置、产权登记、信息管理等管理制度,严格执行有关财务制度。

第九章　幼儿园、家庭和社区

第五十二条　幼儿园应当主动与幼儿家庭沟通合作,为家长提供科学育儿宣传指导,帮助家长创设良好的家庭教育环境,共同担负教育幼儿的任务。

第五十三条　幼儿园应当建立幼儿园与家长联系的制度。幼儿园可采取多种形式,指导家长正确了解幼儿园保育和教育的内容、方法,定期召开家长会议,并接待家长的来访和咨询。

幼儿园应当认真分析、吸收家长对幼儿园教育与管理工作的意见与建议。

幼儿园应当建立家长开放日制度。

第五十四条　幼儿园应当成立家长委员会。

家长委员会的主要任务是:对幼儿园重要决策和事关幼儿切身利益的事项提出意见和建议;发挥家长的专业和资源优势,支持幼儿园保育教育工作;帮助家长了解幼儿园工作计划和要求,协助幼儿园开展家庭教育指导和交流。

家长委员会在幼儿园园长指导下工作。

第五十五条　幼儿园应当加强与社区的联系与合作,面向社区宣传科学育儿知识,开展灵活多样的公益性早期教育服务,争取社区对幼儿园的多方面支持。

第十章　幼儿园的管理

第五十六条　幼儿园实行园长负责制。

幼儿园应当建立园务委员会。园务委员会由园长、副园长、党组织负责人和保教、卫生保健、财会等方面工作人员的代表以及幼儿家长代表组成。园长任园务委员会主任。

园长定期召开园务委员会会议,遇重大问题可临时召集,对规章制度的建立、修改、废除,全园工作计划,工作总结,人员奖惩,财务预算和决算方案,以及其他涉及全园工作的重要问题进行审议。

第五十七条　幼儿园应当加强党组织建设,充分发挥党组织政治核心作用、战斗堡垒作用。幼儿园应当为工会、共青团等其他组织开展工作创造有利条件,充分发挥其在幼儿园工作中的作用。

第五十八条　幼儿园应当建立教职工大会制度或者教职工代表大会制度,依法加强民主管理和监督。

第五十九条　幼儿园应当建立教研制度,研究解决保教工作中的实际问题。

第六十条　幼儿园应当制订年度工作计划,定期部署、总结和报告工作。每学年年末应当向教育等行政主管部门报告工作,必要时随时报告。

第六十一条　幼儿园应当接受上级教育、卫生、公安、消防等部门的检查、监督和指导，如实报告工作和反映情况。

幼儿园应当依法接受教育督导部门的督导。

第六十二条　幼儿园应当建立业务档案、财务管理、园务会议、人员奖惩、安全管理以及与家庭、小学联系等制度。

幼儿园应当建立信息管理制度，按照规定采集、更新、报送幼儿园管理信息系统的相关信息，每年向主管教育行政部门报送统计信息。

第六十三条　幼儿园教师依法享受寒暑假期的带薪休假。幼儿园应当创造条件，在寒暑假期间，安排工作人员轮流休假。具体办法由举办者制定。

第十一章　附则

第六十四条　本规程适用于城乡各类幼儿园。

第六十五条　省、自治区、直辖市教育行政部门可根据本规程，制定具体实施办法。

第六十六条　本规程自2016年3月1日起施行。1996年3月9日由原国家教育委员会令第25号发布的《幼儿园工作规程》同时废止。

托儿所幼儿园卫生保健管理办法

中华人民共和国卫生部
中华人民共和国教育部　　第 76 号令
2010 年 9 月 6 日发布

第一条　为提高托儿所、幼儿园卫生保健工作水平,预防和减少疾病发生,保障儿童身心健康,制定本办法。

第二条　本办法适用于招收 0～6 岁儿童的各级各类托儿所、幼儿园(以下简称托幼机构)。

第三条　托幼机构应当贯彻保教结合、预防为主的方针,认真做好卫生保健工作。

第四条　县级以上各级人民政府卫生行政部门应当将托幼机构的卫生保健工作作为公共卫生服务的重要内容,加强监督和指导。

县级以上各级人民政府教育行政部门协助卫生行政部门检查指导托幼机构的卫生保健工作。

第五条　县级以上妇幼保健机构负责对辖区内托幼机构卫生保健工作进行业务指导。业务指导的内容包括:膳食营养、体格锻炼、健康检查、卫生消毒、疾病预防等。

疾病预防控制机构应当定期为托幼机构提供疾病预防控制咨询服务和指导。

卫生监督执法机构应当依法对托幼机构的饮用水卫生、传染病预防和控制等工作进行监督检查。

第六条　托幼机构设有食堂提供餐饮服务的,应当按照《食品安全法》《食品安全法实施条例》以及有关规章的要求,认真落实各项食品安全要求。

食品药品监督管理部门等负责餐饮服务监督管理的部门应当依法加强对托幼机构食品安全的指导与监督检查。

第七条　托幼机构的建筑、设施、设备、环境及提供的食品、饮用水等应当符合国家有关卫生标准、规范的要求。

第八条　新设立的托幼机构,招生前应当取得县级以上地方人民政府卫生行政部门指定的医疗卫生机构出具的符合《托儿所幼儿园卫生保健工作规范》的卫生评价报告。

各级教育行政部门应当将卫生保健工作质量纳入托幼机构的分级定类管理。

第九条　托幼机构的法定代表人或者负责人是本机构卫生保健工作的第一责任人。

第十条　托幼机构应当根据规模、接收儿童数量等设立相应的卫生室或者保健室,具体负责卫生保健工作。

卫生室应当符合医疗机构基本标准,取得卫生行政部门颁发的《医疗机构执业许可证》。

保健室不得开展诊疗活动,其配置应当符合保健室设置基本要求。

第十一条　托幼机构应当聘用符合国家规定的卫生保健人员。卫生保健人员包括医师、护士和保健员。

在卫生室工作的医师应当取得卫生行政部门颁发的《医师执业证书》，护士应当取得《护士执业证书》。

在保健室工作的保健员应当具有高中以上学历，经过卫生保健专业知识培训，具有托幼机构卫生保健基础知识，掌握卫生消毒、传染病管理和营养膳食管理等技能。

第十二条　托幼机构聘用卫生保健人员应当按照收托150名儿童至少设1名专职卫生保健人员的比例配备卫生保健人员。收托150名以下儿童的，应当配备专职或者兼职卫生保健人员。

第十三条　托幼机构卫生保健人员应当定期接受当地妇幼保健机构组织的卫生保健专业知识培训。

托幼机构卫生保健人员应当对机构内的工作人员进行卫生知识宣传教育、疾病预防、卫生消毒、膳食营养、食品卫生、饮用水卫生等方面的具体指导。

第十四条　托幼机构工作人员上岗前必须经县级以上人民政府卫生行政部门指定的医疗卫生机构进行健康检查，取得《托幼机构工作人员健康合格证》后方可上岗。

托幼机构应当组织在岗工作人员每年进行1次健康检查；在岗人员患有传染性疾病的，应当立即离岗治疗，治愈后方可上岗工作。

精神病患者、有精神病史者不得在托幼机构工作。

第十五条　托幼机构应当严格按照《托儿所幼儿园卫生保健工作规范》开展卫生保健工作。

托幼机构卫生保健工作包括以下内容：

（一）根据儿童不同年龄特点，建立科学、合理的一日生活制度，培养儿童良好的卫生习惯；

（二）为儿童提供合理的营养膳食，科学制定食谱，保证膳食平衡；

（三）制订与儿童生理特点相适应的体格锻炼计划，根据儿童年龄特点开展游戏及体育活动，并保证儿童户外活动时间，增进儿童身心健康；

（四）建立健康检查制度，开展儿童定期健康检查工作，建立健康档案。坚持晨检及全日健康观察，做好常见病的预防，发现问题及时处理；

（五）严格执行卫生消毒制度，做好室内外环境及个人卫生。加强饮食卫生管理，保证食品安全；

（六）协助落实国家免疫规划，在儿童入托时应当查验其预防接种证，未按规定接种的儿童要告知其监护人，督促监护人带儿童到当地规定的接种单位补种；

（七）加强日常保育护理工作，对体弱儿进行专案管理。配合妇幼保健机构定期开展儿童眼、耳、口腔保健，开展儿童心理卫生保健；

（八）建立卫生安全管理制度，落实各项卫生安全防护工作，预防伤害事故的发生；

（九）制订健康教育计划，对儿童及其家长开展多种形式的健康教育活动；

（十）做好各项卫生保健工作信息的收集、汇总和报告工作。

第十六条　托幼机构应当在疾病预防控制机构指导下，做好传染病预防和控制管理工作。

托幼机构发现传染病患儿应当及时按照法律、法规和卫生部的规定进行报告，在疾病预防控制机构的指导下,对环境进行严格消毒处理。

在传染病流行期间,托幼机构应当加强预防控制措施。

第十七条　疾病预防控制机构应当收集、分析、调查、核实托幼机构的传染病疫情,发现问题及时通报托幼机构,并向卫生行政部门和教育行政部门报告。

第十八条　儿童入托幼机构前应当经医疗卫生机构进行健康检查,合格后方可进入托幼机构。

托幼机构发现在园(所)的儿童患疑似传染病时应当及时通知其监护人离园(所)诊治。患传染病的患儿治愈后,凭医疗卫生机构出具的健康证明方可入园(所)。

儿童离开托幼机构3个月以上应当进行健康检查后方可再次入托幼机构。

医疗卫生机构应当按照规定的体检项目开展健康检查,不得违反规定擅自改变。

第十九条　托幼机构有下列情形之一的,由卫生行政部门责令限期改正,通报批评;逾期不改的,给予警告;情节严重的,由教育行政部门依法给予行政处罚:

(一) 未按要求设立保健室、卫生室或者配备卫生保健人员的;

(二) 聘用未进行健康检查或者健康检查不合格的工作人员的;

(三) 未定期组织工作人员健康检查的;

(四) 招收未经健康检查或健康检查不合格的儿童入托幼机构的;

(五) 未严格按照《托儿所幼儿园卫生保健工作规范》开展卫生保健工作的。

卫生行政部门应当及时将处理结果通报教育行政部门,教育行政部门将其作为托幼机构分级定类管理和质量评估的依据。

第二十条　托幼机构未取得《医疗机构执业许可证》擅自设立卫生室,进行诊疗活动的,按照《医疗机构管理条例》的有关规定进行处罚。

第二十一条　托幼机构未按照规定履行卫生保健工作职责,造成传染病流行、食物中毒等突发公共卫生事件的,卫生行政部门、教育行政部门依据相关法律法规给予处罚。

县级以上医疗卫生机构未按照本办法规定履行职责,导致托幼机构发生突发公共卫生事件的,卫生行政部门依据相关法律法规给予处罚。

第二十二条　小学附设学前班、单独设立的学前班参照本办法执行。

第二十三条　各省、自治区、直辖市可以结合当地实际,根据本办法制定实施细则。

第二十四条　对认真执行本办法,在托幼机构卫生保健工作中做出显著成绩的单位和个人,由各级人民政府卫生行政部门和教育行政部门给予表彰和奖励。

第二十五条　《托儿所幼儿园卫生保健工作规范》由卫生部负责制定。

第二十六条　本办法自2010年11月1日起施行。1994年12月1日由卫生部、原国家教委联合发布的《托儿所、幼儿园卫生保健管理办法》同时废止。

幼儿园教育指导纲要(试行)

2001年7月2日　教育部印发

第一部分　总　则

一、为贯彻《中华人民共和国教育法》《幼儿园管理条例》和《幼儿园工作规程》,指导幼儿园深入实施素质教育,特制定本纲要。

二、幼儿园教育是基础教育的重要组成部分,是我国学校教育和终身教育的奠基阶段。城乡各类幼儿园都应从实际出发,因地制宜地实施素质教育,为幼儿一生的发展打好基础。

三、幼儿园应与家庭、社区密切合作,与小学相互衔接,综合利用各种教育资源,共同为幼儿的发展创造良好的条件。

四、幼儿园应为幼儿提供健康、丰富的生活和活动环境,满足他们多方面发展的需要,使他们在快乐的童年生活中获得有益于身心发展的经验。

五、幼儿园教育应尊重幼儿的人格和权利,尊重幼儿身心发展的规律和学习特点,以游戏为基本活动,保教并重,关注个别差异,促进每个幼儿富有个性的发展。

第二部分　教育内容与要求

幼儿园的教育内容是全面的、启蒙性的,可以相对划分为健康、语言、社会、科学、艺术等五个领域,也可作其他不同的划分。各领域的内容相互渗透,从不同的角度促进幼儿情感、态度、能力、知识、技能等方面的发展。

一、健康

(一)目标

1. 身体健康,在集体生活中情绪安定、愉快。

2. 生活、卫生习惯良好,有基本的生活自理能力。

3. 知道必要的安全保健常识,学习保护自己。

4. 喜欢参加体育活动,动作协调、灵活。

(二)内容与要求

1. 建立良好的师生、同伴关系,让幼儿在集体生活中感到温暖,心情愉快,形成安全感、信赖感。

2. 与家长配合,根据幼儿的需要建立科学的生活常规。培养幼儿良好的饮食、睡眠、盥洗、排泄等生活习惯和生活自理能力。

3. 教育幼儿爱清洁、讲卫生,注意保持个人和生活场所的整洁和卫生。

4. 密切结合幼儿的生活进行安全、营养和保健教育,提高幼儿的自我保护意识和能力。

5. 开展丰富多彩的户外游戏和体育活动,培养幼儿参加体育活动的兴趣和习惯,增强体质,提高对环境的适应能力。

6. 用幼儿感兴趣的方式发展基本动作,提高动作的协调性、灵活性。

7. 在体育活动中,培养幼儿坚强、勇敢、不怕困难的意志品质和主动、乐观、合作的态度。

(三)指导要点

1. 幼儿园必须把保护幼儿的生命和促进幼儿的健康放在工作的首位。树立正确的健康观念,在重视幼儿身体健康的同时,要高度重视幼儿的心理健康。

2. 既要高度重视和满足幼儿受保护、受照顾的需要,又要尊重和满足他们不断增长的独立要求,避免过度保护和包办代替,鼓励并指导幼儿自理、自立的尝试。

3. 健康领域的活动要充分尊重幼儿生长发育的规律,严禁以任何名义进行有损幼儿健康的比赛、表演或训练等。

4. 培养幼儿对体育活动的兴趣是幼儿园体育的重要目标,要根据幼儿的特点组织生动有趣、形式多样的体育活动,吸引幼儿主动参与。

二、语言

(一)目标

1. 乐意与人交谈,讲话礼貌。

2. 注意倾听对方讲话,能理解日常用语。

3. 能清楚地说出自己想说的事。

4. 喜欢听故事、看图书。

5. 能听懂和会说普通话。

(二)内容与要求

1. 创造一个自由、宽松的语言交往环境,支持、鼓励、吸引幼儿与教师、同伴或其他人交谈,体验语言交流的乐趣,学习使用适当的、礼貌的语言交往。

2. 养成幼儿注意倾听的习惯,发展语言理解能力。

3. 鼓励幼儿大胆、清楚地表达自己的想法和感受,尝试说明、描述简单的事物或过程,发展语言表达能力和思维能力。

4. 引导幼儿接触优秀的儿童文学作品,使之感受语言的丰富和优美,并通过多种活动帮助幼儿加深对作品的体验和理解。

5. 培养幼儿对生活中常见的简单标记和文字符号的兴趣。

6. 利用图书、绘画和其他多种方式,引发幼儿对书籍、阅读和书写的兴趣,培养前阅读和前书写技能。

7. 提供普通话的语言环境,帮助幼儿熟悉、听懂并学说普通话。少数民族地区还应帮助幼儿学习本民族语言。

(三)指导要点

1. 语言能力是在运用的过程中发展起来的,发展幼儿语言的关键是创设一个能使他们想说、敢说、喜欢说、有机会说并能得到积极应答的环境。

2. 幼儿语言的发展与其情感、经验、思维、社会交往能力等其他方面的发展密切相关，因此，发展幼儿语言的重要途径是通过互相渗透的各领域的教育，在丰富多彩的活动中去扩展幼儿的经验，提供促进语言发展的条件。

3. 幼儿的语言学习具有个别化的特点，教师与幼儿的个别交流、幼儿之间的自由交谈等，对幼儿语言发展具有特殊意义。

4. 对有语言障碍的儿童要给予特别关注，要与家长和有关方面密切配合，积极地帮助他们提高语言能力。

三、社会

（一）目标

1. 能主动地参与各项活动，有自信心。
2. 乐意与人交往，学习互助、合作和分享，有同情心。
3. 理解并遵守日常生活中基本的社会行为规则。
4. 能努力做好力所能及的事，不怕困难，有初步的责任感。
5. 爱父母长辈、老师和同伴，爱集体、爱家乡、爱祖国。

（二）内容与要求

1. 引导幼儿参加各种集体活动，体验与教师、同伴等共同生活的乐趣，帮助他们正确认识自己和他人，养成对他人、社会亲近、合作的态度，学习初步的人际交往技能。

2. 为每个幼儿提供表现自己长处和获得成功的机会，增强其自尊心和自信心。

3. 提供自由活动的机会，支持幼儿自主地选择、计划活动，鼓励他们通过多方面的努力解决问题，不轻易放弃克服困难的尝试。

4. 在共同的生活和活动中，以多种方式引导幼儿认识、体验并理解基本的社会行为规则，学习自律和尊重他人。

5. 教育幼儿爱护玩具和其他物品，爱护公物和公共环境。

6. 与家庭、社区合作，引导幼儿了解自己的亲人以及与自己生活有关的各行各业人们的劳动，培养其对劳动者的热爱和对劳动成果的尊重。

7. 充分利用社会资源，引导幼儿实际感受祖国文化的丰富与优秀，感受家乡的变化和发展，激发幼儿爱家乡、爱祖国的情感。

8. 适当向幼儿介绍我国各民族和世界其他国家、民族的文化，使其感知人类文化的多样性和差异性，培养理解、尊重、平等的态度。

（三）指导要点

1. 社会领域的教育具有潜移默化的特点。幼儿社会态度和社会情感的培养尤应渗透在多种活动和一日生活的各个环节之中，要创设一个能使幼儿感受到接纳、关爱和支持的良好环境，避免单一呆板的言语说教。

2. 幼儿与成人、同伴之间的共同生活、交往、探索、游戏等，是其社会学习的重要途径。应为幼儿提供人际间相互交往和共同活动的机会和条件，并加以指导。

3. 社会学习是一个漫长的积累过程，需要幼儿园、家庭和社会密切合作，协调一致，共同促进幼儿良好社会性品质的形成。

四、科学

（一）目标

1. 对周围的事物、现象感兴趣,有好奇心和求知欲。
2. 能运用各种感官,动手动脑,探究问题。
3. 能用适当的方式表达、交流探索的过程和结果。
4. 能从生活和游戏中感受事物的数量关系并体验到数学的重要和有趣。
5. 爱护动植物,关心周围环境,亲近大自然,珍惜自然资源,有初步的环保意识。

（二）内容与要求

1. 引导幼儿对身边常见事物和现象的特点、变化规律产生兴趣和探究的欲望。
2. 为幼儿的探究活动创造宽松的环境,让每个幼儿都有机会参与尝试,支持、鼓励他们大胆提出问题,发表不同意见,学会尊重别人的观点和经验。
3. 提供丰富的可操作的材料,为每个幼儿都能运用多种感官、多种方式进行探索提供活动的条件。
4. 通过引导幼儿积极参加小组讨论、探索等方式,培养幼儿合作学习的意识和能力,学习用多种方式表现、交流、分享探索的过程和结果。
5. 引导幼儿对周围环境中的数、量、形、时间和空间等现象产生兴趣,建构初步的数概念,并学习用简单的数学方法解决生活和游戏中某些简单的问题。
6. 从生活或媒体中幼儿熟悉的科技成果入手,引导幼儿感受科学技术对生活的影响,培养他们对科学的兴趣和对科学家的崇敬。
7. 在幼儿生活经验的基础上,帮助幼儿了解自然、环境与人类生活的关系。从身边的小事入手,培养初步的环保意识和行为。

（三）指导要点

1. 幼儿的科学教育是科学启蒙教育,重在激发幼儿的认识兴趣和探究欲望。
2. 要尽量创造条件让幼儿实际参加探究活动,使他们感受科学探究的过程和方法,体验发现的乐趣。
3. 科学教育应密切联系幼儿的实际生活进行,利用身边的事物与现象作为科学探索的对象。

五、艺术

（一）目标

1. 能初步感受并喜爱环境、生活和艺术中的美。
2. 喜欢参加艺术活动,并能大胆地表现自己的情感和体验。
3. 能用自己喜欢的方式进行艺术表现活动。

（二）内容与要求

1. 引导幼儿接触周围环境和生活中美好的人、事、物,丰富他们的感性经验和审美情趣,激发他们表现美、创造美的情趣。
2. 在艺术活动中面向全体幼儿,要针对他们的不同特点和需要,让每个幼儿都得到美的熏陶和培养。对有艺术天赋的幼儿要注意发展他们的艺术潜能。

3. 提供自由表现的机会,鼓励幼儿用不同艺术形式大胆地表达自己的情感、理解和想象,尊重每个幼儿的想法和创造,肯定和接纳他们独特的审美感受和表现方式,分享他们创造的快乐。

4. 在支持、鼓励幼儿积极参加各种艺术活动并大胆表现的同时,帮助他们提高表现的技能和能力。

5. 指导幼儿利用身边的物品或废旧材料制作玩具、手工艺品等来美化自己的生活或开展其他活动。

6. 为幼儿创设展示自己作品的条件,引导幼儿相互交流、相互欣赏、共同提高。

(三)指导要点

1. 艺术是实施美育的主要途径,应充分发挥艺术的情感教育功能,促进幼儿健全人格的形成。要避免仅仅重视表现技能或艺术活动的结果,而忽视幼儿在活动过程中的情感体验和态度的倾向。

2. 幼儿的创作过程和作品是他们表达自己的认识和情感的重要方式,应支持幼儿富有个性和创造性的表达,克服过分强调技能技巧和标准化要求的偏向。

3. 幼儿艺术活动的能力是在大胆表现的过程中逐渐发展起来的,教师的作用应主要在于激发幼儿感受美、表现美的情趣,丰富他们的审美经验,使之体验自由表达和创造的快乐。在此基础上,根据幼儿的发展状况和需要,对表现方式和技能技巧给予适时、适当的指导。

第三部分　组织与实施

一、幼儿园的教育是为所有在园幼儿的健康成长服务的,要为每一个儿童,包括有特殊需要的儿童提供积极的支持和帮助。

二、幼儿园的教育活动,是教师以多种形式有目的、有计划地引导幼儿生动、活泼、主动活动的教育过程。

三、教育活动的组织与实施过程是教师创造性地开展工作的过程。教师要根据本《纲要》,从本地、本园的条件出发,结合本班幼儿的实际情况,制订切实可行的工作计划并灵活地执行。

四、教育活动目标要以《幼儿园工作规程》和本《纲要》所提出的各领域目标为指导,结合本班幼儿的发展水平、经验和需要来确定。

五、教育活动内容的选择应遵照本《纲要》第二部分的有关条款进行,同时体现以下原则:

(一)既适合幼儿的现有水平,又有一定的挑战性。

(二)既符合幼儿的现实需要,又有利于其长远发展。

(三)既贴近幼儿的生活来选择幼儿感兴趣的事物和问题,又有助于拓展幼儿的经验和视野。

六、教育活动内容的组织应充分考虑幼儿的学习特点和认识规律,各领域的内容要有机联系,相互渗透,注重综合性、趣味性、活动性,寓教育于生活、游戏之中。

七、教育活动的组织形式应根据需要合理安排,因时、因地、因内容、因材料灵活地运用。

八、环境是重要的教育资源,应通过环境的创设和利用,有效地促进幼儿的发展。

(一)幼儿园的空间、设施、活动材料和常规要求等应有利于引发、支持幼儿的游戏和各种探索活动,有利于引发、支持幼儿与周围环境之间积极的相互作用。

(二)幼儿同伴群体及幼儿园教师集体是宝贵的教育资源,应充分发挥这一资源的作用。

(三)教师的态度和管理方式应有助于形成安全、温馨的心理环境;言行举止应成为幼儿学习的良好榜样。

(四)家庭是幼儿园重要的合作伙伴。应本着尊重、平等、合作的原则,争取家长的理解、支持和主动参与,并积极支持、帮助家长提高教育能力。

(五)充分利用自然环境和社区的教育资源,扩展幼儿生活和学习的空间。幼儿园同时应为社区的早期教育提供服务。

九、科学、合理地安排和组织一日生活。

(一)时间安排应有相对的稳定性与灵活性,既有利于形成秩序,又能满足幼儿的合理需要,照顾到个体差异。

(二)教师直接指导的活动和间接指导的活动相结合,保证幼儿每天有适当的自主选择和自由活动时间。教师直接指导的集体活动要能保证幼儿的积极参与,避免时间的隐性浪费。

(三)尽量减少不必要的集体行动和过渡环节,减少和消除消极等待现象。

(四)建立良好的常规,避免不必要的管理行为,逐步引导幼儿学习自我管理。

十、教师应成为幼儿学习活动的支持者、合作者、引导者。

(一)以关怀、接纳、尊重的态度与幼儿交往。耐心倾听,努力理解幼儿的想法与感受,支持、鼓励他们大胆探索与表达。

(二)善于发现幼儿感兴趣的事物、游戏和偶发事件中所隐含的教育价值,把握时机,积极引导。

(三)关注幼儿在活动中的表现和反应,敏感地察觉他们的需要,及时以适当的方式应答,形成合作探究式的师生互动。

(四)尊重幼儿在发展水平、能力、经验、学习方式等方面的个体差异,因人施教,努力使每一个幼儿都能获得满足和成功。

(五)关注幼儿的特殊需要,包括各种发展潜能和不同发展障碍,与家庭密切配合,共同促进幼儿健康成长。

十一、幼儿园教育要与0~3岁儿童的保育教育以及小学教育相互衔接。

第四部分 教育评价

一、教育评价是幼儿园教育工作的重要组成部分,是了解教育的适宜性、有效性,调整和改进工作,促进每一个幼儿发展,提高教育质量的必要手段。

二、管理人员、教师、幼儿及其家长均是幼儿园教育评价工作的参与者。评价过程是各方共同参与、相互支持与合作的过程。

三、评价的过程,是教师运用专业知识审视教育实践,发现、分析、研究、解决问题的过程,也是其自我成长的重要途径。

四、幼儿园教育工作评价实行以教师自评为主,园长以及有关管理人员、其他教师和家长等参与评价的制度。

五、评价应自然地伴随着整个教育过程进行。综合采用观察、谈话、作品分析等多种方法。

六、幼儿的行为表现和发展变化具有重要的评价意义,教师应视之为重要的评价信息和改进工作的依据。

七、教育工作评价宜重点考察以下方面:

(一)教育计划和教育活动的目标是否建立在了解本班幼儿现状的基础上。

(二)教育的内容、方式、策略、环境条件是否能调动幼儿学习的积极性。

(三)教育过程是否能为幼儿提供有益的学习经验,并符合其发展需要。

(四)教育内容、要求能否兼顾群体需要和个体差异,使每个幼儿都能得到发展,都有成功感。

(五)教师的指导是否有利于幼儿主动、有效地学习。

八、对幼儿发展状况的评估,要注意:

(一)明确评价的目的是了解幼儿的发展需要,以便提供更加适宜的帮助和指导。

(二)全面了解幼儿的发展状况,防止片面性,尤其要避免只重知识和技能,忽略情感、社会性和实际能力的倾向。

(三)在日常活动与教育教学过程中采用自然的方法进行。平时观察所获的具有典型意义的幼儿行为表现和所积累的各种作品等,是评价的重要依据。

(四)承认和关注幼儿的个体差异,避免用划一的标准评价不同的幼儿,在幼儿面前慎用横向的比较。

(五)以发展的眼光看待幼儿,既要了解现有水平,更要关注其发展的速度、特点和倾向等。

3～6岁儿童学习与发展指南

教育部

2012年9月

一、健康

健康是指人在身体、心理和社会适应方面的良好状态。幼儿阶段是儿童身体发育和机能发展极为迅速的时期,也是形成安全感和乐观态度的重要阶段。发育良好的身体、愉快的情绪、强健的体质、协调的动作、良好的生活习惯和基本生活能力是幼儿身心健康的重要标志,也是其他领域学习与发展的基础。

为有效促进幼儿身心健康发展,成人应为幼儿提供合理均衡的营养,保证充足的睡眠和适宜的锻炼,满足幼儿生长发育的需要;创设温馨的人际环境,让幼儿充分感受到亲情和关爱,形成积极稳定的情绪情感;帮助幼儿养成良好的生活与卫生习惯,提高自我保护能力,形成使其终身受益的生活能力和文明生活方式。

幼儿身心发育尚未成熟,需要成人的精心呵护和照顾,但不宜过度保护和包办代替,以免剥夺幼儿自主学习的机会,养成过于依赖的不良习惯,影响其主动性、独立性的发展。

(一)身心状况

目标1　具有健康的体态

3～4岁	4～5岁	5～6岁
1. 身高和体重适宜。参考标准: 男孩: 身高:94.9～111.7厘米 体重:12.7～21.2公斤 女孩: 身高:94.1～111.3厘米 体重:12.3～21.5公斤 2. 在提醒下能自然坐直、站直。	1. 身高和体重适宜。参考标准: 男孩: 身高:100.7～119.2厘米 体重:14.1～24.2公斤 女孩: 身高:99.9～118.9厘米 体重:13.7～24.9公斤 2. 在提醒下能保持正确的站、坐和行走姿势。	1. 身高和体重适宜。参考标准: 男孩: 身高:106.1～125.8厘米 体重:15.9～27.1公斤 女孩: 身高:104.9～125.4厘米 体重:15.3～27.8公斤 2. 经常保持正确的站、坐和行走姿势。

注:身高和体重数据来源为《2006年世界卫生组织儿童生长标准》4、5、6周岁儿童身高和体重的参考数据。

教育建议：

1. 为幼儿提供营养丰富、健康的饮食。如：

参照《中国孕期、哺乳期妇女和 0～6 岁儿童膳食指南》，为幼儿提供谷物、蔬菜、水果、肉、奶、蛋、豆制品等多样化的食物，均衡搭配。

烹调方式要科学，尽量少煎炸、烧烤、腌制。

2. 保证幼儿每天睡 11～12 小时，其中午睡一般应达到 2 小时左右。午睡时间可根据幼儿的年龄、季节的变化和个体差异适当减少。

3. 注意幼儿的体态，帮助他们形成正确的姿势。如：

提醒幼儿要保持正确的站、坐、走姿势；发现有八字脚、罗圈腿、驼背等骨骼发育异常的情况，应及时就医矫治。

桌、椅和床要合适。椅子的高度以幼儿写画时双脚能自然着地、大腿基本保持水平状为宜；桌子的高度以写画时身体能坐直，不驼背、不耸肩为宜；床不宜过软。

4. 每年为幼儿进行健康检查。

目标 2　情绪安定愉快

3～4 岁	4～5 岁	5～6 岁
1. 情绪比较稳定，很少因一点小事哭闹不止。 2. 有比较强烈的情绪反应时，能在成人的安抚下逐渐平静下来。	1. 经常保持愉快的情绪，不高兴时能较快缓解。 2. 有比较强烈情绪反应时，能在成人提醒下逐渐平静下来。 3. 愿意把自己的情绪告诉亲近的人，一起分享快乐或求得安慰。	1. 经常保持愉快的情绪。知道引起自己某种情绪的原因，并努力缓解。 2. 表达情绪的方式比较适度，不乱发脾气。 3. 能随着活动的需要转换情绪和注意。

教育建议：

1. 营造温暖、轻松的心理环境，让幼儿形成安全感和信赖感。如：

保持良好的情绪状态，以积极、愉快的情绪影响幼儿。

以欣赏的态度对待幼儿。注意发现幼儿的优点，接纳他们的个体差异，不简单与同伴做横向比较。

幼儿做错事时要冷静处理，不厉声斥责，更不能打骂。

2. 帮助幼儿学会恰当表达和调控情绪。如：

成人用恰当的方式表达情绪，为幼儿做出榜样。如生气时不乱发脾气，不迁怒于人。

成人和幼儿一起谈论自己高兴或生气的事，鼓励幼儿与人分享自己的情绪。

允许幼儿表达自己的情绪，并给予适当的引导。如幼儿发脾气时不硬性压制，等其平静后告诉他什么行为是可以接受的。

发现幼儿不高兴时，主动询问情况，帮助他们化解消极情绪。

目标 3　具有一定的适应能力

3～4 岁	4～5 岁	5～6 岁
1. 能在较热或较冷的户外环境中活动。 2. 换新环境时情绪能较快稳定，睡眠、饮食基本正常。 3. 在帮助下能较快适应集体生活。	1. 能在较热或较冷的户外环境中连续活动半小时左右。 2. 换新环境时较少出现身体不适。 3. 能较快适应人际环境中发生的变化。如换了新老师能较快适应。	1. 能在较热或较冷的户外环境中连续活动半小时以上。 2. 天气变化时较少感冒，能适应车、船等交通工具造成的轻微颠簸。 3. 能较快融入新的人际关系环境。如换了新的幼儿园或班级能较快适应。

教育建议：

1. 保证幼儿的户外活动时间，提高幼儿适应季节变化的能力。

幼儿每天的户外活动时间一般不少于两小时，其中体育活动时间不少于 1 小时，季节交替时要坚持。

气温过热或过冷的季节或地区应因地制宜，选择温度适当的时间段开展户外活动，也可根据气温的变化和幼儿的个体差异，适当减少活动的时间。

2. 经常与幼儿玩拉手转圈、秋千、转椅等游戏活动，让幼儿适应轻微的摆动、颠簸、旋转，促进其平衡机能的发展。

3. 锻炼幼儿适应生活环境变化的能力。如：

注意观察幼儿在新环境中的饮食、睡眠、游戏等方面的情况，采取相应的措施帮助他们尽快适应新环境。

经常带幼儿接触不同的人际环境，如参加亲戚朋友聚会，多和不熟悉的小朋友玩，使幼儿较快适应新的人际关系。

（二）动作发展

目标 1　具有一定的平衡能力，动作协调、灵敏

3～4 岁	4～5 岁	5～6 岁
1. 能沿地面直线或在较窄的低矮物体上走一段距离。 2. 能双脚灵活交替上下楼梯。 3. 能身体平稳地双脚连续向前跳。 4. 分散跑时能躲避他人的碰撞。 5. 能双手向上抛球。	1. 能在较窄的低矮物体上平稳地走一段距离。 2. 能以匍匐、膝盖悬空等多种方式钻爬。 3. 能助跑跨跳过一定距离，或助跑跨跳过一定高度的物体。 4. 能与他人玩追逐、躲闪跑的游戏。 5. 能连续自抛自接球。	1. 能在斜坡、荡桥和有一定间隔的物体上较平稳地行走。 2. 能以手脚并用的方式安全地爬攀登架、网等。 3. 能连续跳绳。 4. 能躲避他人滚过来的球或扔过来的沙包。 5. 能连续拍球。

教育建议：

1. 利用多种活动发展身体平衡和协调能力。如：

走平衡木,或沿着地面直线、田埂行走。

玩跳房子、踢毽子、蒙眼走路、踩小高跷等游戏活动。

2. 发展幼儿动作的协调性和灵活性。如：

鼓励幼儿进行跑跳、钻爬、攀登、投掷、拍球等活动。

玩跳竹竿、滚铁环等传统体育游戏。

3. 对于拍球、跳绳等技能性活动,不要过于要求数量,更不能机械训练。

4. 结合活动内容对幼儿进行安全教育,注重在活动中培养幼儿的自我保护能力。

目标2　具有一定的力量和耐力

3～4岁	4～5岁	5～6岁
1. 能双手抓杠悬空吊起10秒左右。 2. 能单手将沙包向前投掷2米左右。 3. 能单脚连续向前跳2米左右。 4. 能快跑15米左右。 5. 能行走1公里左右(途中可适当停歇)。	1. 能双手抓杠悬空吊起15秒左右。 2. 能单手将沙包向前投掷4米左右。 3. 能单脚连续向前跳5米左右。 4. 能快跑20米左右。 5. 能连续行走1.5公里左右(途中可适当停歇)。	1. 能双手抓杠悬空吊起20秒左右。 2. 能单手将沙包向前投掷5米左右。 3. 能单脚连续向前跳8米左右。 4. 能快跑25米左右。 5. 能连续行走1.5公里以上(途中可适当停歇)。

教育建议：

1. 开展丰富多样、适合幼儿年龄特点的各种身体活动,如走、跑、跳、攀、爬等,鼓励幼儿坚持下来,不怕累。

2. 日常生活中鼓励幼儿多走路、少坐车；自己上下楼梯、自己背包。

目标3　手的动作灵活协调

3～4岁	4～5岁	5～6岁
1. 能用笔涂涂画画。 2. 能熟练地用勺子吃饭。 3. 能用剪刀沿直线剪,边线基本吻合。	1. 能沿边线较直地画出简单图形,或能沿边线基本对齐地折纸。 2. 会用筷子吃饭。 3. 能沿轮廓线剪出由直线构成的简单图形,边线吻合。	1. 能根据需要画出图形,线条基本平滑。 2. 能熟练使用筷子。 3. 能沿轮廓线剪出由曲线构成的简单图形,边线吻合且平滑。 4. 能使用简单的劳动工具或用具。

教育建议：

1. 创造条件和机会,促进幼儿手的动作灵活协调。如：

提供画笔、剪刀、纸张、泥团等工具和材料,或充分利用各种自然、废旧材料和常见物品,让幼儿进行画、剪、折、粘等美工活动。

引导幼儿生活自理或参与家务劳动,发展其手的动作。如练习自己用筷子吃饭、扣扣子,帮助家人择菜叶、做面食等。

幼儿园在布置娃娃家、商店等活动区时,多提供原材料和半成品,让幼儿有更多机会参与制作活动。

2. 引导幼儿注意活动安全。如:

为幼儿提供的塑料粒、珠子等活动材料要足够大,材质要安全,以免造成异物进入气管、铅中毒等伤害。提供幼儿用安全剪刀。

为幼儿示范拿筷子、握笔的正确姿势以及使用剪刀、锤子等工具的方法。

提醒幼儿不要拿剪刀等锋利工具玩耍,用完后要放回原处。

(三) 生活习惯与生活能力

目标1 具有良好的生活与卫生习惯

3~4岁	4~5岁	5~6岁
1. 在提醒下,按时睡觉和起床,并能坚持午睡。 2. 喜欢参加体育活动。 3. 在引导下,不偏食、挑食。喜欢吃瓜果、蔬菜等新鲜食品。 4. 愿意饮用白开水,不贪喝饮料。 5. 不用脏手揉眼睛,连续看电视等不超过15分钟。 6. 在提醒下,每天早晚刷牙、饭前便后洗手。	1. 每天按时睡觉和起床,并能坚持午睡。 2. 喜欢参加体育活动。 3. 不偏食、挑食,不暴饮暴食。喜欢吃瓜果、蔬菜等新鲜食品。 4. 常喝白开水,不贪喝饮料。 5. 知道保护眼睛,不在光线过强或过暗的地方看书,连续看电视等不超过20分钟。 6. 每天早晚刷牙、饭前便后洗手,方法基本正确。	1. 养成每天按时睡觉和起床的习惯。 2. 能主动参加体育活动。 3. 吃东西时细嚼慢咽。 4. 主动饮用白开水,不贪喝饮料。 5. 主动保护眼睛。不在光线过强或过暗的地方看书,连续看电视等不超过30分钟。 6. 每天早晚主动刷牙,饭前便后主动洗手,方法正确。

教育建议:

1. 让幼儿保持有规律的生活,养成良好的作息习惯。如:早睡早起、每天午睡、按时进餐、吃好早餐等。

2. 帮助幼儿养成良好的饮食习惯。如:

合理安排餐点,帮助幼儿养成定点、定时、定量进餐的习惯。

帮助幼儿了解食物的营养价值,引导他们不偏食不挑食、少吃或不吃不利于健康的食品;多喝白开水,少喝饮料。

吃饭时不过分催促,提醒幼儿细嚼慢咽,不要边吃边玩。

3. 帮助幼儿养成良好的个人卫生习惯。如:

早晚刷牙、饭后漱口。

勤为幼儿洗澡、换衣服、剪指甲。

提醒幼儿保护五官,如不乱挖耳朵、鼻孔,看电视时保持3米左右的距离等。

4. 激发幼儿参加体育活动的兴趣,养成锻炼的习惯。如:

为幼儿准备多种体育活动材料,鼓励他选择自己喜欢的材料开展活动。

经常和幼儿一起在户外运动和游戏,鼓励幼儿和同伴一起开展体育活动。

和幼儿一起观看体育比赛或有关体育赛事的电视节目,培养他对体育活动的兴趣。

目标 2　具有基本的生活自理能力

3～4 岁	4～5 岁	5～6 岁
1. 在帮助下能穿脱衣服或鞋袜。 2. 能将玩具和图书放回原处。	1. 能自己穿脱衣服、鞋袜、扣纽扣。 2. 能整理自己的物品。	1. 能知道根据冷热增减衣服。 2. 会自己系鞋带。 3. 能按类别整理好自己的物品。

教育建议：

1. 鼓励幼儿做力所能及的事情，对幼儿的尝试与努力给予肯定，不因做不好或做得慢而包办代替。

2. 指导幼儿学习和掌握生活自理的基本方法，如穿脱衣服和鞋袜、洗手洗脸、擦鼻涕、擦屁股的正确方法。

3. 提供有利于幼儿生活自理的条件。如：

提供一些纸箱、盒子，供幼儿收拾和存放自己的玩具、图书或生活用品等。

幼儿的衣服、鞋子等要简单实用，便于自己穿脱。

目标 3　具备基本的安全知识和自我保护能力

3～4 岁	4～5 岁	5～6 岁
1. 不吃陌生人给的东西，不跟陌生人走。 2. 在提醒下能注意安全，不做危险的事。 3. 在公共场所走失时，能向警察或有关人员说出自己和家长的名字、电话号码等简单信息。	1. 知道在公共场合不远离成人的视线单独活动。 2. 认识常见的安全标志，能遵守安全规则。 3. 运动时能主动躲避危险。 4. 知道简单的求助方式。	1. 未经大人允许不给陌生人开门。 2. 能自觉遵守基本的安全规则和交通规则。 3. 运动时能注意安全，不给他人造成危险。 4. 知道一些基本的防灾知识。

教育建议：

1. 创设安全的生活环境，提供必要的保护措施。如：

要把热水瓶、药品、火柴、刀具等物品放到幼儿够不到的地方；阳台或窗台要有安全保护措施；要使用安全的电源插座等。

在公共场所要注意照看好幼儿；幼儿乘车、乘电梯时要有成人陪伴；不把幼儿单独留在家里或汽车里等。

2. 结合生活实际对幼儿进行安全教育。如：

外出时，提醒幼儿要紧跟成人，不远离成人的视线，不跟陌生人走，不吃陌生人给的东西；不在河边和马路边玩耍；要遵守交通规则等。

帮助幼儿了解周围环境中不安全的事物，不做危险的事。如不动热水壶，不玩火柴或打火机，不摸电源插座，不攀爬窗户或阳台等。

帮助幼儿认识常见的安全标识，如：小心触电、小心有毒、禁止下河游泳、紧急出口等。

告诉幼儿不允许别人触摸自己的隐私部位。

3. 教给幼儿简单的自救和求救的方法。如：

记住自己家庭的住址、电话号码、父母的姓名和单位，一旦走失时知道向成人求助，并能提供必要信息。

遇到火灾或其他紧急情况时，知道要拨打110、120、119等求救电话。

可利用图书、音像等材料对幼儿进行逃生和求救方面的教育，并运用游戏方式模拟练习。

幼儿园应定期进行火灾、地震等自然灾害的逃生演习。

二、语言

语言是交流和思维的工具。幼儿期是语言发展，特别是口语发展的重要时期。幼儿语言的发展贯穿于各个领域，也对其他领域的学习与发展有着重要的影响；幼儿在运用语言进行交流的同时，也在发展着人际交往能力、理解他人和判断交往情境的能力、组织自己思想的能力。通过语言获取信息，幼儿的学习逐步超越个体的直接感知。

幼儿的语言能力是在交流和运用的过程中发展起来的。应为幼儿创设自由、宽松的语言交往环境，鼓励和支持幼儿与成人、同伴交流，让幼儿想说、敢说、喜欢说并能得到积极回应。为幼儿提供丰富、适宜的低幼读物，经常和幼儿一起看图书、讲故事，丰富其语言表达能力，培养阅读兴趣和良好的阅读习惯，进一步拓展学习经验。

幼儿的语言学习需要相应的社会经验支持，应通过多种活动扩展幼儿的生活经验，丰富语言的内容，增强理解和表达能力。应在生活情境和阅读活动中引导幼儿自然而然地产生对文字的兴趣，用机械记忆和强化训练的方式让幼儿过早识字不符合其学习特点和接受能力。

（一）倾听与表达

目标1　认真听并能听懂常用语言

3～4岁	4～5岁	5～6岁
1. 别人对自己说话时能注意听并做出回应。 2. 能听懂日常会话。	1. 在群体中能有意识地听与自己有关的信息。 2. 能结合情感受到不同语气、语调所表达的不同意思。 3. 方言地区和少数民族幼儿能基本听懂普通话。	1. 在集体中能注意听老师或其他人讲话。 2. 听不懂或有疑问时能主动提问。 3. 能结合情境理解一些表示因果、假设等相对复杂的句子。

教育建议：

1. 多给幼儿提供倾听和交谈的机会。如：经常和幼儿一起谈论他感兴趣的话题，或一起看图书、讲故事。

2. 引导幼儿学会认真倾听。如：

成人要耐心倾听别人（包括幼儿）的讲话，等别人讲完再表达自己的观点。

与幼儿交谈时，要用幼儿能听得懂的语言。

对幼儿提要求和布置任务时要求他注意听，鼓励他主动提问。

3. 对幼儿讲话时，注意结合情境使用丰富的语言，以便于幼儿理解。如：

说话时注意语气、语调，让幼儿感受语气、语调的作用。如对幼儿的不合理要求以比较坚定的语气表示不同意；讲故事时，尽量把故事人物高兴、悲伤的心情用不同的语气、语调表现出来。

根据幼儿的理解水平有意识地使用一些反映因果、假设、条件等关系的句子。

目标2　愿意讲话并能清楚地表达

3～4岁	4～5岁	5～6岁
1. 愿意在熟悉的人面前说话，能大方地与人打招呼。 2. 基本会说本民族或本地区的语言。 3. 愿意表达自己的需要和想法，必要时能配以手势动作。 4. 能口齿清楚地说儿歌、童谣或复述简短的故事。	1. 愿意与他人交谈，喜欢谈论自己感兴趣的话题。 2. 会说本民族或本地区的语言，基本会说普通话。少数民族聚居地区幼儿会用普通话进行日常会话。 3. 能基本完整地讲述自己的所见所闻和经历的事情。 4. 讲述比较连贯。	1. 愿意与他人讨论问题，敢在众人面前说话。 2. 会说本民族或本地区的语言和普通话，发音正确清晰。少数民族聚居地区幼儿基本会说普通话。 3. 能有序、连贯、清楚地讲述一件事情。 4. 讲述时能使用常见的形容词、同义词等，语言比较生动。

教育建议：

1. 为幼儿创造说话的机会并体验语言交往的乐趣。

每天有足够的时间与幼儿交谈。如谈论他感兴趣的话题，询问和听取他对自己事情的意见等。

尊重和接纳幼儿的说话方式，无论幼儿的表达水平如何，都应认真地倾听并给予积极的回应。

鼓励和支持幼儿与同伴一起玩耍、交谈，相互讲述见闻、趣事或看过的图书、动画片等。

方言和少数民族地区应积极为幼儿创设用普通话交流的语言环境。

2. 引导幼儿清楚地表达。如：

和幼儿讲话时，成人自身的语言要清楚、简洁。

当幼儿因为急于表达而说不清楚的时候，提醒他不要着急，慢慢说；同时要耐心倾听，给予必要的补充，帮助他理清思路并清晰地说出来。

目标3　具有文明的语言习惯

3～4岁	4～5岁	5～6岁
1. 与别人讲话时知道眼睛要看着对方。 2. 说话自然，声音大小适中。 3. 能在成人的提醒下使用恰当的礼貌用语。	1. 别人对自己讲话时能回应。 2. 能根据场合调节自己说话声音的大小。 3. 能主动使用礼貌用语，不说脏话、粗话。	1. 别人讲话时能积极主动地回应。 2. 能根据谈话对象和需要，调整说话的语气。 3. 懂得按次序轮流讲话，不随意打断别人。 4. 能依据所处情境使用恰当的语言。如在别人难过时会用恰当的语言表示安慰。

教育建议：

1. 成人注意语言文明，为幼儿做出表率。如：

与他人交谈时，认真倾听，使用礼貌用语。

在公共场合不大声说话，不说脏话、粗话。

幼儿表达意见时，成人可蹲下来，眼睛平视幼儿，耐心听他把话说完。

2. 帮助幼儿养成良好的语言行为习惯。如：

结合情境提醒幼儿一些必要的交流礼节。如对长辈说话要有礼貌，客人来访时要打招呼，得到帮助时要说"谢谢"等。

提醒幼儿遵守集体生活的语言规则，如轮流发言、不随意打断别人讲话等。

提醒幼儿注意公共场所的语言文明，如不大声喧哗。

（二）阅读与书写准备

目标1　喜欢听故事、看图书

3～4岁	4～5岁	5～6岁
1. 主动要求成人讲故事、读图书。 2. 喜欢跟读韵律感强的儿歌、童谣。 3. 爱护图书，不乱撕、乱扔。	1. 反复看自己喜欢的图书。 2. 喜欢把听过的故事或看过的图书讲给别人听。 3. 对生活中常见的标识、符号感兴趣，知道它们表示一定的意义。	1. 专注地阅读图书。 2. 喜欢与他人一起谈论图书和故事的有关内容。 3. 对图书和生活情境中的文字符号感兴趣，知道文字表示一定的意义。

教育建议：

1. 为幼儿提供良好的阅读环境和条件。如：

提供一定数量、符合幼儿年龄特点、富有童趣的图画书。

提供相对安静的地方，尽量减少干扰，保证幼儿自主阅读。

2. 激发幼儿的阅读兴趣，培养阅读习惯。如：

经常抽时间与幼儿一起看图书、讲故事。

提供童谣、故事和诗歌等不同体裁的儿童文学作品，让幼儿自主选择和阅读。

当幼儿遇到感兴趣的事物或问题时，和他一起查阅图书资料，让他感受图书的作用，体会通过阅读获取信息的乐趣。

3. 引导幼儿体会标识、文字符号的用途。如：

向幼儿介绍医院、公用电话等生活中的常见标识，让他知道标识可以代表具体事物。

结合生活实际，帮助幼儿体会文字的用途。如买来新玩具时，把说明书上的文字念给幼儿听，了解玩具的玩法。

目标 2　具有初步的阅读理解能力

3～4 岁	4～5 岁	5～6 岁
1. 能听懂短小的儿歌或故事。 2. 会看画面，能根据画面说出图中有什么，发生了什么事等。 3. 能理解图书上的文字是和画面对应的，是用来表达画面意义的。	1. 能大体讲出所听故事的主要内容。 2. 能根据连续画面提供的信息，大致说出故事的情节。 3. 能随着作品的展开产生喜悦、担忧等相应的情绪反应，体会作品所表达的情绪情感。	1. 能说出所阅读的幼儿文学作品的主要内容。 2. 能根据故事的部分情节或图书画面的线索猜想故事情节的发展，或续编、创编故事。 3. 对看过的图书、听过的故事能说出自己的看法。 4. 能初步感受文学语言的美。

教育建议：

1. 经常和幼儿一起阅读，引导他以自己的经验为基础理解图书的内容。如：

引导幼儿仔细观察画面，结合画面讨论故事内容，学习建立画面与故事内容的联系。

和幼儿一起讨论或回忆书中的故事情节，引导他有条理地说出故事的大致内容。

在给幼儿读书或讲故事时，可先不告诉名字，让幼儿听完后自己命名，并说出这样命名的理由。

鼓励幼儿自主阅读，并与他人讨论自己在阅读中的发现、体会和想法。

2. 在阅读中发展幼儿的想象和创造能力。如：

鼓励幼儿依据画面线索讲述故事，大胆推测、想象故事情节的发展，改编故事部分情节或续编故事结尾。

鼓励幼儿用故事表演、绘画等不同的方式表达自己对图书和故事的理解。

鼓励和支持幼儿自编故事，并为自编的故事配上图画，制成图画书。

3. 引导幼儿感受文学作品的美。如：

有意识地引导幼儿欣赏或模仿文学作品的语言节奏和韵律。

给幼儿读书时，通过表情、动作和抑扬顿挫的声音传达书中的情绪情感，让幼儿体会作品的感染力和表现力。

目标 3　具有书面表达的愿望和初步技能

3～4 岁	4～5 岁	5～6 岁
1. 喜欢用涂涂画画表达一定的意思。	1. 愿意用图画和符号表达自己的愿望和想法。 2. 在成人提醒下，写写画画时姿势正确。	1. 愿意用图画和符号表现事物或故事。 2. 会正确书写自己的名字。 3. 写画时姿势正确。

教育建议：

1. 让幼儿在写写画画的过程中体验文字符号的功能，培养书写兴趣。如：

准备供幼儿随时取放的纸、笔等材料，也可利用沙地、树枝等自然材料，满足幼儿自由涂画的需要。

鼓励幼儿将自己感兴趣的事情或故事画下来并讲给别人听,让幼儿体会写写画画的方式可以表达自己的想法和情感。

把幼儿讲过的事情用文字记录下来,并念给他听,使幼儿知道说的话可以用文字记录下来,从中体会文字的用途。

2. 在绘画和游戏中做必要的书写准备,如:

通过把虚线画出的图形轮廓连成实线等游戏,促进手眼协调,同时帮助幼儿学习由上至下、由左至右的运笔技能。

鼓励幼儿学习书写自己的名字。

提醒幼儿写画时保持正确姿势。

三、社会

幼儿社会领域的学习与发展过程是其社会性不断完善并奠定健全人格基础的过程。人际交往和社会适应是幼儿社会学习的主要内容,也是其社会性发展的基本途径。幼儿在与成人和同伴交往的过程中,不仅学习如何与人友好相处,也在学习如何看待自己、对待他人,不断发展适应社会生活的能力。良好的社会性发展对幼儿身心健康和其他各方面的发展都具有重要影响。

家庭、幼儿园和社会应共同努力,为幼儿创设温暖、关爱、平等的家庭和集体生活氛围,建立良好的亲子关系、师生关系和同伴关系,让幼儿在积极健康的人际关系中获得安全感和信任感,发展自信和自尊,在良好的社会环境及文化的熏陶中学会遵守规则,形成基本的认同感和归属感。

幼儿的社会性主要是在日常生活和游戏中通过观察和模仿潜移默化地发展起来的。成人应注重自己言行的榜样作用,避免简单生硬的说教。

(一) 人际交往

目标 1　愿意与人交往

3~4岁	4~5岁	5~6岁
1. 愿意和小朋友一起游戏。 2. 愿意与熟悉的长辈一起活动。	1. 喜欢和小朋友一起游戏,有经常一起玩的小伙伴。 2. 喜欢和长辈交谈,有事愿意告诉长辈。	1. 有自己的好朋友,也喜欢结交新朋友。 2. 有问题愿意向别人请教。 3. 有高兴的或有趣的事愿意与大家分享。

教育建议:

1. 主动亲近和关心幼儿,经常和他一起游戏或活动,让幼儿感受到与成人交往的快乐,建立亲密的亲子关系和师生关系。

2. 创造交往的机会,让幼儿体会交往的乐趣。如:

利用走亲戚、到朋友家做客或有客人来访的时机,鼓励幼儿与他人接触和交谈。

鼓励幼儿参加小朋友的游戏,邀请小朋友到家里玩,感受有朋友一起玩的快乐。

幼儿园应多为幼儿提供自由交往和游戏的机会,鼓励他们自主选择、自由结伴开展活动。

目标2　能与同伴友好相处

3～4岁	4～5岁	5～6岁
1. 想加入同伴的游戏时,能友好地提出请求。 2. 在成人指导下,不争抢、不独霸玩具。 3. 与同伴发生冲突时,能听从成人的劝解。	1. 会运用介绍自己、交换玩具等简单技巧加入同伴游戏。 2. 对大家都喜欢的东西能轮流、分享。 3. 与同伴发生冲突时,能在他人帮助下和平解决。 4. 活动时愿意接受同伴的意见和建议。 5. 不欺负弱小。	1. 能想办法吸引同伴和自己一起游戏。 2. 活动时能与同伴分工合作,遇到困难能一起克服。 3. 与同伴发生冲突时能自己协商解决。 4. 知道别人的想法有时和自己不一样,能倾听和接受别人的意见,不能接受时会说明理由。 5. 不欺负别人,也不允许别人欺负自己。

教育建议:

1. 结合具体情境,指导幼儿学习交往的基本规则和技能。如:

当幼儿不知怎样加入同伴游戏,或提出请求不被接受时,建议他拿出玩具邀请大家一起玩;或者扮成某个角色加入同伴的游戏。

对幼儿与别人分享玩具、图书等行为给予肯定,让他对自己的表现感到高兴和满足。

当幼儿与同伴发生矛盾或冲突时,指导他尝试用协商、交换、轮流玩、合作等方式解决冲突。

利用相关的图书、故事,结合幼儿的交往经验,和他讨论什么样的行为受大家欢迎,想要得到别人的接纳应该怎样做。

幼儿园应多为幼儿提供需要大家齐心协力才能完成的活动,让幼儿在具体活动中体会合作的重要性,学习分工合作。

2. 结合具体情境,引导幼儿换位思考,学习理解别人。如:

幼儿有争抢玩具等不友好行为时,引导他们想想"假如你是那个小朋友,你有什么感受",让幼儿学习理解别人的想法和感受。

3. 和幼儿一起谈谈他的好朋友,说说喜欢这个朋友的原因,引导他多发现同伴的优点、长处。

目标3　具有自尊、自信、自主的表现

3～4岁	4～5岁	5～6岁
1. 能根据自己的兴趣选择游戏或其他活动。 2. 为自己的好行为或活动成果感到高兴。 3. 自己能做的事情愿意自己做。 4. 喜欢承担一些小任务。	1. 能按自己的想法进行游戏或其他活动。 2. 知道自己的一些优点和长处,并对此感到满意。 3. 自己的事情尽量自己做,不愿意依赖别人。 4. 敢于尝试有一定难度的活动和任务。	1. 能主动发起活动或在活动中出主意、想办法。 2. 做了好事或取得了成功后还想做得更好。 3. 自己的事情自己做,不会的愿意学。 4. 主动承担任务,遇到困难能够坚持而不轻易求助。 5. 与别人的看法不同时,敢于坚持自己的意见并说出理由。

教育建议：

1. 关注幼儿的感受，保护其自尊心和自信心。如：

能以平等的态度对待幼儿，使幼儿切实感受到自己被尊重。

对幼儿好的行为表现多给予具体、有针对性的肯定和表扬，让他对自己优点和长处有所认识并感到满足和自豪。

不要拿幼儿的不足与其他幼儿的优点作比较。

2. 鼓励幼儿自主决定，独立做事，增强其自尊心和自信心。如：

与幼儿有关的事情要征求他的意见，即使他的意见与成人不同，也要认真倾听，接受他的合理要求。

在保证安全的情况下，支持幼儿按自己的想法做事；或提供必要的条件，帮助他实现自己的想法。

幼儿自己的事情尽量放手让他自己做，即使做得不够好，也应鼓励并给予一定的指导，让他在做事中树立自尊和自信。

鼓励幼儿尝试有一定难度的任务，并注意调整难度，让他感受经过努力获得的成就感。

目标4　关心尊重他人

3～4岁	4～5岁	5～6岁
1. 长辈讲话时能认真听，并能听从长辈的要求。 2. 身边的人生病或不开心时表示同情。 3. 在提醒下能做到不打扰别人。	1. 会用礼貌的方式向长辈表达自己的要求和想法。 2. 能注意到别人的情绪，并有关心、体贴的表现。 3. 知道父母的职业，能体会到父母为养育自己所付出的辛劳。	1. 能有礼貌地与人交往。 2. 能关注别人的情绪和需要，并能给予力所能及的帮助。 3. 尊重为大家提供服务的人，珍惜他们的劳动成果。 4. 接纳、尊重与自己的生活方式或习惯不同的人。

教育建议：

1. 成人以身作则，以尊重、关心的态度对待自己的父母、长辈和其他人。如：

经常问候父母，主动做家务。

礼貌地对待老年人，如坐车时主动为老人让座。

看到别人有困难能主动关心并给予一定的帮助。

2. 引导幼儿尊重、关心长辈和身边的人，尊重他人劳动及成果。如：

提醒幼儿关心身边的人，如妈妈累了，知道让她安静休息一会儿。

借助故事、图书等给幼儿讲讲父母抚育孩子成长的经历，让幼儿理解和体会父爱与母爱。

结合实际情境，提醒幼儿注意别人的情绪，了解他们的需要，给予适当的关心和帮助。

利用生活机会和角色游戏，帮助幼儿了解与自己关系密切的社会服务机构及其工作，如商场、邮局、医院等，体会这些机构给大家提供的便利和服务，懂得尊重工作人员的劳动，珍惜劳动成果。

3. 引导幼儿学习用平等、接纳和尊重的态度对待差异。如：

了解每个人都有自己的兴趣、爱好和特长,可以相互学习。

利用民间游戏、传统节日等,适当向幼儿介绍我国主要民族与世界其他国家和民族的文化,帮助幼儿感知文化的多样性和差异性,理解人们之间是平等的,应该互相尊重,友好相处。

(二)社会适应

目标 1　喜欢并适应群体生活

3～4 岁	4～5 岁	5～6 岁
1. 对群体活动有兴趣。 2. 对幼儿园的生活好奇,喜欢上幼儿园。	1. 愿意并主动参加群体活动。 2. 愿意与家长一起参加社区的一些群体活动。	1. 在群体活动中积极、快乐。 2. 对小学生活有好奇和向往。

教育建议:

1. 经常和幼儿一起参加一些群体性的活动,让幼儿体会群体活动的乐趣。如:参加亲戚、朋友和同事间的聚会以及适合幼儿参加的社区活动等,支持幼儿和不同群体的同伴一起游戏,丰富其群体活动的经验。

2. 幼儿园组织活动时,可以经常打破班级的界限,让幼儿有更多机会参加不同群体的活动。

3. 带领大班幼儿参观小学,讲讲小学有趣的活动,唤起他们对小学生活的好奇和向往,为入学做好心理准备。

目标 2　遵守基本的行为规范

3～4 岁	4～5 岁	5～6 岁
1. 在提醒下,能遵守游戏和公共场所的规则。 2. 知道不经允许不能拿别人的东西,借别人的东西要归还。 3. 在成人提醒下,爱护玩具和其他物品。	1. 感受规则的意义,并能基本遵守规则。 2. 不私自拿不属于自己的东西。 3. 知道说谎是不对的。 4. 知道接受了的任务要努力完成。 5. 在提醒下,能节约粮食、水电等。	1. 理解规则的意义,能与同伴协商制定游戏和活动规则。 2. 爱惜物品,用别人的东西时也知道爱护。 3. 做了错事敢于承认,不说谎。 4. 能认真负责地完成自己所接受的任务。 5. 爱护身边的环境,注意节约资源。

教育建议:

1. 成人要遵守社会行为规则,为幼儿树立良好的榜样。如:答应幼儿的事一定要做到、尊老爱幼、爱护公共环境、节约水电等。

2. 结合社会生活实际,帮助幼儿了解基本行为规则或其他游戏规则,体会规则的重要性,学习自觉遵守规则。如:

经常和幼儿玩带有规则的游戏,遵守共同约定的游戏规则。

利用实际生活情境和图书故事,向幼儿介绍一些必要的社会行为规则,以及为什么要遵守这些规则。

在幼儿园的区域活动中,创设情境,让幼儿体会没有规则的不方便,鼓励他们讨论制定规则并自觉遵守。

对幼儿表现出的遵守规则的行为要及时肯定,对违规行为给予纠正。如:幼儿主动为老人让座时要表扬;幼儿损害别人的物品或公共物品时要及时制止并主动赔偿。

3. 教育幼儿要诚实守信。如:

对幼儿诚实守信的行为要及时肯定。

允许幼儿犯错误,告诉他改了就好。不要打骂幼儿,以免他因害怕惩罚而说谎。

小年龄幼儿经常分不清想象和现实,成人不要误认为他是在说谎。

发现幼儿说谎时,要反思是否是因自己对幼儿的要求过高过严造成的。如果是,要及时调整自己的行为,同时要严肃地告诉幼儿说谎是不对的。

经常给幼儿分配一些力所能及的任务,要求他完成并及时给予表扬,培养他的责任感和认真负责的态度。

目标 3　具有初步的归属感

3～4 岁	4～5 岁	5～6 岁
1. 知道和自己一起生活的家庭成员及与自己的关系,体会到自己是家庭的一员。 2. 能感受到家庭生活的温暖,爱父母,亲近与信赖长辈。 3. 能说出自己家所在街道、小区(乡镇、村)的名称。 4. 认识国旗,知道国歌。	1. 喜欢自己所在的幼儿园和班级,积极参加集体活动。 2. 能说出自己家所在地的省、市、县(区)名称,知道当地有代表性的物产或景观。 3. 知道自己是中国人。 4. 奏国歌、升国旗时能自动站好。	1. 愿意为集体做事,为集体的成绩感到高兴。 2. 能感受到家乡的发展变化并为此感到高兴。 3. 知道自己的民族,知道中国是一个多民族的大家庭,各民族之间要互相尊重,团结友爱。 4. 知道国家一些重大成就,爱祖国,为自己是中国人感到自豪。

教育建议:

1. 亲切地对待幼儿,关心幼儿,让他感到长辈是可亲、可近、可信赖的,家庭和幼儿园是温暖的。如:

多和孩子一起游戏、谈笑,尽量在家庭和班级中营造温馨的氛围。

通过和幼儿一起翻阅照片、讲幼儿成长的故事等,让幼儿感受到家庭和幼儿园的温暖,老师的和蔼可亲,对养育自己的人产生感激之情。

2. 吸引和鼓励幼儿参加集体活动,萌发集体意识。如:

幼儿园和班级里的重大事情和计划,请幼儿集体讨论决定。

幼儿园应经常组织多种形式的集体活动,萌发幼儿的集体荣誉感。

3. 运用幼儿喜闻乐见和能够理解的方式激发幼儿爱家乡、爱祖国的情感。如:

和幼儿说一说或在地图上找一找自己家所在的省、市、县(区)名称。

和幼儿一起外出游玩,一起看有关的电视节目或画报等;和他们一起收集有关家乡、祖国各地的风景名胜、著名的建筑、独特物产的图片等,在观看和欣赏的过程中激发幼儿的自豪感和热爱之情。

利用电视节目或参加升旗等活动,向幼儿介绍国旗、国歌以及观看升旗、奏国歌的礼仪。

向幼儿介绍反映中国人聪明才智的发明和创造,激发幼儿的民族自豪感。

四、科学

幼儿的科学学习是在探究具体事物和解决实际问题中,尝试发现事物间的异同和联系的过程。幼儿在对自然事物的探究和运用数学解决实际生活问题的过程中,不仅获得丰富的感性经验,充分发展形象思维,而且初步尝试归类、排序、判断、推理,逐步发展逻辑思维能力,为其他领域的深入学习奠定基础。

幼儿科学学习的核心是激发探究兴趣,体验探究过程,发展初步的探究能力。成人要善于发现和保护幼儿的好奇心,充分利用自然和实际生活机会,引导幼儿通过观察、比较、操作、实验等方法,学习发现问题、分析问题和解决问题;帮助幼儿不断积累经验,并运用于新的学习活动,形成受益终身的学习态度和能力。

幼儿的思维特点是以具体形象思维为主,应注重引导幼儿通过直接感知、亲身体验和实际操作进行科学学习,不应为追求知识和技能的掌握,对幼儿进行灌输和强化训练。

(一)科学探究

目标1　亲近自然,喜欢探究

3~4岁	4~5岁	5~6岁
1. 喜欢接触大自然,对周围的很多事物和现象感兴趣。 2. 经常问各种问题,或好奇地摆弄物品。	1. 喜欢接触新事物,经常问一些与新事物有关的问题。 2. 常常动手动脑探索物体和材料,并乐在其中。	1. 对自己感兴趣的问题总是刨根问底。 2. 能经常动手动脑寻找问题的答案。 3. 探索中有所发现时感到兴奋和满足。

教育建议:

1. 经常带幼儿接触大自然,激发其好奇心与探究欲望。如:

为幼儿提供一些有趣的探究工具,用自己的好奇心和探究积极性感染和带动幼儿。

和幼儿一起发现并分享周围新奇、有趣的事物或现象,一起寻找问题的答案。

通过拍照和画图等方式保留和积累有趣的探索与发现。

2. 真诚地接纳、多方面支持和鼓励幼儿的探索行为。如:

认真对待幼儿的问题,引导他们猜一猜、想一想,有条件时和幼儿一起做一些简易的调查或有趣的小实验。

容忍幼儿因探究而弄脏、弄乱甚至破坏物品的行为,引导他们活动后做好收拾整理。

多为幼儿选择一些能操作、多变化、多功能的玩具材料或废旧材料,在保证安全的前提下,鼓励幼儿拆装或动手自制玩具。

目标2　具有初步的探究能力

3～4岁	4～5岁	5～6岁
1. 对感兴趣的事物能仔细观察，发现其明显特征。 2. 能用多种感官或动作去探索物体，关注动作所产生的结果。	1. 能对事物或现象进行观察比较，发现其相同与不同。 2. 能根据观察结果提出问题，并大胆猜测答案。 3. 能通过简单的调查收集信息。 4. 能用图画或其他符号进行记录。	1. 能通过观察、比较与分析，发现并描述不同种类物体的特征或某个事物前后的变化。 2. 能用一定的方法验证自己的猜测。 3. 在成人的帮助下能制定简单的调查计划并执行。 4. 能用数字、图画、图表或其他符号记录。 5. 探究中能与他人合作与交流。

教育建议：

1. 有意识地引导幼儿观察周围事物，学习观察的基本方法，培养观察与分类能力。如：

支持幼儿自发的观察活动，对其发现表示赞赏。

通过提问等方式引导幼儿思考并对事物进行比较观察和连续观察。

引导幼儿在观察和探索的基础上，尝试进行简单的分类、概括。如：根据运动方式给动物分类，根据生长环境给植物分类，根据外部特征给物体分类等等。

2. 支持和鼓励幼儿在探究的过程中积极动手动脑寻找答案或解决问题。如：

鼓励幼儿根据观察或发现提出值得继续探究的问题，或成人提出有探究意义且能激发幼儿兴趣的问题。如：皮球、轮胎、竹筒等物体滚动时都走直线吗？怎样让橡皮泥球浮在水面上？

支持和鼓励幼儿大胆联想、猜测问题的答案，并设法验证。如：玩风车时，鼓励幼儿猜测风车转动方向及速度快慢的原因和条件，并实际去验证。

支持、引导幼儿学习用适宜的方法探究和解决问题，或为自己的想法收集证据。如：想知道院子里有多少种植物，可以进行实地调查；想知道球在平地上还是在斜坡上滚得快，可以动手试一试；想证明影子的方向与太阳的位置有关，可以做个小实验进行验证等。

3. 鼓励和引导幼儿学习做简单的计划和记录，并与他人交流分享。如：

和幼儿共同制订调查计划，讨论调查对象、步骤和方法等，也可以和幼儿一起设法用图画、箭头等标识呈现计划。

鼓励幼儿用绘画、照相、做标本等办法记录观察和探究的过程与结果，注意要让记录有意义，通过记录帮助幼儿丰富观察经验、建立事物之间的联系和分享发现。

支持幼儿与同伴合作探究与分享交流，引导他们在交流中尝试整理、概括自己探究的成果，体验合作探究和发现的乐趣。如一起讨论和分享自己的问题与发现，一起想办法收集资料和验证猜测。

4. 帮助幼儿回顾自己探究过程，讨论自己做了什么，怎么做的，结果与计划目标是否一致,分析一下原因以及下一步要怎样做等。

目标3　在探究中认识周围事物和现象

3～4岁	4～5岁	5～6岁
1. 认识常见的动植物,能注意并发现周围的动植物是多种多样的。 2. 能感知和发现物体和材料的软硬、光滑和粗糙等特性。 3. 能感知和体验天气对自己生活和活动的影响。 4. 初步了解和体会动植物和人们生活的关系。	1. 能感知和发现动植物的生长变化及其基本条件。 2. 能感知和发现常见材料的溶解、传热等性质或用途。 3. 能感知和发现简单物理现象,如物体形态或位置变化等。 4. 能感知和发现不同季节的特点,体验季节对动植物和人的影响。 5. 初步感知常用科技产品与自己生活的关系,知道科技产品有利也有弊。	1. 能察觉到动植物的外形特征、习性与生存环境的适应关系。 2. 能发现常见物体的结构与功能之间的关系。 3. 能探索并发现常见的物理现象产生的条件或影响因素,如影子、沉浮等。 4. 感知并了解季节变化的周期性,知道变化的顺序。 5. 初步了解人们的生活与自然环境的密切关系,知道尊重和珍惜生命,保护环境。

教育建议:

1. 支持幼儿在接触自然、生活事物和现象中积累有益的直接经验和感性认识。如:

和幼儿一起通过户外活动、参观考察、种植和饲养活动,感知生物的多样性和独特性,以及生长发育、繁殖和死亡的过程。

给幼儿提供丰富的材料和适宜的工具,支持幼儿在游戏过程中探索并感知常见物质、材料的特性和物体的结构特点。

2. 引导幼儿在探究中思考,尝试进行简单的推理和分析,发现事物之间明显的关联。如:

引导5岁以上幼儿关注和思考动植物的外部特征、习性与生活环境对动植物生存的意义。如兔子的长耳朵具有自我保护的作用,植物种子的形状有助于其传播等。

引导幼儿根据常见物质、材料的特性和物体的结构特点,推测和证实它们的用途。如:带轮子的物体方便移动;不同用途的车辆有不同的结构等等。

3. 引导幼儿关注和了解自然、科技产品与人们生活的密切关系,逐渐懂得热爱、尊重、保护自然。如:

结合幼儿的生活需要,引导他们体会人与自然、动植物的依赖关系。如:动植物、季节变化与人们生活的关系、常见灾害性天气给人们生产和生活带来的影响等。

和幼儿一起讨论常见科技产品的用途和弊端,如:汽车等交通工具给生活带来的方便和对环境的污染等。

(二) 数学认知

目标 1　初步感知生活中数学的有用和有趣

3～4岁	4～5岁	5～6岁
1. 感知和发现周围物体的形状是多种多样的,对不同的形状感兴趣。 2. 体验和发现生活中很多地方都用到数。	1. 在指导下,感知和体会有些事物可以用形状来描述。 2. 在指导下,感知和体会有些事物可以用数来描述,对环境中各种数字的含义有进一步探究的兴趣。	1. 能发现事物简单的排列规律,并尝试创造新的排列规律。 2. 能发现生活中许多问题都可以用数学的方法来解决,体验解决问题的乐趣。

教育建议:

1. 引导幼儿注意事物的形状特征,尝试用表示形状的词来描述事物,体会描述的生动形象性和趣味性。如:

参观游览后,和幼儿一起谈论所看到的事物的形状,鼓励幼儿产生联想,并用自己的语言进行描述。如:熊猫的身体圆圆的,全身好像是一个个的圆形组成的。

和幼儿交谈或读书讲故事时,适当地运用一些有关形状的词语来描述事物,如看图片时,和幼儿讨论奥运会场馆的形状,体会为什么有的场馆叫"水立方",有的叫"鸟巢"。

2. 引导幼儿感知和体会生活中很多地方都用到数,关注周围与自己生活密切相关的数的信息,体会数可以代表不同的意义。如:

和幼儿一起寻找发现生活中用数字作标识的事物,如电话号码、时钟、日历和商品的价签等。

引导幼儿了解和感受数用在不同的地方,表示的意义是不一样的。如天气预报中表示气温的数代表冷热状况;钟表上的数表明时间的早晚等。

鼓励幼儿尝试使用数的信息进行一些简单的推理。如知道今天是星期五,能推断明天是星期六,爸爸妈妈休息。

3. 引导幼儿观察发现按照一定规律排列的事物,体会其中的排列特点与规律,并尝试自己创造出新的排列规律。如:

和幼儿一起发现和体会按一定顺序排列的队形整齐有序。

提供具有重复性旋律和词语的音乐、儿歌和故事,或利用环境中有序排列的图案(如按颜色间隔排列的瓷砖、按形状间隔排列的珠帘等),鼓励幼儿发现和感受其中的规律。

鼓励幼儿尝试自己设计有规律的花边图案、创编有一定规律的动作,或者按某种规律进行搭建活动。

引导幼儿体会生活中很多事情都是有一定顺序和规律的,如一周七天的顺序是从周一到周日,一年四季按照春夏秋冬轮回等。

4. 鼓励和支持幼儿发现、尝试解决日常生活中需要用到数学的问题,体会数学的用处。如:

拍球、跳绳、跳远或投沙包时,可通过数数、测量的方法确定名次。

讨论春游去哪里玩时,让幼儿商量想去哪里玩?每个想去的地方有多少人?根据统计结果做出决定。

滑滑梯时,按照"先来先玩"的规则有序地排队玩。

目标 2　感知和理解数、量及数量关系

3~4 岁	4~5 岁	5~6 岁
1．能感知和区分物体的大小、多少、高矮长短等量方面的特点,并能用相应的词表示。 2．能通过一一对应的方法比较两组物体的多少。 3．能手口一致地点数 5 个以内的物体,并能说出总数。能按数取物。 4．能用数词描述事物或动作。如我有 4 本图书。	1．能感知和区分物体的粗细、厚薄、轻重等量方面的特点,并能用相应的词语描述。 2．能通过数数比较两组物体的多少。 3．能通过实际操作理解数与之间的关系,如 5 比 4 多 1;2 和 3 合在一起是 5。 4．会用数词描述事物的排列顺序和位置。	1．初步理解量的相对性。 2．借助实际情境和操作(如合并或拿取)理解"加"和"减"的实际意义。 3．能通过实物操作或其他方法进行 10 以内的加减运算。 4．能用简单的记录表、统计图等表示简单的数量关系。

教育建议：

1．引导幼儿感知和理解事物"量"的特征。如：

感知常见事物的大小、多少、高矮、粗细等量的特征,学习使用相应的词汇描述这些特征。

结合具体事物让幼儿通过多次比较逐渐理解"量"是相对的。如小亮比小明高,但比小强矮。

收拾物品时,根据情况,鼓励幼儿按照物体量的特征分类整理。如整理图书时按照大小摆放。

2．结合日常生活,指导幼儿学习通过对应或数数的方式比较物体的多少。如：

鼓励幼儿在一对一配对的过程中发现两组物体的多少。如,在给桌子上的每个碗配上勺子时,发现碗和勺多少的不同。

鼓励幼儿通过数数比较两样东西的多少。如数一数有多少个苹果、多少个梨,判断苹果和梨哪个多、哪个少。

3．利用生活和游戏中的实际情境,引导幼儿理解数概念。如：

结合生活需要,和幼儿一起手口一致点数物体,得出物体的总数。

通过点数的方式让幼儿体会物体的数量不会因排列形式、空间位置的不同而发生变化。如鼓励幼儿将一定数量的扣子以不同的形式摆放,体会扣子的数量是不变的。

结合日常生活,为幼儿提供"按数取物"的机会,如游戏时,请幼儿按要求拿出几个球。

4．通过实物操作引导幼儿理解数与数之间的关系,并用"加"或"减"的办法来解决问题。如：

游戏中遇到让 4 个小动物住进两间房子的问题,或生活中遇到将 5 块饼干分给两个小朋友问题时,让幼儿尝试不同的分法。

鼓励幼儿尝试自己解决生活中的数学问题。如家里来了 5 位客人,桌子上只有 3 个杯子,还需要几个杯子等。

购少量物品时,有意识地鼓励幼儿参与计算和付款的过程等。

目标3 感知形状与空间关系

3～4岁	4～5岁	5～6岁
1. 能注意物体较明显的形状特征,并能用自己的语言描述。 2. 能感知物体基本的空间位置与方位,理解上下、前后、里外等方位词。	1. 能感知物体的形体结构特征,画出或拼搭出该物体的造型。 2. 能感知和发现常见几何图形的基本特征,并能进行分类。 3. 能使用上下、前后、里外、中间、旁边等方位词描述物体的位置和运动方向。	1. 能用常见的几何形体有创意地拼搭和画出物体的造型。 2. 能按语言指示或根据简单示意图正确取放物品。 3. 能辨别自己的左右。

教育建议:

1. 用多种方法帮助幼儿在物体与几何形体之间建立联系。如:

引导幼儿感受生活中各种物品的形状特征,并尝试识别和描述。如感受和识别盘子、桌子、车轮、地砖等物品的形状特征。

鼓励和支持幼儿用积木、纸盒、拼板等各种形状材料进行建构游戏或制作活动。如用长方形的纸盒加两个圆形瓶盖制作"汽车"。

收拾整理积木时,引导幼儿体验图形之间的转换。如两个三角形可组合成一个正方形,两个正方形可组合成一个长方形。

引导幼儿注意观察生活物品的图形特征,鼓励他们按形状分类整理物品。

2. 丰富幼儿空间方位识别的经验,引导幼儿运用空间方位经验解决问题。如:

请幼儿取放物体时,使用他们能够理解的方位词,如把桌子下面的东西放到窗台上,把花盆放在大树旁边等。

和幼儿一起识别熟悉场所的位置。如超市在家的旁边,邮局在幼儿园的前面。

在体育、音乐和舞蹈活动中,引导幼儿感受空间方位和运动方向。

和幼儿玩按指令找宝的游戏。对年龄小的幼儿要求他们按语言指令寻找,对年龄大些的幼儿可要求按照简单的示意图寻找。

五、艺术

艺术是人类感受美、表现美和创造美的重要形式,也是表达自己对周围世界的认识和情绪态度的独特方式。

每个幼儿心里都有一颗美的种子。幼儿艺术领域学习的关键在于充分创造条件和机会,在大自然和社会文化生活中萌发幼儿对美的感受和体验,丰富其想象力和创造力,引导幼儿学会用心灵去感受和发现美,用自己的方式去表现和创造美。

幼儿对事物的感受和理解不同于成人,他们表达自己认识和情感的方式也有别于成人。幼儿独特的笔触、动作和语言往往蕴含着丰富的想象和情感,成人应对幼儿的艺术表现给予充分的理解和尊重,不能用自己的审美标准去评判幼儿,更不能为追求结果的"完美"而对幼儿进行千篇一律的训练,以免扼杀其想象与创造的萌芽。

(一)感受与欣赏

目标 1　喜欢自然界与生活中美的事物

3~4岁	4~5岁	5~6岁
1. 喜欢观看花草树木、日月星空等大自然中美的事物。 2. 容易被自然界中的鸟鸣、风声、雨声等好听的声音所吸引。	1. 在欣赏自然界和生活环境中美的事物时,关注其色彩、形态等特征。 2. 喜欢倾听各种好听的声音,感知声音的高低、长短、强弱等变化。	1. 乐于收集美的物品或向别人介绍所发现的美的事物。 2. 乐于模仿自然界和生活环境中有特点的声音,并产生相应的联想。

教育建议:

1. 和幼儿一起感受、发现和欣赏自然环境和人文景观中美的事物。如:

让幼儿多接触大自然,感受和欣赏美丽的景色和好听的声音。

经常带幼儿参观园林、名胜古迹等人文景观,讲讲有关的历史故事、传说,与幼儿一起讨论和交流对美的感受。

2. 和幼儿一起发现美的事物的特征,感受和欣赏美。如:

让幼儿观察常见动植物以及其他物体,引导幼儿用自己的语言、动作等描述它们美的方面,如颜色、形状、形态等。

让幼儿倾听和分辨各种声响,引导幼儿用自己的方式来表达他对音色、强弱、快慢的感受。

支持幼儿收集喜欢的物品并和他一起欣赏。

目标 2　喜欢欣赏多种多样的艺术形式和作品

3~4岁	4~5岁	5~6岁
1. 喜欢听音乐或观看舞蹈、戏剧等表演。 2. 乐于观看绘画、泥塑或其他艺术形式的作品。	1. 能够专心地观看自己喜欢的文艺演出或艺术品,有模仿和参与的愿望。 2. 欣赏艺术作品时会产生相应的联想和情绪反应。	1. 艺术欣赏时常常用表情、动作、语言等方式表达自己的理解。 2. 愿意和别人分享、交流自己喜爱的艺术作品和美感体验。

教育建议:

1. 创造条件让幼儿接触多种艺术形式和作品。如:

经常让幼儿接触适宜的、各种形式的音乐作品,丰富幼儿对音乐的感受和体验。

和幼儿一起用图画、手工制品等装饰和美化环境。

带幼儿观看或共同参与传统民间艺术和地方民俗文化活动,如皮影戏、剪纸和捏面人等。

有条件的情况下,带幼儿去剧院、美术馆、博物馆等欣赏文艺表演和艺术作品。

2. 尊重幼儿的兴趣和独特感受,理解他们欣赏时的行为。如:

理解和尊重幼儿在欣赏艺术作品时的手舞足蹈、即兴模仿等行为。

当幼儿主动介绍自己喜爱的舞蹈、戏曲、绘画或工艺品时,要耐心倾听并给予积极回应和鼓励。

(二)表现与创造

目标 1　喜欢进行艺术活动并大胆表现

3~4岁	4~5岁	5~6岁
1. 经常自哼自唱或模仿有趣的动作、表情和声调。 2. 经常涂涂画画、粘粘贴贴并乐在其中。	1. 经常唱唱跳跳,愿意参加歌唱、律动、舞蹈、表演等活动。 2. 经常用绘画、捏泥、手工制作等多种方式表现自己的所见所想。	1. 积极参与艺术活动,有自己比较喜欢的活动形式。 2. 能用多种工具、材料或不同的表现手法表达自己的感受和想象。 3. 艺术活动中能与他人相互配合,也能独立表现。

教育建议:

1. 创造机会和条件,支持幼儿自发的艺术表现和创造。

提供丰富的便于幼儿取放的材料、工具或物品,支持幼儿进行自主绘画、手工、歌唱、表演等艺术活动。

经常和幼儿一起唱歌、表演、绘画、制作,共同分享艺术活动的乐趣。

2. 营造安全的心理氛围,让幼儿敢于并乐于表达表现。如:

欣赏和回应幼儿的哼哼唱唱、模仿表演等自发的艺术活动,赞赏他独特的表现方式。

在幼儿自主表达创作过程中,不做过多干预或把自己的意愿强加给幼儿,在幼儿需要时再给予具体的帮助。

了解并倾听幼儿艺术表现的想法或感受,领会并尊重幼儿的创作意图,不简单用"像不像""好不好"等成人标准来评价。

展示幼儿的作品,鼓励幼儿用自己的作品或艺术品布置环境。

目标 2　具有初步的艺术表现与创造能力

3~4岁	4~5岁	5~6岁
1. 能模仿学唱短小歌曲。 2. 能跟随熟悉的音乐做身体动作。 3. 能用声音、动作、姿态模拟自然界的事物和生活情景。 4. 能用简单的线条和色彩大体画出自己想画的人或事物。	1. 能用自然的、音量适中的声音基本准确地唱歌。 2. 能通过即兴哼唱、即兴表演或给熟悉的歌曲编词来表达自己的心情。 3. 能用拍手、踏脚等身体动作或可敲击的物品敲打节拍和基本节奏。 4. 能运用绘画、手工制作等表现自己观察到或想象的事物。	1. 能用基本准确的节奏和音调唱歌。 2. 能用律动或简单的舞蹈动作表现自己的情绪或自然界的情景。 3. 能自编自演故事,并为表演选择和搭配简单的服饰、道具或布景。 4. 能用自己制作的美术作品布置环境、美化生活。

教育建议：

尊重幼儿自发的表现和创造，并给予适当的指导。如：

鼓励幼儿在生活中细心观察、体验，为艺术活动积累经验与素材。如，观察不同树种的形态、色彩等。

提供丰富的材料，如图书、照片、绘画或音乐作品等，让幼儿自主选择，用自己喜欢的方式去模仿或创作，成人不做过多要求。

根据幼儿的生活经验，与幼儿共同确定艺术表达表现的主题，引导幼儿围绕主题展开想象，进行艺术表现。

幼儿绘画时，不宜提供范画，特别不应要求幼儿完全按照范画来画。

肯定幼儿作品的优点，用表达自己感受的方式引导其提高。如"你的画用了这么多红颜色，感觉就像过年一样喜庆""你扮演的大灰狼声音真像，要是表情再凶一点就更好了"等。

北京大学出版社
教育出版中心 精品图书

21世纪高校广播电视专业系列教材

电视节目策划教程	项仲平
电视导播教程（第二版）	程晋
电视文艺创作教程	王建辉
广播剧创作教程	王国臣
电视导论	李欣
电视纪录片教程	卢炜
电视导演教程	袁立本
电视摄像教程	刘荃
电视节目制作教程	张晓锋
视听语言	宋杰
影视剪辑实务教程	李琳
影视摄制导论	朱怡
电影视听语言——视听元素与场面调度案例分析	李骏
影视照明技术	张兴
影视音乐	陈斌
影视剪辑创作与技巧	张拓
纪录片创作教程	潘志琪
影视拍摄实务	翟臣

21世纪信息传播实验系列教材（徐福荫 黄慕雄 主编）

网络新闻实务	罗昕
多媒体软件设计与开发	张新华
播音与主持艺术（第二版）	黄碧云 睢凌
摄影基础（第二版）	张红 钟日辉 王首农

21世纪数字媒体专业系列教材

视听语言	赵慧英
数字影视剪辑艺术	曾祥民
数字摄像与表现	王以宁
数字摄影基础	王朋娇
数字媒体设计与创意	陈卫东
数字视频创意设计与实现（第二版）	王靖
大学摄影实用教程	朱小阳

21世纪教育技术学精品教材（张景中 主编）

教育技术学导论（第二版）	李芒 金林
远程教育原理与技术	王继新 张屹
教学系统设计理论与实践	杨九民 梁林梅
信息技术教学论	雷体南 叶良明
信息技术与课程整合（第二版）	赵呈领 杨琳 刘清堂
教育技术学研究方法（第三版）	张屹 黄磊

21世纪高校网络与新媒体专业系列教材

文化产业概论	尹章池
网络文化教程	李文明
网络与新媒体评论	杨娟
新媒体概论	尹章池
新媒体视听节目制作（第二版）	周建青
融合新闻学导论（第二版）	石长顺
新媒体网页设计与制作	惠悲荷
网络新媒体实务	张合斌
突发新闻教程	李军
视听新媒体节目制作	邓秀军
视听评论	何志武
出镜记者案例分析	刘静 邓秀军
视听新媒体导论	郭小平
网络与新媒体广告	尚恒志 张合斌
网络与新媒体文学	唐东堰 雷奕
全媒体新闻采访写作教程	李军

21世纪特殊教育创新教材·理论与基础系列

特殊教育的哲学基础	方俊明
特殊教育的医学基础	张婷
融合教育导论（第二版）	雷江华
特殊教育学（第二版）	雷江华 方俊明
特殊儿童心理学（第二版）	方俊明 雷江华
特殊教育史	朱宗顺
特殊教育研究方法（第二版）	杜晓新 宋永宁等
特殊教育发展模式	任颂羔

21世纪特殊教育创新教材·发展与教育系列

视觉障碍儿童的发展与教育	邓猛
听觉障碍儿童的发展与教育（第二版）	贺荟中
智力障碍儿童的发展与教育（第二版）	刘春玲 马红英
学习困难儿童的发展与教育（第二版）	赵微
自闭症谱系障碍儿童的发展与教育	周念丽
情绪与行为障碍儿童的发展与教育	李闻戈
超常儿童的发展与教育（第二版）	苏雪云 张旭

21世纪特殊教育创新教材·康复与训练系列

特殊儿童应用行为分析（第二版）	李芳 李丹

特殊儿童的游戏治疗	周念丽
特殊儿童的美术治疗	孙 霞
特殊儿童的音乐治疗	胡世红
特殊儿童的心理治疗（第二版）	杨广学
特殊教育的辅具与康复	蒋建荣
特殊儿童的感觉统合训练（第二版）	王和平
孤独症儿童课程与教学设计	王 梅

21世纪特殊教育创新教材·融合教育系列

融合教育本土化实践与发展	邓 猛 等
融合教育理论反思与本土化探索	邓 猛
融合教育实践指南	邓 猛
融合教育理论指南	邓 猛
融合教育导论（第二版）	雷江华
学前融合教育	雷江华 刘慧丽

21世纪特殊教育创新教材（第二辑）

特殊儿童心理与教育（第二版）	杨广学 张巧明 王 芳
教育康复学导论	杜晓新 黄昭明
特殊儿童病理学	王和平 杨长江
特殊学校教师教育技能	昝 飞 马红英

自闭谱系障碍儿童早期干预丛书

如何发展自闭谱系障碍儿童的沟通能力	朱晓晨 苏雪云
如何理解自闭谱系障碍和早期干预	苏雪云
如何发展自闭谱系障碍儿童的社会交往能力	吕 梦 杨广学
如何发展自闭谱系障碍儿童的自我照料能力	倪萍萍 周 波
如何在游戏中干预自闭谱系障碍儿童	朱 瑞 周念丽
如何发展自闭谱系障碍儿童的感知和运动能力	韩文娟 徐 芳 王和平
如何发展自闭谱系障碍儿童的认知能力	潘前前 杨福义
自闭症谱系障碍儿童的发展与教育	周念丽
如何通过音乐干预自闭谱系障碍儿童	张正琴
如何通过画画干预自闭谱系障碍儿童	张正琴
如何运用ACC促进自闭谱系障碍儿童的发展	苏雪云
孤独症儿童的关键性技能训练法	李 丹
自闭症儿童家长辅导手册	雷江华
孤独症儿童课程与教学设计	王 梅
融合教育理论反思与本土化探索	邓 猛
自闭症谱系障碍儿童家庭支持系统	孙玉梅
自闭症谱系障碍儿童团体社交游戏干预	李 芳
孤独症儿童的教育与发展	王 梅 梁松梅

特殊学校教育·康复·职业训练丛书（黄建行 雷江华 主编）

信息技术在特殊教育中的应用	
智障学生职业教育模式	
特殊教育学校学生康复与训练	
特殊教育学校校本课程开发	
特殊教育学校特奥运动项目建设	

21世纪学前教育专业规划教材

学前教育概论	李生兰
学前教育管理学（第二版）	王 雯
幼儿园课程新论	李生兰
幼儿园歌曲钢琴伴奏教程	果旭伟
幼儿园舞蹈教学活动设计与指导	董 丽
实用乐理与视唱	代 苗
学前儿童美术教育	冯婉贞
学前儿童科学教育	洪秀敏
学前儿童游戏	范明丽
学前教育研究方法	郑福明
学前教育史	郭法奇
学前教育政策与法规	魏 真
学前心理学	涂艳国 蔡 艳
学前教育理论与实践教程	王 维 王维娅 孙 岩
学前儿童数学教育	赵振国
学前融合教育	雷江华 刘慧丽

大学之道丛书精装版

美国高等教育通史	［美］亚瑟·科恩
知识社会中的大学	［英］杰勒德·德兰迪
大学之用（第五版）	［美］克拉克·克尔
营利性大学的崛起	［美］理查德·鲁克
学术部落与学术领地：知识探索与学科文化	［英］托尼·比彻 保罗·特罗勒尔
美国现代大学的崛起	［美］劳伦斯·维赛
教育的终结——大学何以放弃了对人生意义的追求	［美］安东尼·T.克龙曼
世界一流大学的管理之道——大学管理研究导论	程 星
后现代大学来临？	［英］安东尼·史密斯 弗兰克·韦伯斯特

大学之道丛书

市场化的底限	［美］大卫·科伯
大学的理念	［英］亨利·纽曼
哈佛：谁说了算	［美］理查德·布瑞德利
麻省理工学院如何追求卓越	［美］查尔斯·维斯特
大学与市场的悖论	［美］罗杰·盖格

高等教育公司：营利性大学的崛起	[美]理查德·鲁克
公司文化中的大学：大学如何应对市场化压力	
	[美]埃里克·古尔德
美国高等教育质量认证与评估	
	[美]美国中部州高等教育委员会
现代大学及其图新	[美]谢尔顿·罗斯布莱特
美国文理学院的兴衰——凯尼恩学院纪实	[美]P.F.克鲁格
教育的终结：大学何以放弃了对人生意义的追求	
	[美]安东尼·T.克龙曼
大学的逻辑（第三版）	张维迎
我的科大十年（续集）	孔宪铎
高等教育理念	[英]罗纳德·巴尼特
美国现代大学的崛起	[美]劳伦斯·维赛
美国大学时代的学术自由	[美]沃特·梅兹格
美国高等教育通史	[美]亚瑟·科恩
美国高等教育史	[美]约翰·塞林
哈佛通识教育红皮书	哈佛委员会
高等教育何以为"高"——牛津导师制教学反思	
	[英]大卫·帕尔菲曼
印度理工学院的精英们	[印度]桑迪潘·德布
知识社会中的大学	[英]杰勒德·德兰迪
高等教育的未来：浮言、现实与市场风险	
	[美]弗兰克·纽曼等
后现代大学来临？	[英]安东尼·史密斯等
美国大学之魂	[美]乔治·M.马斯登
大学理念重审：与纽曼对话	[美]雅罗斯拉夫·帕利坎
学术部落及其领地——当代学术界生态揭秘（第二版）	
	[英]托尼·比彻 保罗·特罗勒尔
德国古典大学观及其对中国大学的影响（第二版）	陈洪捷
转变中的大学：传统、议题与前景	郭为藩
学术资本主义：政治、政策和创业型大学	
	[美]希拉·斯劳特 拉里·莱斯利
21世纪的大学	[美]詹姆斯·杜德斯达
美国公立大学的未来	
	[美]詹姆斯·杜德斯达 弗瑞斯·沃马克
东西象牙塔	孔宪铎
理性捍卫大学	眭依凡

学术规范与研究方法系列

社会科学研究方法100问	[美]萨尔金德
如何利用互联网做研究	[爱尔兰]杜恰泰
如何撰写与发表社会科学论文：国际刊物指南	蔡令忠
如何为学术刊物撰稿（第三版）	[英]罗薇娜·莫瑞
如何查找文献（第二版）	[英]萨莉·拉姆齐
给研究生的学术建议（第二版）	[英]玛丽安·彼得等
社会科学研究的基本规则（第四版）	[英]朱迪斯·贝尔
做好社会研究的10个关键	[英]马丁·丹斯考姆
如何写好科研项目申请书	[美]安德鲁·弗里德兰德等
教育研究方法（第六版）	[美]梅瑞迪斯·高尔等
高等教育研究：进展与方法	[英]马尔科姆·泰特
如何成为学术论文写作高手	[美]华乐丝
参加国际学术会议必须要做的那些事	[美]华乐丝
如何成为优秀的研究生	[美]布卢姆
结构方程模型及其应用	易丹辉 李静萍
学位论文写作与学术规范（第二版）	李武 毛远逸 肖东发

21世纪高校教师职业发展读本

如何成为卓越的大学教师	[美]肯·贝恩
给大学新教员的建议	[美]罗伯特·博伊斯
如何提高学生学习质量	[英]迈克尔·普洛瑟等
学术界的生存智慧	[美]约翰·达利等
给研究生导师的建议（第2版）	[英]萨拉·德拉蒙特等

21世纪教师教育系列教材·物理教育系列

中学物理教学设计	王霞
中学物理微格教学教程（第三版）	张军朋 詹伟琴 王恬
中学物理科学探究学习评价与案例	张军朋 许桂清
物理教学论	邢红军
中学物理教学法	邢红军
中学物理教学评价与案例分析	王建中 孟红娟
中学物理课程与教学论	张军朋 许桂清

21世纪教育科学系列教材·学科学习心理学系列

数学学习心理学（第三版）	孔凡哲
语文学习心理学	董蓓菲

21世纪教师教育系列教材

教育心理学（第二版）	李晓东
教育学基础	庞守兴
教育学	余文森 王晞
教育研究方法	刘淑杰
教育心理学	王晓明
心理学导论	杨凤云
教育心理学概论	连榕 罗丽芳
课程与教学论	李允
教师专业发展导论	于胜刚
学校教育概论	李清雁
现代教育评价教程（第二版）	吴钢
教师礼仪实务	刘霄
家庭教育新论	闫旭蕾 杨萍
中学班级管理	张宝书
教育职业道德	刘亭亭

教师心理健康	张怀春
现代教育技术	冯玲玉
青少年发展与教育心理学	张清
课程与教学论	李允
课堂与教学艺术（第二版）	孙菊如 陈春荣
教育学原理	靳淑梅 许红花

21世纪教师教育系列教材·初等教育系列

小学教育学	田友谊
小学教育学基础	张永明 曾碧
小学班级管理	张永明 宋彩琴
初等教育课程与教学论	罗祖兵
小学教育研究方法	王红艳
新理念小学数学教学论	刘京莉
新理念小学音乐教学论（第二版）	吴跃跃

教师资格认定及师范类毕业生上岗考试辅导教材

教育学	余文森 王晞
教育心理学概论	连榕 罗丽芳

21世纪教师教育系列教材·学科教育心理学系列

语文教育心理学	董蓓菲
生物教育心理学	胡继飞

21世纪教师教育系列教材·学科教学论系列

新理念化学教学论（第二版）	王后雄
新理念科学教学论（第二版）	崔鸿 张海珠
新理念生物教学论（第二版）	崔鸿 郑晓慧
新理念地理教学论（第二版）	李家清
新理念历史教学论（第二版）	杜芳
新理念思想政治（品德）教学论（第三版）	胡田庚
新理念信息技术教学论（第二版）	吴军其
新理念数学教学论	冯虹

21世纪教师教育系列教材·语文教育系列

语文文本解读实用教程	荣维东
语文课程教师专业技能训练	张学凯 刘丽丽
语文课程与教学发展简史	武玉鹏 王从华 黄修志
语文课程学与教的心理学基础	韩雪屏 王朝霞
语文课程名师名课案例分析	武玉鹏 郭治锋等
语用性质的语文课程与教学论	王元华
语文课堂教学技能训练教程（第二版）	周小蓬
中外母语教学策略	周小蓬
中学各类作文评价指引	周小蓬

21世纪教师教育系列教材·学科教学技能训练系列

新理念生物教学技能训练（第二版）	崔鸿
新理念思想政治（品德）教学技能训练（第三版）	胡田庚 赵海山
新理念地理教学技能训练	李家清
新理念化学教学技能训练（第二版）	王后雄
新理念数学教学技能训练	王光明

王后雄教师教育系列教材

教育考试的理论与方法	王后雄
化学教育测量与评价	王后雄
中学化学实验教学研究	王后雄
新理念化学教学诊断学	王后雄

西方心理学名著译丛

儿童的人格形成及其培养	［奥地利］阿德勒
活出生命的意义	［奥地利］阿德勒
生活的科学	［奥地利］阿德勒
理解人生	［奥地利］阿德勒
荣格心理学七讲	［美］卡尔文·霍尔
系统心理学：绪论	［美］爱德华·铁钦纳
社会心理学导论	［美］威廉·麦独孤
思维与语言	［俄］列夫·维果茨基
人类的学习	［美］爱德华·桑代克
基础与应用心理学	［德］雨果·闵斯特伯格
记忆	［德］赫尔曼·艾宾浩斯
实验心理学（上下册）	［美］伍德沃斯 施洛斯贝格
格式塔心理学原理	［美］库尔特·考夫卡

21世纪教师教育系列教材·专业养成系列（赵国栋主编）

微课与慕课设计初级教程	
微课与慕课设计高级教程	
微课、翻转课堂和慕课设计实操教程	
网络调查研究方法概论（第二版）	
PPT云课堂教学法	